会计师事务所内部治理

浙江省注册会计师协会 编

中国财政经济出版社

图书在版编目（CIP）数据

会计师事务所内部治理/浙江省注册会计师协会编．—北京：中国财政经济出版社，2012.4

ISBN 978-7-5095-3363-5

Ⅰ．①会…　Ⅱ．①浙…　Ⅲ．①会计师事务所-管理-研究报告-中国
Ⅳ．①F233.2

中国版本图书馆 CIP 数据核字（2012）第 011561 号

责任编辑：李　静　　　　　　责任校对：徐艳丽

中国财政经济出版社出版

URL：http：//ckfz.cfeph.cn

E-mail：ckfz@cfeph.cn

社址：北京市海淀区阜成路甲 28 号　邮政编码：100142

发行处电话：88190406　财经书店电话：64033436

北京财经印刷厂印刷　　各地新华书店经销

787×960 毫米　16 开　14 印张　237 000 字

2012 年 4 月第 1 版　2012 年 4 月北京第 1 次印刷

定价：36.00 元

ISBN 978-7-5095-3363-5/F·2851

编委会成员

主　编： 汤　淮

副主编： 林金松　蒋文军　韩江南

编　委： 徐志康　蓝红伟　徐得均

孙建国　许　倩　夏烨能

林　勇

序　言

经济越发展，会计越重要。加快发展注册会计师行业，是建立和完善社会主义市场经济体制的必然要求，也是促进经济平稳较快发展的迫切需要。

近些年来，在全省广大注册会计师行业工作者的共同努力下，浙江省注册会计师事业呈现出蓬勃发展的良好态势，行业规模迅速壮大，执业质量和职业道德稳步提升，服务经济社会发展能力不断提高，社会影响力日益显著。截至2010年12月31日，全省共有注册会计师个人会员近10 000人，其中执业注册会计师4 549人，会计师事务所353家，2010年度注册会计师行业业务收入超过24亿元，行业的综合实力显著增强。目前全省已经逐渐涌现出一批实力较强、信誉较好、治理规范、发展较快的会计师事务所，这些事务所在促进资本市场健康发展，提高经济发展质量，加强行政事业单位资产管理、会计工作、国有金融资产管理，推进财政资金绩效评价等方面发挥了积极作用，为浙江省经济又好又快发展作出了重要贡献。

当前，我国经济社会发展呈现出新的阶段性特征，经济发展进入加速转型期，企业多元化的服务需求越来越多，这给注册会计师事业提供了广阔的发展空间，同时也提出了新的挑战。目前，浙江省注册会计师行业与经济社会的发展相比，还存在一定差距，行业综合实力还有待加强，会计师事务所服务能力有待提高。特别是会计师事务所内部治理中存在的不足和问题仍比较突出，在一定程度上影响和阻碍了事务所做大做强和行业的健康发展。针对内部治理方面的问题，前些年浙江省注册会计师协会已经做了一些有益的探索，专门成立了行业内部治理指导小组，并出台了一些指导意见和示范文本，对建立健全内部决策和管理机制，提高事务所风险管理和质量控制能力，完善以章程、协议为核心的各项内部管理制度，促进会计师事务所的规范有序发展起到了积极的作用。从现阶段情况来看，发展势头较好的事务所，其内部治理往往比较规范和有效。可以说，会计师事务所无论选择“做强做大”还是“做精做专”，前提都是要搞好内部治理建设。会计师事务所的核心竞争力在很大程度上表现为内部治理问题，内部治理在行业发展中具有牵一发动全身的基础性作用。

为总结和挖掘经验，推动浙江省注册会计师事业更好地发展，借2011年全省内部治理机制建设经验交流会之机，浙江省注册会计师协会编写了这本会计师事务所内部治理研究文集。书中的25篇经验交流材料，是在各市注册会计师协会推荐的基础上精选出来的，内容涵盖了内部治理制度设计、股东和员工晋升管理、薪酬分配、业务质量和风险控制、人才培养、企业文化建设等诸多方面，一定程度上代表了近年来浙江省会计师事务所的管理和发展水平，具有一定的实用推广价值，希望能给广大注册会计师同仁和关心注册会计师事业的读者一些启发。

浙 江 省 财 政 厅　副厅长
浙江省注册会计师协会　会　长
2011 年 12 月 8 日

目　录

加强内部治理机制建设，推动实施做大做强战略

天健会计师事务所

机制的先进是根本的先进，机制的优先是根本的优先。会计师事务所作为现代市场经济中服务经济社会发展，维护社会公众利益的一支重要力量，需要建立完善的质量控制制度和内部管理制度，加强企业文化建设，建立和谐的员工关系，从而提高执业质量，加强内部治理，促进科学发展。

天健会计师事务所（以下简称天健）是全国同行业中内部治理机制较为规范的会计师事务所之一。自 1983 年 12 月建所以来，就十分重视执业规范、内部管理制度和企业文化建设工作。在经历创立成长、脱钩改制、稳健经营等阶段后，如今天健的内部治理机制建设日趋规范和完善，形成了具有天健特色的事务所内部治理建设体系，为保障天健实施做强做大战略积累了丰富的经验。我们也深刻地体会到机制具有导先、导优和导善的实际效果。

一、内部治理机制建设的基本情况

（一）适时制定职业道德守则，提升执业人员职业操守

根据中注协印发的《中国注册会计师职业道德守则》，事务所制定了《职业道德守则》和《保持独立性的制度》，对事务所合伙人、注册会计师和业务助理人员的职业道德作出全面要求，强化了执业人员的职业道德意识，不仅控制了因职业道德问题导致的执业风险，更有效地提升了事务所的对外职业形象。

（二）制定完善的执业规范制度，有效地控制和防范执业风险

1. 审计操作规范。1985 年，浙江会计师事务所总结执业经验，研究制定《查账工作规则（草案）》并颁布实施，从而开启了执业制度化建设、规范执业的序幕。此后，事务所陆续制定并实施了一系列与执业相关的内部制度：

如检查验证会计报表工作守则、业务运作程序、会计报表审计操作规范、股份制企业前三年经营业绩审计操作规范、股份制企业盈利预测审核操作规范、投资基金会计报表审计操作规范、外商投资企业审计工作底稿使用说明、查账工作守则、执业操作规范、执业规程、行业审计指南、特殊业务指南等。

2. 验资操作规范。包括外商投资企业验资操作规程、内资企业验资操作规程、天健会计师事务所执业规程——验资规程（试行）等。

3. 资产评估操作规范。包括资产评估执业质量控制制度体系、房地产评估和土地使用权评估办法。

4. 税务代理操作规范。包括税务代理执业质量控制制度体系。

5. 工程咨询执业规范。包括基建工程预决算、工程造价咨询质量控制制度体系。

6. 业务指导制度。包括《执业技术委员业务指导》、《年报审计提示》等。

7. 综合业务制度。证券期货鉴证业务注册会计师签字管理办法、业务档案管理暂行办法、审计档案管理规则等。

（三）建立健全内部管理制度，保障事务所规范化运营

1. 会议机制。主任会计师办公会议、所务会议制度，董事会例会制度、董事会各专门委员会例会制度、中层干部培训会、上市公司财会高峰论坛、部门半年度和年度工作总结会议制度、年会制度、见习期满人员业务专题研讨会议制度以及党、团、工会例会制度、员工运动会制度、员工俱乐部制度等多种形式的会议制度。

2. 天健始终倡导“一线执业规范化，二线管理制度化”。内部管理中主张制度化、规范化和人性化。除了制定完善的执业规范外，还制定了董事会专门委员会工作规则、分所管理规则、员工招聘工作管理规则、员工职级系列管理规则、年度考核管理规则、从业人员继续教育管理规则、财务管理制度、合伙人收入考核管理办法、业务部收入考核管理办法、业务承接管理办法、业务报备管理办法、文件报告制作及文印管理办法、印章管理办法、业务部门电子计算机（电脑）管理办法、车辆运营管理办法、办公楼门禁安全管理办法等。另外还编印员工手册，内容涉及企业简介、职业道德要求、执业规范和操作规程、教育培训、资格考试、人事劳动制度、员工招聘、薪酬分配、福利待遇、行为规范、财物使用和过失惩戒等十多个方面，同时开展员工考勤管理，对事务所规范运作、科学管理、提高效率起到了很好的作用。

（四）搭建平台畅通通道，倾力支持人才成长

1. 1998 年脱钩改制成立浙江天健时只有 11 名合伙人，经过多年的自身发展和近年的合并联合，完成特殊、普通合伙制转制的天健已有合伙人 68 人，剔除合并因素新晋升合伙人 43 人。在这支团结协作、和谐共事、年富力强的合伙人团队中，有 1 人兼任中国注册会计师行业党委委员，1 人兼任中国会计准则委员会委员，5 人担任中注协各专门委员会委员，5 人先后担任中国证监会发行审核委员会专职委员，8 人获中注协资深会员（执业）称号，4 人先后担任全国、省政协委员。

2. 搭建员工职级晋升平台。员工职级的调整晋升直接关系着人员激励作用的大小，也直接关系着员工工作的积极性和创造性。根据事务所的发展战略目标和行业特点，综合运用现代人力资源管理手段和方法，我们为员工设置了五个系列、十三个职级的晋升通道，通过开展员工职业生涯规划，进行横向、纵向岗位或职位调整，量才使用，人尽其才，培养员工进取有为、积极向上的工作作风。每年的 7 月和 12 月，我们及时开展从业人员的绩效考核和职级聘任工作，对于新注册人员，我们及时办理聘任手续。

3. 优化内部分配激励机制。我们适时调整、不断优化事务所利益分配机制，如对一次性考取执业资格、考取行业领军人才的给予单次奖励；建立“执业资格津贴”，设立“执业激励奖”和“人员稳定奖”；为项目经理以上员工提供购房借款，约定服务期限免还政策等；税后利润分配采取资历、业绩、职务、贡献、声誉等多因素分配，在同行业中建立具有竞争力的薪酬制度，以落实政策，提振信心，最终实现事务所发展与人才资源价值的双赢。

（五）总结治所理念，创新文化载体

天健人在长期的业务实践中总结提炼了一系列治所理念，并成为所有天健员工的共识，如“专业报国，服务社会”的企业宗旨；“中华一流、世界知名”的发展目标；“立足本土、面向国际”的战略格局；“一业为主、多元发展”的经营策略；“规范执业、稳健经营”的执业理念；“质量导向、信誉至上”的办所方针；“品德、能力、责任、创新”的用人观念；“诚信、客观、公正、服务”的执业原则；从而创造出“专注专业、崇尚学习”的工作氛围和“自强不息、厚德载物”的企业精神。另外，《天健视野》和《天健丰采》两种内刊，分别编印 360 余期和 250 余期，成为事务所企业文化建设的重要平台；2011 年 5 月，在所领导的直接关心和积极参与下，事务所又发布了

《天健之歌》，开设了《天健讲堂》，汇编《天健论坛文集》等，丰富了企业文化建设载体。

（六）履行社会责任，共建和谐社会

天健关心职工疾苦，多次资助困难职工家庭，构建和谐劳动关系。近年来，天健密切产学研关系，将天健申报为杭州市大学生实训基地，并为浙江省多所大学提供实习基地；带头为四川汶川地震灾区、青海玉树地震灾区、杭州市“春风行动”捐款，在浙江财经学院等五所财经类、综合型高校设立“天健奖学金”，先后为中国会计学会审计专业委员会、会计信息化专业委员会的年会、浙江省会计学会优秀论文评选、全国第八届残疾人运动会捐助经费达数百万元，较好地履行了社会责任。

二、内部治理建设中积累的主要经验

天健在多年来的内部治理机制建设中，深刻体会到内部治理机制建设是事务所经营管理中不可或缺的重要内容，是事务所管理水平高低的集中体现，也是事务所持续发展的推动力量。因此，在此过程中，事务所不断摸索规律、总结经验，探索了一条适合自身发展的内部治理建设之路。

领导重视，思想统一，扎实推进内部治理机制建设。

天健的内部治理机制建设，关键是领导重视，领导发挥主导作用。他们明确天健的经营理念、经营策略、用人观念、执业理念、执业思想、执业风格和服务理念等企业核心价值观，指导各项制度的制定，完善内部治理机制的建立。如合伙人团队亲自挂帅，总结提炼了企业文化的重要内容；提出并形成了天健的各项会议机制；在制定相关制度时，所领导提出意见和初步建议，自上而下地组织落实，明确权责，做好具体分工，并协调相关部门，成立制度建设项目小组，有计划、有分工、有针对性地开展工作；在关心员工、履行社会责任方面，所领导积极倡议并带头实施。

（一）结合实践，依据需要，建立各项机制和规范

内控治理机制建设是事务所经验的总结，只有来源于实践的机制才是最好的机制，也是最有利于贯彻实施的机制。

如在制度建设方面，1997 年 10 月，在尚无太多国内相关资料可资借鉴、参考的情况下，通过自身经验的不断积累与探索，事务所组织力量编写了《会计报表审计实例（草案）》，帮助本所审计人员正确理解和执行审计操作

规范。《会计报表审计实例（草案）》分为上、下两册，作为《会计报表审计操作规范》的配套文件。《会计报表审计实例（草案）》对怎样实施审计、怎样编制审计工作底稿等提出了一系列要求。比如，明确要求注册会计师应该调查被审计单位的有关情况，关注被审计单位内部控制，评价其内在风险，并进行内控测试；要求在审计过程中重视分析程序的应用；强调函证程序和存货监盘程序的必要性。系统阐述了具体实施《会计报表审计操作规范》的一般作业方法，为执业人员尤其是新进执业人员从事会计报表审计提供了参考和指引。

随后制定的《会计报表审计实例（草案）》以一家股份制工业企业为例，内容以常规业务为主，应用具体审计作业方法，在总结事务所实践经验基础上，适当采用了国际事务所的管理，按实际作业的顺序排列，从签订审计业务约定书开始，调查了解客户情况，评价内在风险，制订审计计划，确定审计策略，实施符合性测试和实质性测试到完成终结审计，出具审计报告，前后衔接，环环相扣，形成了一套较为系统、完整的审计作业。2007 年，本所根据修订后的《年度财务报表审计规程》和审计软件，在《会计报表审计实例（草案）》的基础上，编制了《审计案例》，该案例体现了风险导向审计理念，审计流程和架构完全符合新审计准则的要求，成为事务所执业人员上岗培训和后续教育的辅导读物。

（二）与时俱进，及时完善各项内控制度规范

我们深知，内部治理机制建设不是一成不变的，也不是一蹴而就的，只有紧跟形势，结合实际，不断完善，丰富内容，各项内控机制才会焕发历久弥新的生机。

1994 年，适逢建所十周年，事务所组织力量对当时的各项业务操作规范进行了修订，分别就业务的承接、实施、报告出具，会计报表审计，验资，股份制企业三年经营业绩审计，盈利预测审核，投资基金会计报表审计以及外商投资企业审计工作底稿等制定了规范。其中会计报表审计操作规范中，规定了《××公司关于财务审计的几点说明》形式，是管理层声明书的雏形；详细描述了会计报表循环审计操作要点，运用业务循环法检查和评价内部控制，有效提高审计工作水平，确保审计质量，节约审计时间，减少审计风险，逐步实现审计的现代化、国际化；并在《执业人员承办业务的基本职责》中明确提出了执业质量实行四级负责制：所长（顾问）、部门主任（首席会计师、稽核专员）、项目负责人和项目执业人员分级负责，并对每级人员的职责做了清晰的描述。事务所验资操作规范、股份制企业前三年经营业绩审计操作规范、股份制企业盈利预测审核操作规范等操作规范后来也在一定程度上成为当时业内的范本。

1999年，根据中注协颁布的第三批独立审计准则和国家有关财会制度的新变化，事务所继续修订完善了执业操作规范，在9月和10月间集中十多名业务骨干修订了有关操作规范，并汇编成会计师事务所执业规程（1999）。1999年以后，结合法律法规变化和本所业务特点、客户性质、客户所处行业等情况，对原有执业规程基本上遵循了一年一修订的原则，并与天健集团各成员所一起，根据业务的不断开拓与发展，起草了商业银行审计规程、证券公司审计规程、内部控制审核规程和管理咨询工作规程。这一年，事务所还集中了五位审计电脑人员，在各部实践基础上，开发、完善和统一了全所的审计电脑化程序。这为进一步规范执业行为，强化质量意识，防范执业风险，提高审计效率打下了基础。

（三）学习借鉴，总结创新，不断提高内部治理建设的水平

天健内部治理机制建设的基本思路可以归纳为：学习、借鉴和创新。国家法律法规、行业制度规范和行业内部治理的指导意见，凝结了制定者的经验和智慧。近年来，天健人通过广泛、深入学习相关法规、执业规范和内部治理规范，充分借鉴适用于自身的各种内部治理建设理念，并在实践中不断创新。

2006年2月，注册会计师执业准则体系出台后，事务所有组织地安排管理层和技术部有关员工参加了财政部中注协在三所国家会计学院的准则培训，在学习培训的基础上，组织精兵强将对执业规程按照《中国注册会计师执业准则》的要求进行了比较全面彻底地修改与完善，于2006年年底前定稿，并从2007年1月1日起在审计业务中全面予以执行。此次执业规程的修订，全面引入了风险导向审计的理念和方法，并按风险导向审计的理念重新设计了审计流程。本所还根据有关实际情况，自2006年开始不定期发布《年报审计提示》，截至目前共发布了22次。此外，事务所还陆续出台了《业务承接管理办法》、《业务咨询管理办法》、《证券期货签证业务注册会计师签字规则》等一系列配套制度，对执行业务的各个环节进行控制。

内部治理建设的过程应该是公开和透明的。为此，在内部治理建设过程中，我们也有意识地引导员工去思考管理者的出发点和用意，帮助员工对于天健的内部治理建设趋向作出相对准确的判断，避免员工因缺乏预期而导致心理不安。如在建立员工职级晋升机制时，就充分考虑了事务所未来较长一段时间的发展规划、人员规模、各类人员所占比重等因素，并征求了各类型、各级别员工的意见，设置了审计、税务代理、资产评估、工程咨询和管理咨询5个系列13个职别的员工职级体系，使员工对该晋升机制及自身发展有清晰的认识，使得该机制不但适用于当前，更为适用于事务所将来的发展预留了较大的空间。内控机制建设的前瞻性，不仅有利于事务所管理及发展的稳定，更起到了良好的激励作用，有利于员工以此为参照标准，对自身的职业发展做好长远的规划，促进了企业和员工的共同发展。

由于天健制定了完善的内部规范，加强内部治理，有效地防范了执业风险，促进了执业的规范化。建所以来，先后两次受到中国证监会的公开表扬；获得了浙江省现代服务业重点企业等荣誉称号，天健品牌先后被认定为“浙江省知名商号”和“中国著名商标”。同时，制度建设也促进了天健“做大做强做出去”战略的实施。如今的天健已发展成为具有H股企业审计资质、年审计收入超过6亿元、我国内资所排名第四的全国性大型会计师事务所，注册地和总部设在杭州，分支机构分布北京、上海、深圳、湖南、广东、山东、安徽、云南等地，并在香港、台湾等地设有成员所的一家综合型会计中介专业服务机构；目前拥有上市公司客户178家，居全国第一。发展战略目标是：成为具有核心竞争力、能够跨国经营并提供综合服务的中华一流、世界知名的大型会计师事务所。

“雄关漫道真如铁，而今迈步从头越。”天健历经了从国有事业单位到有限责任制企业改革，再到特殊普通合伙制改革的变革浪潮，也经历了会计准则、审计准则、执业规范等行业标准不断推陈出新的变革，而在这些巨大的挑战中能顺应时代要求、不断做大做强、做精做优，关键就在于天健人能与时俱进，知难而上，勇于创新。今后，我们将围绕天健的发展战略目标，根据情势变化，加强内部治理建设，以适应新形势，迎接新挑战，取得新胜利！

点　评

天健是全国同行中最早制定内部执业规范的事务所之一。从1983年12月建所以来，就十分重视事务所内部管理制度建设工作，先后制定了审计、验资、资产评估、税务代理、工程咨询操作规范和业务指导、综合业务等多个执业制度，有效地控制和防范了执业风险；为了提升执业人员职业操守，适时制定了《职业道德守则》、《保持独立性的制度》；注重机制建设，建立了多个会议机制和内部议事工作规则及管理办法，通过建立健全一系列内部管理规章制度，保障了事务所规范化运营。在制度建设过程中，形成了自己独特的文化理念，总结提出了天健企业文化的重要内容："专业报国、服务社会"的企业宗旨；"中华一流、世界知名"的发展战略；"一业为主、多元发展"的经营策略；"规范执业、稳健经营"的执业理念；"质量导向、信誉至上"的办所方针；"品德、能力、责任、创新"的用人观念；"诚信、客观、公正、服务"的执业原则；"专注专业、崇尚学习"的工作氛围；"自强不息、厚德载物"的企业精神。

天健不断摸索规律、总结经验，探索出一条适合于自身发展的制度建设之路。第一，领导重视，思想统一，扎实推进落实制度建设。团队班子发挥主导作用，用经营理念、经营策略、用人观念、执业理念、执业风格和服务理念等企业核心价值观指导各项制度的制定，成立制度建设项目小组，有计划、有分工，自上而下地组织落实，明确权责，有针对性地开展工作。第二，结合实践，依据需要，建立各项制度规范。在国内无相关资料可借鉴的情况下，组织力量编写了《会计报表审计实例（草案)》，对实施审计、编制工作底稿等提出了一系列要求，后根据《年度财务报表审计规程》的变化重新修订编制了《审计案例》，该案例体现了风险导向审计理念、审计流程，构架完全符合新审计准则的要求。第三，与时俱进，及时修改，完善各项制度规范。结合法律法规变化和事务所业务特点、客户性质、客户所处行业等情况，对执业规程基本遵循一年一修订的原则。近年来，起草了商业银行审计、证券公司审计、内部控制审核和管理咨询工作规程，开发、完善和统一了事务所审计电脑化程序，执业质量建立了"四级负责制"。第四，学习借鉴，总结创新，不断提高制度建设水平。近年来，通过广泛、深入学习相关法规和执业规范，充分借鉴适用于自身各种制度建设理念，并在实践中不断创新。各项制度的设计不但适用于当前，更为事务所的发展预留了较大的空间。如在设计员工职级系列管理规则时，充分考虑未来一段时间的发展规划、人员规模、各类人员所占比重等因素，设置了5个系列13个职别的员工职级体系。

几十年来，天健坚持制定完善各项内部管理制度，通过制度建设，促进了执业的规范化，得到了政府和社会的认可，天健品牌先后被认定为“浙江省知名商号”和“中国著名商标”。制度建设也促进了天健“做大做强做出去”战略的实施。如今的天健已发展成为具有H股企业审计资质、年收入超过6亿元、我国内资所排名第四的全国性大型会计师事务所，分支机构分布北京、上海、深圳、湖南、广东、山东、安徽、云南等地，并在香港、台湾等地设有成员所的一家综合型会计中介专业服务机构。目前拥有上市公司客户178家，居全国第一。天健正朝着自己的发展战略目标努力，即成为具有核心竞争力、能够跨国经营并提供综合服务的中华一流、世界知名的大型会计师事务所。

战略当先、文化引领、制度保障、持续发展

中汇会计师事务所

伴随着中国的改革与发展，中国的注册会计师事业走过了一条不寻常的发展道路，对于中汇会计师事务所（以下简称中汇）而言，成长的每一步都见证了行业的进步。从创办事务所开始，中汇人，踏踏实实地努力，认认真真地追求，随着行业的整体发展和自身的不懈努力，向自己设定的目标不断前进。对于快速发展的中汇而言，内部治理体系的建设，是成长中不可或缺的核心竞争力，是发展过程中不断推动前行的助力器，内部治理结构与时俱进的改进和完善，推动了中汇蜕变和提升，以下简单介绍中汇在内部治理工作方面的几点重要举措。

一、战略当先，确立内部治理目标

在公司建立的初期，中汇就立志成为中国具有影响力和创造力的专业服务机构。中汇确立了5年内公司各项业务规模要达到省内前5名，建立全面质量管理体系，10年内会计师事务所要取得证券、期货业审计资格的具体目标。这就要求公司要建立一套完善的机制，确保实现公司中长期发展目标。公司在决策层的带领下，确立并实施了人才强所、服务强所、技术强所的发展战略。

（一）人才强所战略

公司创始之初，只有35名员工，其中还有10位是退休人员返聘。从行政机关脱钩的中汇，拥有了人事上的自主权，确定了清晰的人才战略，广纳贤才，共谋发展。中汇的股东将绝大多数利润都用于事务所的长期发展，制定了有竞争力的薪酬福利制度，在全国高校广泛招聘应届大学毕业生，择优录取，专业人员的招聘工作借助传媒、网络、猎头、内部推荐等渠道常年开展，吸引了大量的优秀人才加入了中汇，逐步实施人才强所的战略。如今杭

州本部已有600多名专业人员，95%以上的员工都具有本科以上学历，既有国内高校毕业生，也有海外背景留学生，呈现出不同专业背景的多元化人才结构。

（二）服务强所战略

随着客户经营事务的不断发展，需要有不同服务领域的专业人员为其提供各种专业服务。同时，客户也更希望同一家机构能提供整体的解决方案和服务。在这样的前提下，我们确定了多业经营、专业细分、资源共享的运营管理模式，先后创办了中汇会计、税务、评估、工程咨询、管理咨询等不同专业领域的公司，实现了管理资源、客户资源共享，专业细分，多元经营、齐头并进、综合发展的格局。我们强化了客户是事务所的重要资源，加强了对客户资源的统一管理，由项目经理的客户服务提升到公司对客户的关怀、管理，并在员工入职时就与之明确，所有的客户资源都是公司财产，不因员工的调离而带走客户，否则将承担法律责任，极大地提高了客户的稳定性和客户服务项目的延展性。

（三）技术强所战略

中介机构的市场竞争历来激烈，低价、回扣、降低质量标准等手段无所不用其极。在事务所创立的初始，我们就问自己，想要成为一家什么样的事务所？是参与这种恶性竞争，谋得一席之地，还是另辟蹊径，开创一番天地？经过股东们深入地研讨，确定谋求专业技术领先、以增值服务赢得客户，以专业技术领先取得社会认同，才是长期发展的不二选择。

二、文化引领，优化内部治理环境

中汇历来重视事务所文化建设，我们确立了中汇的愿景——成为中国具有影响力和创造力的专业服务机构；我们的使命——创造员工成长空间，协助客户提升价值；我们将“正直远见、专注品质、团队协作”作为核心价值观。

企业文化并不是空洞的概念，它实实在在存在于公司经营管理的各个方面，是内部治理实施的土壤和成长的环境。企业文化，作用着内部治理的每个环节，对品牌形象、员工凝聚力、制度的执行力都起着关键作用，对公司的决策、员工职业发展、公司内外形象的确立都有着深远的影响。

其一，企业文化的建设有助于股东决策注重中长期发展。为了谋求长期的发展，建立科学的决策机制，在核心领导层的带领下，中汇的股东们达成了一致的意见：日常经营授权管理层，根据职责不同按公司内部规定程序运营；股东重决策，轻利益分配；弱化资本权益，强调人和效能；模拟合伙制，改变以出资比例为唯一的利润分配办法，建立业绩、质量、管理贡献等全方位的合伙人考核办法，以考核结果作为利润分配的重要参考依据；建立透明的合伙人晋升制度，培养后备合伙人队伍，为事务所核心经营层和股东队伍的力量增强打开通道。

其二，企业文化的建设有助于团队凝聚力的培养。我们提倡团队间的合作，不仅是小团队的合作（同项目小组或部门），更提倡和引导跨部门、跨专业领域的合作精神。通过企业文化的引导，公司的重大决策、日常管理目标，都能得到上下一致的认同与努力，使各项制度的实施得到员工的支持，增强了员工的凝聚力和归属感。

其三，企业文化的建设有助于员工自身职业发展的清晰定位。企业文化是柔性的管理，它指引员工的日常行为需要符合公司认同的价值观。中汇十分注重员工职业发展，以“创造员工成长空间，协助客户提升价值”为使命，将员工的发展放在首位，我们制定了员工职业发展手册，明确每个员工从录用开始到晋升再到股东的条件及各个级别的要求，把员工职业提升的通道透明化，鼓励员工努力工作，通过每年考核，给员工晋级并加薪。只有将员工个人发展与公司发展紧密结合，才能真正汇聚人才。通过具有中汇特色的企业文化、有保障的薪酬福利体系、合理的绩效评价制度、良好全面的培训和清晰宽广的职业发展规划，来引进人才、培养人才和留住人才。藉此，中汇也获得了“最佳雇主”的殊荣。

永续学习，是中汇人保持职业生命力的有力保障。中汇建立了较完善的多层次、多渠道的学习体系，如新员工入职培训、新员工辅导者计划、业务培训和讲座、专业研讨会、后续教育、英语沙龙、境外实习等，形成了全员学习、团队学习和快乐学习的良好氛围。

其四，企业文化的建设有助于公司内外形象的提升，确立品牌形象。

客户、各级管理机构对中汇的认知和认可，都是基于中汇人在企业文化的指引下确定的市场形象和社会责任形象。

基于我们的企业文化，公司在成立初期，就禁止以回扣、低价竞争等不正当手段争取业务，力求以专业技术和服务赢得客户的信任，也很好地迎来了中汇在业务能力上的提高、在客户心目中的品牌价值提升和多元化的业务推广。

中汇较早成立了党委、工会以及团总支等机构。很多年青党员，学习成绩优异，待人接物谦虚谨慎，工作任劳任怨，在团队中发挥了很好的带头作用。中汇党委连续3年被评为“先进基层党组织”。工会成立以来，一直开展体育健身、员工关怀、益智竞赛等各项活动，极大地丰富了员工们的业余活动，增强了同事间的了解和友谊，在“创建学习型组织，争做知识型职工活动”中，被上级工会组织评为活动先进单位之一。

中汇还热心投身于社会公益事业，履行社会公民的责任。为困难人群，特别是贫困失学的儿童和青少年提供力所能及的帮助，对井冈山大井希望小学、浙江省庆元县江根乡中心小学、大慈岩镇新叶小学和里商乡许源完小学进行了助学活动。这些活动教育了员工，也扩大了中介服务行业在社会中的积极影响。

中汇乐于与同行进行广泛的交流合作，在事务所的发展进程中，通过对同行业进行考察、学习，不断完善、改进自身的管理模式，取长补短，不断拓宽思路和视野。2004年，中汇加入了全球最大的会计网络之一的克瑞斯顿国际（Kreston International）。克瑞斯顿国际由环球资深及独立的会计师事务所或商务顾问公司组成，在全球90个国家拥有660个成员所。中汇每年都会参加克瑞斯顿组织的年会、专业讨论会等，也成功举办过亚洲年会、中国年会等，并多次专门派业务骨干到美国、英国和澳大利亚的成员所进行为期3个月的境外培训。通过这一组织，较好地延展了客户对地域服务的需求，也通过年会的交流和跨区域的项目合作，宣传了中汇及中国的专业服务机构的能力，为进一步向国际化发展奠定了良好的基础。

三、制度保障，全面落实内部治理工作

为了加强公司内部治理，建立决策和管理机制，提高公司的风险管理和质量控制能力，实现中汇的愿景、使命和战略目标，我们制定了《中汇综合管理系统》，涵盖中汇管理纲要、中汇文化、中汇内部治理、人力资源管理、执业质量控制、财务管理、行政后勤管理、网络与信息管理等内容。在此基础上，建立了全面质量管理体系，结合各专业的技术特点，对涉及质量管理的各方面都进行了严格的规范，具体内容涵盖：执业质量控制基本制度、职业道德管理、薪酬与考核、教育培训、客户关系保持与接收、新客户评价、承接项目的风险评估、业务督导、项目分级复核、人力资源管理、重大风险报告制度、业务咨询、分歧处理、报告签发、底稿规范、档案管理、利用其他机构工作的指引等。我们根据不同的专业方向，设立了审计、税务、评估、

内控咨询、工程咨询等不同的专业技术委员会，并下设各个专门研究方向的研究小组，汇集了专业精英，研究执业规程和工作底稿，以及遇到的新问题，提出统一规范的意见，并建立了法规数据库，以提供更多、更及时的参考依据，指导专业人员的执业。

通过一系列的制度建设，中汇的内部治理取得了一定的成效。

第一，全员风险防范意识加强。通过明确完整的专业工作程序，各种形式的学习研讨、专业培训、经验交流等形式，员工在日常工作中形成了认真严谨的执业风格和积极向上的工作态度。公司的内部复核流程绝不流于形式，除了把握风险、防范风险，也是员工执业质量考核的评分依据。风险管理部对员工质量的考核是多角度的，包括程序执行的完整性、数据的准确性、文字的逻辑性、意见类型的客观性、项目管理的及时性，等等，以此作为员工绩效评价的重要考评依据。员工在审计环节发现重大风险，需第一时间汇报分管合伙人，重大风险处置需要通过风险管理委员会通过。通过这一系列的质量管理措施，促使全体员工加强了对审计风险的防范意识，提升了对审计具体工作的细致程度，促进了事务所整体风险防范能力。

第二，员工梯队建设初见成效。通过大力的人才招聘，专业人员有了一定的积累。如何用好这些人，实现"给员工创造成长空间"的文化目标，没有强有力的薪酬体制和职业发展规划是难以真正落实的。会计师事务所在实践操作中，大多采用底薪加提成，或年薪制。员工的收入跟业绩紧密挂钩，如果丧失一个客户，可能面临员工收入的直接影响，既不能稳定员工队伍，也不利于执业风险的防范。中汇采用了年薪加绩效考核的激励制度，大幅提高了员工的基本收入，同时结合员工的执业质量、业绩、管理贡献、客户开拓、团队合作等各方面的因素，作为员工的当年绩效奖励及下年度加薪升职的依据。每年7月份，薪酬委员会都会对全员进行绩效考核，对80%～90%的员工根据其考核结果给予不同程度的提级加薪，10%的员工确定为有待提高或不合格，不加薪或降薪，有严重违反公司规定的员工予以劝退。这些制度的建设，确保了员工凭借自己的能力得到晋升加薪的机会，明确了合伙人的晋升办法，使员工对自己的执业发展通道有了明确的目标，增强了员工的稳定性，激励员工成长，明确各级员工职责，使员工队伍呈梯队发展。

第三，客户专业服务能力提升。在中汇客户资源共享的统一平台上，各个专业领域的细化，促进了专业人员业务能力的专门化，杜绝了为了取得客户收入，项目人员盲目承接超过自身胜任能力的业务，使客户也能在中汇的统一平台上得到多方位的优质服务，这也促进了专业人员在自己的领域做专做深，在与其他领域的专业合作上做广、做大，使事务所做强、做大成为可能。

第四，公司管理运营水平提高。完善了制度建设，管理人员各司其职，业务人员协同作业，后勤人员按需服务，配以项目管理、工时管理、客户管理等信息系统的开发应用，中汇的管理初步实现了系统化，为下一步因分支机构的发展带来的文化传播、管理模式复制、审计质量统一等课题的解决奠定了一定的基础。

四、审时度势，巩固发展内部治理成果

2010 年，站在新十年的起航点上，中汇紧紧把握住事务所发展的新机遇，凭借十年来的精英人才及管理经验的积累，坚信做大做强是事务所发展不可改变的目标，合伙人团队一致决定，把北京作为中汇战略发展的一个至高点，在北京设立“中汇会计师事务所北京分所”，并把审计的业务范围扩大到中央企业集团；并且经国家工商总局批准设立了“中汇税务师事务所有限公司”，并获中国注册税务师协会授予的“中国 5A 级税务师事务所”资格。

中汇管理层始终站在时代的前沿，对于事务所的发展提出了“十二五”时期的战略目标：实现差异化竞争，以税务业务的发展为龙头，以点带面，利用中汇现有的品牌优势和客户渠道，推动中汇各项业务全面发展，努力、尽快向中汇愿景趋近。在未来的 5 ~ 10 年中，中汇的内部治理的主要目标表现在以下几个方面。

（一）区域发展一体化

依托“中汇”的品牌与规模，在全国主要城市设立分支机构，同时选择世界上重要的发达国家设立合作机构，通过聚集高素质专业人士，运用国际专业服务机构的管理理念，为特大型企业、跨国公司和资本市场提供系统全面的专业服务。实现差异化竞争，成为中国最具规模和专业影响力的国际化专业服务集团。实现总分所一体化建设，利用信息系统，统一企业文化，统一管理理念，统一内控制度，实现企业文化、人员管理、财务管理、质量控制等各方面全国一盘棋、区域一体化发展。

（二）管理工具科学化

借鉴国际专业服务机构的管理理念和大型事务所的管理方法，在项目管理、时间管理、人力资源管理、客户管理等方面全面进行信息系统升级改造，

达到管理科学化、国际化，创造更适合高端人才成长的企业环境和文化氛围。通过信息系统的建设实现日常管理的标准化，在企业的发展变革不断壮大的过程中实现管理理念和方法的推广、复制和提升，并希望通过信息系统的实施，提高效率、科学管理，更好地实现知识积累和资源分配。

（三）高端服务规模化

适应中国经济的发展与转型，勇于实践，积极探索新经济下新的业务机会和新的服务领域，大力引进和培养跨专业综合型人才，在IT审计、企业内部控制制度咨询、会计服务外包等领域实现业务成熟化、规模化发展。

做强、做大，培养、招募国际化人才，积极探索在现有的国际性组织中实现更紧密的合作，努力为中国企业走出去提供更完善的服务，并逐步实现中汇自身的国际业务的发展，参与国际化的竞争。

（四）风险—利益机制紧密化

结合中汇实际情况，实现特殊普通合伙体制下的相应的制度革新，积极探索混业经营同时专业深化、细分的模式下的管理、考核、市场发展战略等相关命题，在实践中不断革新、完善和提升。

（五）党建工作全面深化

我们坚信，党的领导始终是事务所做强做大的基础和有力的保障。中汇将一如既往地加强党建工作，将党建工作和文化建设相结合，党组织的发展与业务骨干的培养相结合，党建工作与中汇在社会正气弘扬、行业诚信建设、慈善事业等各方面的工作相结合，充分发挥党组织的领导作用和党员同志的先锋带头作用，使党建工作与业务发展、组织发展和规模发展相互促进，在中汇做强、做大的进程中发挥更重要的作用。

新的时代，迎来了新的机遇和挑战。在国家倡导大力发展现代服务业的背景下，行业服务的意义不仅仅是为经济的贡献，更上升为国家意志和战略考虑的需要，标志着时代赋予行业更多的机会和责任。中汇人将肩负起历史的使命，开拓创新、锐意进取，将事务所做强、做大，争做行业的排头兵。

点 评

万向集团的董事长鲁冠球有一句名言："奋斗十年添个零"，意思是万向集团十年十倍地增长。相比之下，中汇的速度更快。中汇从改制初期一个30余人和500万元收入的小事务所，发展到现在拥有员工1500余人，业务收入近4个亿，位列全国百强所第21名的规模，其发展可谓神速。应该说，伴随着中国的改革与发展，每家会计师事务所都走过了不寻常的发展之路，成功之路不一定能复制，但可以借鉴，纵观中汇的发展轨迹，其内部治理有以下几个成功的方面。

一是高瞻远瞩的目标。管理学中有一个吉格勒定律："设定高目标就等于达到了目标的一部分"。中汇在成立之初虽是一家小事务所，但志存高远，树立了中长期发展目标，立志成为国内具有影响力和创造力的专业服务机构，而不是急功近利或小富即安。所以，之后的一系列战略、举措和制度安排，都是紧紧围绕这个目标来实施的。如中汇的股东将绝大多数利润用于事务所的长期发展；从一开始就确定清晰的人才强所、服务强所和技术强所三大发展战略；中汇的客户管理系统、人才培养系统、考核分配系统都是围绕中长期发展规划进行设计。这个高远的奋斗目标形成了一股强大的拉力，拉着中汇的管理者一路向前，朝着成功奔跑。

二是海纳百川的气度。中汇的一个"汇"字，寓意深远，也可以理解为海纳百川的气概，意在汇聚各路精英。其实在实践中，中汇也是这么做的。中汇之所以有今天的发展，其大气开放，能引进人才、留住人才是根本。从中汇的发展史可以看出，中汇对人才的重视程度，可以说求贤若渴，广纳贤才。在打造事务所核心管理层的过程中，其脉络非常清晰，即通过有效和透明的内部晋升与考核机制，不断培养后备合伙人队伍，目前已形成良好的梯队建设；同时，通过明确员工职业发展规划，建立合理的薪酬考核分配体制等一系列科学有效的内部治理机制，稳定员工队伍，留住专业人才。

三是刚柔相济的文化。文化是柔性的，制度带有刚性。中汇的目标、文化和制度都是一脉相承的，都基于一种长远的考虑和设计。"创造员工成长空间、协助客户提升价值"作为中汇的使命，"正直远见、专注品质、团队协作"则是中汇人的核心价值观。中汇的这些理念和文化，不是空洞的，而是实实在在地从股东做起，从管理层做起，扎根于内部治理的方方面面，作用于内部治理的每一个环节。在这样一种企业文化的大背景下，股东决策更注重中长期发展；事务所更注重团队建设；员工的职业发展定位更清晰。文化的柔性管理加上合理的制度保障，也就是刚柔相济的企业文化，成就了中汇。

中汇的最终目标是进全国前十，从目前国内大型会计师事务所的规模看，要达到这一目标难度还不小。但正像全球第一 CEO 杰克·韦尔奇所说："只要敢于相信自己，敢于朝着那些看似不可能的目标不懈努力，最终往往会如愿以偿。哪怕最后没有实现这一目标，我们也会发现，最终结果远远比我们预想的好得多。"相信中汇在新十年的征程上，从杭州到北京，会站在新的至高点面向全国，税务业务和证券业务齐头并进，努力实现差异化竞争，取得新的辉煌。

以人为本，创造共赢

浙江天平会计师事务所

每个企业因其各自的不同经历，形成了不同的企业文化。1999 年改制至今，浙江天平会计师事务所（以下简称天平）从一个年收入一百多万元、只有十几个从业人员的小规模事务所，成长为年收入近亿元，从业人员三百多人的中等规模事务所。在发展的道路上，天平一直坚持自身的风格，逐步形成了以人为本、和谐发展的企业文化。围绕企业文化进行内部治理机制的建设，做到管理层团结敬业、员工奋发进取，制度简练明了，执行高效透明，使全体员工在各自的工作岗位上各尽所能，各司其职，做到责、权、利分明。我们依靠共同的理想和价值观，依靠以人为本的制度设计，依靠事务所内部和谐的执业环境开拓出属于自己的发展之路。以下就天平的内部治理机制方面的情况汇报如下。

天平的总体战略目标是建立一家为客户提供全方位专业服务及解决方案的百年事务所，培养团结奋发的管理团队和专业高效的执业团队，用自己的专业知识服务社会主义市场经济，为建立健康、诚信和有序的经济社会贡献自己的力量。

天平以总体战略目标为指导，通过制定五年规划，逐步、分阶段实现该目标。通过明确各阶段业务发展方向、人才规划、平台构建等具体目标，天平建立了一支目标明晰、奋发向上的管理队伍和执业队伍。定期与员工分享战略目标及阶段规划，让员工以主人翁的姿态参与到实现总体战略目标的过程中来，积极听取员工的意见，适时调整目标及规划，使所有员工团结一致地朝着共同的目标前进。

为实现事务所总体战略目标，天平通过一系列措施逐步形成和奠定了以人为本、和谐发展的事务所文化，主要包括建立和完善制度化管理、民主决策机制以及人才培养、激励制度。

一、建立和完善制度化管理，建设有效的治理机制

首先，建立了以事务所章程为核心的内部管理制度，明晰了公司治理结构，建立了透明、有序和高效运行的内部管理机制。

章程作为事务所治理的核心制度，对公司股东会、董事会和监事会的设置和运行作出了规定，对董事长和董事进行了明确的分工。以章程为原则性指导，建立配套的一系列内部管理制度，以保证公司章程的全面执行。例如，主要发起人亲属不得进入事务所从事审计和行政管理工作，既能保证制度执行的有效性，也能帮助事务所树立良好的正面形象，吸引优秀员工加入管理团队；重大事项协调制度，不仅能有效化解事务所内部矛盾，集中力量实现事务所的经营目标，而且能有效化解外部的竞争压力。

其次，从领导做起，积极推进各项制度的执行。

对于天平的主要股东和董事来说，需要具备现代企业管理者的意识和气度，把自己的利益融入到事务所的利益中去，自觉遵守章程及制度的各项规定，自觉维护制度的权威，自觉保护其他股东及广大员工的利益。照章办事是人和文化的基础，十几年的经验证明：只有股东和管理层以身作则，才能使章程和制度的各项规定在员工中深度推进，保证其有效透明地运行。

再次，建立有效的监督机制，为制度执行保驾护航。

设立有效的监督机制是确保制度执行的关键。为此，天平设立了监事会和党、工、团组织。监事会由主要发起人组成，对天平的经营和各项制度的实施进行全面监督，保证制度的有效运行；党、工、团组织作为管理层和员工联系的纽带，及时收集员工诉求，对各项制度进行合理调整，以确保其在员工中的有效执行。

二、建立和完善科学民主的决策机制，建设和谐的执业环境

决策始终伴随着事务所经营的全过程，如何作出符合天平总体发展战略的决策，关系到天平的生存和发展，因而建立一套有效的决策机制，是企业的核心竞争力之一。天平形成了股东会、董事会决策，监事会监督的决策机制。主任会计师办公会议作为日常管理的决策机构，每月以例会的形式，解决经营过程中的日常事务。同时，为了提高决策效率，在董事会下设立了战略发展委员会、质量与风险控制委员会、薪酬与绩效考核委员会及审计委员会四个专业委员会，在董事会闭会期间由专业委员会履行相关董事会的职能，提高决策效率。

在重大事项的决策过程中，实行民主集中制，充分体现了天平以人为本的企业文化。例如，在与全体员工直接相关的工资和劳务分配及利润分配事项的决策上，由天平管理层提出方案，听取职工的意见，报天平董事会和股东会批准后执行。其他重要事项由董事会指定人员拟定方案（指定人员在拟定方案时需要充分考虑员工意见），经董事会成员充分沟通，形成一致意见后报股东会审批。天平成立至今很少采用少数服从多数的表决方式通过决议，而是采用沟通协调，达成一致的方法作出决策，这样处理虽然会影响决策效率，但可以更好地保护以人为本、和谐共赢的企业文化。

三、建立和完善有竞争力的人才培养、激励制度，建设优秀的管理及执业团队

人才是事务所发展的主要力量，谁拥有了优秀人才，谁就把握了事务所发展的主动权。人才规划必须和事务所的业务发展相配套，人才资源必须符合事务所不同层次业务的需要。为此，天平在发展过程中，一直从以下几个方面努力，做好人才储备工作。

（一）根据发展规划进行人才招募，制定科学的招募程序

根据发展规划做好人才招募工作是人力资源工作的基本前提。经过十几年的实践，天平制定了笔试、面试和实习考察三部曲的招募程序，以确保让一批专业素质良好、具备吃苦耐劳精神的优秀员工进入天平工作。对于高级人才的引进，须由分管董事推荐，经专业委员会审议后，报董事会批准确定。

（二）对员工进行分层次培训，以适应不同层次业务需求

培训是员工业务素质提高的重要渠道，公司每年制定分层次人才培训计划，有针对性地对天平各个层次的人员进行培训，提高其所需的技能。对事务所股东和管理层主要侧重于管理方面的培训；对专业人员则加强专业知识的培训；新进员工主要进行入职教育，包括公司文化介绍、执业道德培训和基本技能培训。

（三）设立人才基金，为人才招募和培训提供强有力的资金支持

为了引进高端的人才，鼓励员工不断提升，天平从 2010 年开始设立了人才基金，按事务所业务收入的 1% 计提人才基金，结余滚动使用。该项基金主要用于对特殊人才进行工资补贴和培训支持。特殊人才主要指对事务所新业

务拓展起关键作用的管理和专业人才、事务所发展过程中不可替代的重要岗位的人才等。该项基金为高端人才引进，优化人才结构，提高员工整体素质提供了有力的资金支持。虽然目前天平的人才基金规模还不大，但我们相信人才基金的设立对人才培养将起到重要的作用。

（四）建立科学的考核体系，促进员工与事务所共同发展

1. 岗位设置。科学合理的岗位设置是建立科学考核体系的前提，阶梯级的岗位设置对员工的成长起到了积极的推进作用。天平的岗位设置目标是：一方面，培养职业道德优良，专业水平一流的执业队伍；另一方面，吸引优秀的人才进入管理层，提高事务所的管理水平。

天平的岗位设置主要分为管理岗位和专业技术岗位。管理岗位包括：主任会计师、副主任会计师、部门经理、部门副经理和部门经理助理。除主任会计师由董事会任命，副主任会计师由主任会计师提名，董事会任命外，其他都由主任会计师聘任。管理岗位设置的目的主要是保证各项指令能及时有效地传达。专业技术岗位包括：高级项目经理、项目经理和助理三个技术级别。高级项目经理、项目经理分设三个级别、助理分设四个级别。每个级别都有对应的工资待遇。每个级别的提升都必须经过年度考核，其中项目经理必须由注册会计师、资产评估师和造价工程师等执业人员担任，破格提升须经特别的程序审批。

2. 考核体系的建立与执行。健全和公平的考核体系不仅能激发员工的积极性，而且可以提升员工的创新能力。考核体系的建立与执行需要解决以下三个方面的问题：

第一，考核体系如何建立。考核体系的建立应重点考虑：（1）各个级别设定工作目标，这个目标必须是明确的，可以量化表达；（2）各级的考核数据由谁来提供。

第二，考核由谁执行。作为考核体系中重要的一环，我们的考核人员是分层次的，包括部门经理和事务所分管人事的董事领导的考核小组。考核过程中由部门经理提供考核的基础数据，考核小组最终核实考核的结果，经董事会讨论批准确定。

第三，考核结果如何准确利用。考核数据的有效利用是考核工作的核心，考核的结果关系到员工的职务提升和薪酬水平，关系到员工的职业发展。管理岗位和技术岗位的提升需要达到考核结果良好以上，同时只有连续考核优秀的人员才有可能进入管理层。

只有所有的员工都重视考核体系，才能使员工将自身的职业发展与事务所的发展紧密地结合在一起，实现和谐共赢。

（五）设计合理的薪酬制度，充分调动员工积极性

薪酬制度是事务所的核心制度之一，合理的薪酬制度能提高员工的积极性，保证事务所内在的发展动力。薪酬制度既要保证事务所的效益指标，又要兼顾质量和其他综合指标，防止片面追求效益指标而偏离质量指标和其他综合指标情况的发生。

事务所的工作具有强大的季节性，年报审计时，加班加点经常发生，工作量较大，而在其他时间相对比较空闲，工作量较小。因此，事务所的工资体系如何平衡这种工作的季节性，最大限度地调动员工的积极性，是事务所管理层的责任。对此，天平采取基本工资 + 效益工资的薪酬制度，既能使员工的生活得到基本保障，又能激励员工的工作积极性，多劳多得。

基本工资分为职务工资、岗位工资、所龄津贴和交通通信补贴四个部分组成，占员工收入的30%左右。管理岗位人员享受职务工资，专业人员享受岗位工资，岗位工资根椐员工的技术等级来设定，技术等级由所考核小组根据员工的业务水平、出勤和工作态度等因素考核确定。当员工同时可享受岗位工资与职务工资时，逢高确定；所龄津贴根据员工在事务所的工作年限确定，目的是鼓励员工长期在本所工作；交通通信补贴根据员工的职务和岗位等级确定。

效益工资是按每人完成业务工作量的一定比例计提，全年根据执业质量等因素作适当的调整。效益工资比例根据业务难易程度设置，对新业务和难度高、社会影响大的项目一般会给予相对较高的比例，促使员工对新业务的研究。效益工资约占员工收入的70%左右。

此外，从业务收入中计提一定比例的基金，用于分配给完成了大量工作，却因客观原因而终止承接项目的执业人员。该基金由所领导统一考评调配，从而解决业务收费不平衡的问题。

（六）实行员工福利的普惠制，提高员工归属感

福利作为薪酬制度的必要补充，体现了天平对员工的人文关怀，有利于提高员工的归属感，培养以所为家的整体观念。福利制度的原则是普惠性，即全体员工同等享受天平的福利待遇，主要包括：社会保险、住房公积金、节日福利待遇、年度旅游安排和定期健康检查等。

（七）员工分享经营成果，促进股东员工关系的和谐发展

事务所作为特殊的中介服务机构，在经营过程中，不仅股东和合伙人需要承担经营风险，作为项目负责人的签字注册会计师同样需要承担执业风险。因此，在对事务所的利润分配上，综合考虑股东和项目负责人的风险，根据风险收益原则进行分配，有利地建设和谐的工作环境，强化以人为本的企业文化。

天平设计并开始执行如下利润分配方案：作为天平的投资人，承担出资责任，为体现股东权益，天平以利润总额的20%分配给股东。其余的利润以员工对天平的贡献来进行分配。考核员工对天平的贡献，主要从以下几个因素考虑：在事务所中担任的职务，完成的业务量和工作量以及事务所对员工的综合考评结果。80%利润的分配比例为：职务占10%，业务量和工作量占50%，综合考评占40%。这种分配方式不仅可以淡化股东概念，让执业人员分享天平的经营成果，树立以所为家的理念，而且能吸收优秀的执业人员成为股东（或合伙人）或管理人员，搭建人才成长的阶梯，保证天平人才队伍的稳定。

以上是天平十多年来在公司内部治理方面的一点心得和体会。天平的治理机制是天平的核心，一个好的制度需要得到有效的执行才能有生命力，才能发挥应有的作用。我国经济正处在高速发展时期，市场经济体制不断规范与完善，注册会计师行业也是如此，我们的治理机制也需要跟随市场的步伐作出相应的调整与完善。根据国务院办公厅转发财政部《关于加快发展我国注册会计师行业若干意见》的文件，为适应会计师事务所做大做强做优的战略目标，在事务所董事会的领导下，在党组织和党员的支持下，依靠事务所全体员工的配合，推进合伙制，建立合伙文化。2010 年已开始推行模拟合伙制，待条件成熟时即将全面执行合伙制。我国的会计师事务所执业和管理水平同国际四大会计师事务所尚存在着较大的差距，为此，我们需要担负起时代的责任，不断努力研究审计技术和事务所的内部治理机制，缩小差距，甚至赶超国际大所，为中国注册会计师事业的发展作出自己应有的贡献。

点　评

天平从创立初期就以自身的风格发展，形成“以人为本、创造共赢”的经营理念。内部治理机制建设以企业文化为核心，紧紧围绕建立团结奋发的管理团队，分享和谐共赢的企业文化。追求建立百年老店——事务所的目标，一步一个脚印，扎扎实实，稳步推进。以发展目标统一思想，在总体目标指导下，分阶段制定五年规划，明确发展目标、人才规划、业务平台的构建等具体目标，事务所从创立时的年收入只有100多万元、从业人员十几人的小规模事务所，发展成为业务收入7000多万元、从业人员400多人，拥有注册会计师83名，2010年全国综合排名第54位的大型会计师事务所。

回顾天平在发展过程中，依靠共同的理想和价值观，依靠以人为本的制度设计，依靠内部和谐的执业环境走出一条属于自己的发展之路。第一，建立以人为本、和谐共赢的企业文化。天平各项管理制度的建立和有效运行是文化建设的基础；自觉执行和有效监督是文化建设的关键；建立和完善以章程为核心的各项内部管理制度是天平发展的重要保证；注重重大事项的协调机制建设是化解外部压力的主要手段。第二，注重民主决策、建设和谐执业环境。建立了拟定计划、决策、监督、参谋等多个分工明确的体系，形成符合自身实际的议事规则和决策程序。第三，形成人才培养机制、提高员工整体素质。建立多层次的培训制度，股东侧重于管理方面、专业人员加强专业知识、新进员工进行入职教育。建立天平人才基金，每年按业务收入的1%计提。第四，坚持以人为本、建立人才成长的通道。建立科学的考核体系，保护优秀人才；以人为本，设计合理的薪酬体系；让员工分享经营成果，协调股东与员工的关系；实行员工福利“普惠制”，培养以所为家的整体观念。

天平内部治理机制建设围绕以人为本、和谐发展的企业文化，建立并完善各项管理制度，制度明了，执行高效，责、权、利清晰，管理层敬业、员工奋发进取，全所员工在各自的工作岗位上各尽所能、各尽其职，取得了一定的成效。

浙江至诚会计师事务所内部治理机制建设探讨

浙江至诚会计师事务所

浙江至诚会计师事务所（以下简称至诚所）脱钩改制以来，按照中注协颁发的“会计师事务所、资产评估机构内部治理机制建设指导意见”、“会计师事务所内部治理指南”等文件精神，在省、市注协的指导帮助下，通过全所员工齐心协力，共同努力，在事务所内部治理方面做了一些探索，取得了一些成效，推动了事务所的稳定发展。2008 年至诚所跻身全国综合评价百强事务所行列，2009 年 8 月，事务所注册地变更到省会城市杭州。

一、抓好管理团队建设，确保事务所运营中的管理层合力

与大多数会计师事务所一样，至诚所在发展过程中也派生成立了资产评估、税务师、工程造价咨询等法人主体的公司（我们内部称之为业务平台公司），办公地点也由义乌单一地点发展到杭州、浦江等多个地点，这对管理层治理提出了新的挑战。

至诚所建立了统一的股东会、董事会和监事会，履行相应的所有权、管理权和监督权；董事会授权主任会计师按业务平台公司和地域平台（分所）组建运营管理班子，并设立业务发展和客户管理委员会、专业技术与风险管理委员会、绩效评价与薪酬福利委员会、信息化管理委员会等专门委员会，由此形成了“行政管理联席会为主导、业务平台公司（或地域平台）办公会为辅助、专门委员会为补充”的事务所经营管理决策系统；监事会由股东监事和员工监事组成，列席董事会和重要的行政管理联席会，每季度负责审查事务所的财务决算报告，出具内审意见书向股东会报告。

不断加强管理团队尤其是高管的管理理念、管理技能、管理方法的培养；建立管理层读书会，开办管理知识讲座，布置管理调研课题，选派高管就读工商管理总裁研修班（MBA 课程）或研究生班，安排管理成员参加国家会计学院各类管理提升培训班，等等。

以点带面推进行政管理人员考核机制形成。2011 年，在原先推行《事业部考核办法》、《平台责任制考核办法》基础上，至诚所推出了《高层管理人员绩效考评办法》、《2011 年高层管理人员绩效考评实施意见》，建立高层行政管理人员考核指标体系。指标考核分为两大部分：第一部分是营运指标，包括收入额、利润额（或利润率）、执业人员人均创收、年平均收款期（或回款率）；第二部分是管理改进指标，包括客户管理、人员管理、领导力、外部关系、个人发展、质量管理（项目管理）。高层人员考评办法的推出，主要是为了明确与分解事务所管理目标，引导提升综合管理素质和管理水平，激发调动高管人员的积极性，并以此带动员工成长，进而推动事务所的持续发展。

二、找准定位，树立正确理念，明确事务所发展方向

1. 定位就是要明确自己能做什么？能做好什么？解决这个问题要分析自身有哪些业务优势？所在地区的经济结构和服务对象的特点是什么？改制以来，随着至诚所的成长，我们一直在市场、业务服务、客户群、营销策略、品牌等方面不断寻找自己的位置，不断调整与完善自己，从而确定不同时期的既适应市场，又适应客户、适合自身发展的规模定位。

2. 2001 年上半年，我们在省注协有关领导的具体指导下，转变观念、提高认识、统一思想，认真梳理分析了经营方针、经营理念、发展目标、经营策略等，制定了“至诚会计师事务所 2001 年至 2003 年三年经营发展目标”以及实现目标需要采取的措施。此后，每届董事会都会全面分析事务所内部、外部的环境、因素，梳理制定每一任期的三年经营发展计划和下一任期的三年经营发展规划以及相应的策略与措施，并把经营发展计划细化分解落实到每个年度、每个业务平台（区域平台）的经营目标，确保了事务所发展壮大的方向明确、策略得当、实施有据。

三、立足本所实际，不断探索建立和完善内部管理制度体系

制度安排是事务所内部治理最重要的因素，它必须同事务所发展阶段及发展存在问题的解决相结合，以确保制度的针对性、有效性和执行力。

1. 由被动到主动充分认识制度建设的系统性。我们根据各级注协有关加强事务所内部治理机制建设的文件精神，按照省注协颁发的会计师事务所内部管理制度建设指导目录，针对本所改制后运营管理存在的问题、矛盾和薄弱环节，参照兄弟事务所制度建设的好经验、好做法，在 2005 年提出了系统建设至诚会计师事务所内部管理制度体系的计划。

2. 分类别、有重点、有步骤地进行制定、修订。根据事务所实际情况，我们提出了制度建设的一个核心和三大重点。一个核心就是事务所组织基本行为规范，修订完善事务所的章程，制定事务所议事规则和岗位职责；比如“议事规则”是决策管理民主集中制的体现，它要明确规定具体的“实体内容——议哪些事”、“规范的程序——怎么议”以及“违反议事规则的处理办法和申诉”；三大重点就是人力资源管理、专业质量管理、市场开发和客户管理，比如人力资源管理制度中的用人育人机制、激励分配机制是重中之重，它要体现不同业务平台、不同地域、不同发展阶段的要求，既要有相对稳定期又需要不断完善。

3. 员工认同、员工参与、员工分享在制度建设中是非常重要的。制度安排的落足点在于人的执行，因此，我们在制度建设中都要注重相关人员的认同、参与与分享，尤其是制定关于员工重大切身利益的劳动规章制度时，如：劳动合同、薪酬、福利、培训、职别、考核、晋升、奖惩、行为规范、保密、安全等，基本上采取了不同层次座谈会、问卷调查、工会参与、专门委员会讨论等多种形式征求意见，最后通过程序定稿付诸实施。至诚会计师事务所新的《员工手册》（2009 年 8 月版）正是在此基础上编制完成的。

四、寻求事务所间的规模化经营合作，探索做大做强的路子

前些年我们所的发展走的是自身繁衍方式，尽管成效明显，但区域的局限性给事务所再发展的压力、客户新需求的压力等还是显而易见的。2006 年起，在省注协有关领导的关心、支持、帮助、指导下，董事会经过多次酝酿讨论，确定了走出义乌、着眼杭州发展的新思路。2007 年 3 月，我们所与地处杭州的“浙江中诚会计师事务所”形成紧密型联合体；2009 年 8 月，浙江至诚会计师事务所注册地变更到杭州，同年 12 月，浙江至诚会计师事务所以吸收合并方式完成了对“浙江中诚会计师事务所”联合的所有法定程序。从而，至诚所坚定地迈出了成长在义乌、发展在杭州的探索步伐。基本步骤为：

第一步：签署意向书。这阶段双方充分接触、友好协商，坦诚交换意见。意向书要点：（1）此股权置换方式进行联合；（2）会计师事务所的联合先实质后形式分步进行；（3）中诚所的关联公司暂缓纳入联合计划。意向阶段要注意三个重要约定：（1）意向性；（2）独家谈判性；（3）保密要求。

第二步：审慎调查与价值评估。在意向书获取各自决策层批准后双方均派人员相互进行调查与评估，调查重点在法律、财务、业务、税务等方面。

第三步：制作联合协议（合同条款）。这个阶段要进行联合协议（合同条

款）的拟定和具体谈判，包括：先决条件、联合方式、对价、陈述和担保、保证、专有条款、争议解决等。

第四步：签署与交割。联合协议在获取双方决策层批准后签署生效并按约定期限进行交割，形成了紧密型联合体。

第五步：联合体的磨合期。由于事务所文化、经营理念、质量标准、既得利益等诸多因素的影响，两个所组织层面的联合实施是一个不断整合、持续改进的过程。重点在于联合协议细化实施以及机制、资质、信息化、客户、品牌、文化、人力资源、财务等各种资源的整合。

第六步：吸收合并的正式完成。经过近两年的磨合期，有挑战、有矛盾、有困难，但也有机遇、有希望，双方的理念、管理、机制等都渐合渐进，联合成效凸显。

第七步：原中诚所关联公司的后续处理。

五、搭建持续推进、持续改进的信息化管理平台，力求实现至诚管理新飞跃

事务所信息化建设应包括内部管理信息化和业务项目执行信息化。我们所在 2005 年正式启动内部管理信息化系统应用（上海源开软件公司开发的 KPM 系统），2006 年 1 月 1 日开始实施。从实施情况看，形成了稳定的可积累的知识体系，工作日记、佣金分配、工程类等流程运行正常，但客户流、项目流、人力资源流功能存有较大缺陷，一时难以改进。2010 年根据事务所发展要求又重新梳理管理思路和业务需求，对信息化系统运行调整选型，经董事会多次讨论，最终选择自主开发。

1. 建立组织：（1）开发团队由专业软件公司的专家和本所软件开发人员组成，负责前期需求调研与固化、系统的灵活性和可配置性方面的提升、后期新需求（改进需求）添加与固化；整合流程的配置、测试、培训等。（2）事务所信息化专业委员会下设一个信息化系统开发项目实施小组，负责制定实施计划，协调开发团队需求调研，对开发需求进行确认，协助系统实施；系统正常运行后转为信息化专业维护管理小组，负责全所的内网、外网的维护管理与建设，确保信息化适用、安全和高效。

2. 新的系统于 2011 年 1 月 1 日正式启用，目前运行基本正常，已进入系统的持续落实、持续改进、第二阶段开发阶段。

3. 新的管理系统包括了审计、评估、工程（含招标代理）、税务（含代理记账与报税）、软件等核心业务，从客户管理、业务管理、人员管理三大核

心管理问题入手，搭建客户管理、项目管理、项目财务、代理记账、票据管理、服务门户、智能手机门户、人力资源管理、个人事务、公共事务管理（知识流）等协同集成平台。

点　评

1. 至诚会计、评估、税务、工程造价等建立了统一的股东会、董事会和监事会，对各个法人主体实行统一管理，并设立了业务发展和客户管理委员会、专业技术与风险管理委员会、绩效评价与薪酬福利委员会、信息化管理委员会等专门委员会，形成了“行政管理联席会为主导、业务平台公司办公会为辅助、专门委员会为补充”的经营管理决策系统。保证了经营管理的高效、顺畅。

2. 重视管理团队的培养，建立管理层读书会，开办管理知识讲座，选派高管进修，参加各类培训班，有针对性开展课题调研。

3. 实施《高层管理人员绩效考评办法》，考核指标分为两大部分，一是营运指标考核，二是管理改进指标考核。

4. 找准事务所发展的目标定位，每三年制定一个经营发展目标，并把目标逐项细化、分解落实。

5. 建立完善各项内部管理制度，现已形成比较完备的体系。

6. 搭建持续推进、持续改进的信息化管理平台。

合——内部治理的精神与核心

浙江同方会计师事务所

同方取至《礼记·儒行》“儒有合志同方”，寓意志同道合者相聚，这八年来，我们最在乎的也是“合”，努力将同方打造成一家追求品质的事务所。

浙江同方会计师事务所（以下简称同方）从 2004 年成立时的 10 余人、60 多万元的业务收入，发展到目前的 120 余人、年业务收入达到 3000 余万元的以会计师事务所、工程管理咨询公司为核心，兼有资产评估、税务、信用评估等资格的综合型事务所，完全得益于成立时的内部治理的核心理念。成立之初股东层便有了战略发展的目标，有了内部治理的目标，力求建设成为一家紧密团结、统一管理的大中型会计师事务所。同方是一家目前从业人员 120 余人，其中具有注册会计师执业资格人员 42 人，造价工程师等执业人员 17 人，注册资产评估师执业资格人员 11 人，注册税务师执业资格人员 10 人。在事务所发展过程中，同方在内部治理方面也积累了不少经验，主要体现在：

一、重视职业道德、关注服务质量

维护公众利益，严守职业道德，保持独立、客观、公正是每个会计师事务所乃至注册会计师行业的生命线。同方成立伊始，股东层便形成了一种共同的意识——执业质量是同方的立足之本，是同方生存发展的基础。因此，任何违背职业道德的业务，在同方都没有市场。由于同方是白手起家，没有改制事务所的丰厚底子，有的只是一股对注册会计师行业的热情和追求事业的共同理想。记得成立之初，业务收入支付员工的工资都捉襟见肘，任何一笔业务都是我们希望得到的。一家房地产公司由于地块投标需要，在实际资本金不足的情况下，要求同方出具一份含高额虚假资本金的净资产核实报告，并承诺支付 4 万至 5 万元的审计费，且声明在投标完成后审计报告不再使用，该笔费用，在当时足以支付员工一个月的基本工资，但是同方没有任何犹豫，婉拒了该客户。因为我们深信：做一件坏事，其负面影响足以抵消做一百件甚至一千件好事塑造的良好形象，挽回恶劣影响付出的成本太高，同时也失去了在行业内的立足之本。

同方也明白，仅仅依靠理念是不够的，必须有切实可行的制度做保障，成立伊始，便开始着手制度建设，拟定了《浙江同方会计师事务所质量控制制度》，印发了年度财务报表审计报告格式，规范了业务工作底稿以及档案管理制度等一系列执业制度，作为执业质量的支撑和保障。

只有有了诚信的理念、重视职业道德的意识，并且建立起一套完善的制度，才有可能为客户提供高质量的服务。制度从各个层面保障事务所的高效、有机地运转，既涵盖了财务管理、安全保卫、办公设备管理、车辆调度使用、人力资源、薪酬福利等方面，又包括了事务所的核心制度如质量控制制度、年度财务报表审计制度、验资执业质量控制制度、专项审计控制办法，也有针对专门领域的制度如基本建设审计制度、绩效评价实施办法等等。质量控制制度又具体包括业务质量控制制度的基本内容、对业务质量承担的领导责任、职业道德规范、客户关系和具体业务的接受与保持、人力资源、业务执行、业务工作底稿、监控等，并对每一部分进行了更为详细的规范，例如，对业务执行，还分别从指导及监督、咨询、复核制度及责任（第一，项目组内部复核；第二，事务所项目质量控制复核；第三，主任会计师终级复核）、意见分歧等方面进行细化，从专业上进行规范，从后勤上进行保障，让员工有了制度的依托，由内而外培养良好的为客户服务的思想。

二、狠抓廉政管理、建设廉政队伍

审计工作，尤其是工程审计领域，面临的诱惑、压力极其巨大，自身是否行得正、坐得端，直接影响审计的质量和效果。同方在成立之初便深刻地意识到工程审计领域存在的风险，廉政建设摆在了工程审计的首要地位。同方的管理层清醒地意识到，尽管社会上盛行高额回扣、低价竞争，但社会发展的主流应该是廉洁、公正的，为此，同方制订了《廉政执业制度》，每一条、每一句都直指要害，从管理层带头做起，“决不吃被审计单位一餐饭、决不坐被审计单位一次车”。管理层与员工若有违反，将被直接除名，并将事实记入个人人事档案，够上刑事犯罪的不护短，直接送交司法部门，正是由于这样，才能保持高度的独立性，才能公正地审核每一项造价。同方造就了一支清正廉洁的审计队伍，不但获得了建设方的高度赞赏和认可，也深受施工方的赞许，在同行中享有极高的声誉。

要说廉政是审计的生命、是审计市场的立足之本毫不为过。如果审计人员与委托方或者被审计方不能在利益上独立，存在利益瓜葛，就会失去公正的判断力，利益的天平就会出现倾斜。同方内部治理的廉政理念，在审计实践过程中也受到了来自各方面的巨大压力，但是坚定的信念，促使同方始终不动摇。

三、团结一致、方向明确

同方上下之所以始终能够和谐相处，与我们有着共同目标、共谋发展密不可分。同方人明白，由于没有历史积累，一切都得从头而起，因此，深深懂得创业的艰辛。截至目前，杭州地区有近百家会计师事务所，如此激烈的竞争环境，如果没有自己的特色，没有坚定的理念，没有团结的氛围，要想在对手如林的环境中站稳脚跟并取得发展，将面临极大的困难。因此，同方一开始便确立了走特色服务的道路，在做强特色的基础上，逐步拓展其他领域，最终走向做大做强。

团结，在同方不是一句口号，它落实在内部治理的各个环节。首先，同方的股东十分团结，从客户建立、制度建设、提供服务、质量控制、后续跟踪等方面，都始终保持了充分协商讨论的传统，并非股东之间没有任何不同看法或分歧，而是有一个消除分歧、达成共识的机制；其次，股东与业务骨干之间十分团结，从业务的委派、业务的执行、业务的质量监督、业务的完成交流，都充分分析和运用每一个业务骨干的特长，遇到问题股东与骨干及时讨论沟通，共同协商解决；再次，业务骨干与业务组成员及助理人员之间也十分团结，同方给予业务骨干充分的选择业务团队成员的权力，因为我们知道，工作团队应该充分考虑人员的个性特征，相互吸引比相互排斥更有利于工作，尤其是随着社会的发展，人更注重个性的发展，在工作中更多地体现人性，也是有效促成团结的极大因素。

方向，从同方成立至今，始终未偏离。我们认定了公平与正义、认定了廉政与质量，认定了服务与效能，便始终坚持。有了团结的队伍，有了共同的方向，哪怕逆势而行，终将达到目标。

四、团队分工、运转高效

同方拥有一支精良干练的管理团队，尽管人数不多，但是各有分工，各司其职，从未因任何利益问题发生分歧，同方的每一个管理者，都能带头遵守规章制度，在执行过程中遇到问题，也会按照制度办事，制度的缺陷在集体讨论修订后加以完善、执行。业务上遇到的问题，也是共同探讨，竭尽全力解决，大家都把工作当作学习和成长的机会，同方从成立时的十余名员工到目前的百余名，业务规模也是翻了几番，业务领域从窄到宽，正是应验了“家尚礼则家大”的名言。

五、统一标准、集中管理

同方在发展过程中，也前后经历了三次小规模的吸收合并，每一次吸收，都坚持了“统一标准、集中管理”的模式，从根本上保障了事务所的发展壮大，做到人事管理一体化、财务管理一体化、市场管理一体化和技术标准一体化。为确保执业质量的规范统一，同方还专门成立了标准质量部，作为技术支持及质量管控，通过《质量控制制度》的建立健全，有效地实施全过程质量控制。

欧美发展的历史，尤其是德国的发展经验，使我们注意到，标准化在现代社会发展中的作用，这标准在事务所的内部治理中，就具体体现到制度与模式的统一规范，让所有执业人员不论在业务操作过程中还是日常行为中，都有章可循、有据可依。同方倡导在人性中体现规则，在规则中体现人性。

有了标准不能得到有效执行或者执行不力，那么标准也会成为空谈。同方在制定标准的同时，致力于让每一项标准都能得到贯彻和落实，因此，在制定过程中便充分考虑可执行性，不让标准和制度悬空，不让标准和制度成为墙上的装饰物，而是成为能真正指导工作、学习的随身手册，这就使得对标准制定后执行的管理成为至关重要的关键环节。同方对于标准执行的把握有着深刻的理解，再健全的制度和标准，如果得不到执行，也就形同虚设，道理浅显，但真正落实很难。因此，同方在该方面重点加强管理，例如在质量控制方面，将行业内通常设置的三道关，增加到四道关，确保将重大差错和风险排除在关口外。

同方对于质量控制，从业务承接前便开始着手，将质量的控制关口大大前移。在业务执行过程中，有专门人员进行跟踪，很好地监督和控制了执业质量。如在金融机构审计过程中，不但设置了业务质量监督岗位，还设置了总指导岗位，从业务的开展到最终三方会谈结束，都有相应的办法进行规范，金融机构的审计工作得到了浙江省银监局的一致肯定。同方作为浙江省审计厅的协审单位，被要求派员参加审计项目已成常规；浙江省财政厅的绩效评价工作，同方与财政厅协作，主持诸如全省具有开创性意义的农业综合园区建设项目评价体系设置等，都受到了肯定与赞赏；主持的杭州市动漫产业项目绩效评价工作，得到杭州市领导的肯定，对今后杭州市动漫产业发展，起到了积极的指导作用。

六、"合"字当头：员工在前、股东置后

同方在创业初始阶段，还没有稳定业务来源的基础上，首先确保了员工的利益，分配上向员工倾斜，保证全年收入不低于同行标准，在最初的一两年内，员工的报酬多于股东。同方一旦选择了适合的员工，即使没有业务收入，员工在同方也能确保中等水平以上的收入，充分体现了同方关心、爱护、留住人才的策略。清晰地记得第一年年终，同方千方百计筹集了一笔资金用于发放奖金，留住了人心，也留住了人才，而股东却连续几个月分文未取，这并不是一个故事，而是同方创业成长的真实历程。

在同方，事务所与员工的关系，不仅仅是简单的劳资双方的关系，更是亲密合作的关系，互相照顾、互相支持、共谋发展。同方以《薪酬福利制度》、《员工疗养管理办法》等制度的形式明确和保障了员工的利益，同时，为了确保新进员工有一个良好的生活保障，将原先的薪酬体系做了较大的改进，大幅度地提高了薪酬标准，让每一个员工在同方能感受到安全、踏实。同时，同方在引进人才上也是不遗余力，不但给予高薪，还给予股权，从体制上留住了人才。

同方在处理好事务所与员工关系的同时，也很好地履行了自己的社会责任，形成了稳定的就业队伍，解决了社会问题。

做大做强是注册会计师行业发展的内在需求——经济业务的复杂化和市场需求的多元化，需要事务所提供品种多、内涵广、水平高的专业服务。客户的业务需求日益增大，专业服务品种日益增多，迫切需要事务所培养并储备大量的高端人才和不同领域的专门人才，方能胜任。而大规模的人才储备，需要事务所具备一定的业务规模和收入规模为后盾，同方正朝着这个目标努力。

点　评

同方于2004年5月成立，从最初的10余人、60多万元的收入发展到目前以会计师事务所、工程管理咨询公司为核心，兼有资产评估、税务、信用评估等资格的综合型中介服务机构，这完全得益于成立时确立的内部治理的核心理念，走特色服务道路，在做强特色的基础上，逐步拓展其他领域，最终走向做大做强。

同方是一个团结精干的团队。在发展过程中，同方前后经历了三次小规模的吸收合并，每一次吸收，都坚持了“统一标准、集中管理”的模式，从根本上保障了事务所的发展壮大。股东与股东之间、股东与员工之间的关系十分融洽，始终保持了协商讨论解决问题的优良传统，真正将“团结”二字落到内部治理的每一个环节。

同方是一支重视执业质量的团队。十分注重内部质控体系的建立和完善，重视职业道德、关注服务质量，拟定了《浙江同方会计师事务所质量控制制度》，在执业过程中，有专门人员进行跟踪，很好地监督和控制了执业质量，还设置了业务质量监督岗位、总指导岗位，对执业过程进行全方位的规范和控制，同时引导全体从业人员严格按照执业规范开展各项业务，培养员工牢固树立“质量是同方的立足之本”的执业理念，从而使执业质量得到了较好的保证。

同方是一支狠抓廉政建设的团队。针对目前审计工作尤其是工程审计领域存在的一些不良现象，专门制定了《廉政执业制度》，管理层带头做起，尽管执行过程中也遇到过不少的困难和压力，但同方人始终坚持不动摇，从根本上保证了审计工作的客观、独立、公正。

同方是一支“人合”的团队。高度重视事务所的“人合”，事务所在发展过程中首先考虑的是员工的利益，管理层牢固树立“员工在前、股东在后”的分配理念，让每一位员工在同方得到更好的发展。

同方在发展中牢牢把握以人为本的发展精髓，注重人才的培养和员工的成长，营造团队进取、精诚合作的良好氛围，从根本上保障了事务所的发展壮大。以员工利益为出发点，树立员工在前，股东在后的分配理念，以《薪酬福利制度》、《员工疗养管理办法》等制度的形式明确和保障了员工的利益，从而保障了事务所的和谐、持续发展，真正做到了事务所和员工的和谐共赢。

培育企业文化，推进机制创新

杭州富春会计师事务所

杭州富春会计师事务所（以下简称杭州富春）成立十多年来，已然成为一家立足富阳、辐射周边、融入杭州且广受社会各界信赖的专业中介机构。回顾发展历程，探寻成长动因：除了有一个清晰的发展战略，有一支专业而又敬业的事业团队，有一个得到社会各界广泛认同的企业品牌，有一个忠诚的客户群体，更重要的是有一种既适合行业特点又符合事务所发展战略的企业文化，并形成了一套有利于事务所稳定发展的治理机制。

一、良好的企业文化与治理机制促进了事业的发展

（一）通过学习型组织建设，培养了一支专业的事业发展团队

所领导班子经常说："决定一个人是否退休的不是他的自然年龄，而是他的学习能力，一旦失去了学习的能力，则无论他的年龄多大，都应当退休。"同时经常激励团队"21 世纪最成功的组织是学习型组织，最成功的人是最具有学习能力的人"。全体员工深知：会计师事务所作为市场经济的产物，是一个专业性很强的机构，一旦失去了专业，也就失去了立足之本。同时作为一个注册会计师，如果不求学习、不思进取、不求知识更新，必然会被迅猛发展的时代所抛弃。

十多年来，杭州富春将"学习的理念"灌输给了每一位员工，从发展战略、经营理念、企业文化、品牌形象以及内部治理机制的建设等方方面面都体现着"学习"的理念。同时以所领导的不断学习、不断提升，激发全体员工的学习热情。

目前，全所上下形成了"学习光荣"的风尚。通过学历职称与执业资格考试，自学与集中培训，本地学习与外地进修学习，网络学习与面授学习，请进来与送出去相结合，使"学习型组织"建设初建成效，也为事务所的健

康发展提供了专业保障。

截至2011年8月底，全所共有员工130余人，其中注册会计师15名，注册资产评估师12名，注册税务师14名，造价工程师6名，房地产估价师5名，高级会计师6名，成为富阳市专业资格最多、服务范围最广、服务层次最高的专业中介机构，具备了为企事业单位提供会计审计、验资、评估、税务鉴证和筹划、财会学历培训、建设工程审价、招标代理、工程监理、资产拍卖、动迁等专业服务的能力。

（二）以企业文化及机制创新构建了事业发展的“两翼”

1. 创立与培育了既适合行业特点又符合事务所发展战略的企业文化。企业文化不仅仅是一个口号，而是把企业文化与企业发展战略相结合。事务所的领导具有清晰的企业发展战略和经营目标，即“专业化立所，多元化发展”企业战略以及“三大业务平台”协调发展的经营目标。事务所的每个员工紧紧围绕发展战略与经营目标而共同努力，持之以恒，上下同心。

经过十多年的不懈努力，杭州富春人认准了一个理：我是事务所的一员，只有事务所发展了，个人的事业才会发展。因此，上下形成了我为事务所敬岗爱业、勤奋工作的良好精神风貌。展现给社会各界的是：杭州富春人的专业形象与敬业精神，杭州富春的良好服务和队伍稳定，杭州富春的稳健发展和日益壮大！展现给社会公众的是：杭州富春具有不同于其他企业的独到之处，这一不同带来了企业的发展，带给了客户一份信赖，带给了客户一份质量保证。同时展现给客户的是员工的敬业和专业、阳光和激情、希望和力量。

在文化建设方面还构建了两大载体：一是设立了网站，及时宣传政策，解答疑难，畅谈心得；二是创办了《富春会计之友》杂志，搭建起了企业与事务所之间良好的沟通平台。

2. 严格遵守诚实守信的职业操守，这是事务所企业文化的灵魂。离开了诚实守信，则法律、规章、准则形同虚设，职业道德成了一纸空文。十多年来，杭州富春目睹了有的事务所做大做强，走出中国，走向世界，也目睹了中天勤因“银广夏”事件的轰然倒塌，也目睹了安达信因“安然事件”的土崩瓦解，以及发生在身边的因造假而涉诉或者处罚的案例，引以为诫，常敲警钟。因此，规范执业，遵纪守法，老老实实做人，诚诚恳恳做事已成为杭州富春人执业生涯的行为准则。

3. 形成了适合行业特点并且特色的经营理念。注册会计师在市场经济中的地位和作用决定了事务所作为一个组织，不仅具有企业的功能与目标——

追求企业价值最大化，而且需要承担更多的社会责任。因此，注册会计师因市场经济而生，事务所因特定的社会责任而具备应有的社会地位。经过多年的学习、探索、提升，杭州富春形成了既适应行业特点又富有特色的经营理念：一是将社会公众才是真正的委托人根深蒂固地植入杭州富春人的心中，使“社会公众利益的经济警察”成为杭州富春人的执业信条；二是人是要有一点精神的，有能力不一定肯做事，能做好事，只有既有专业能力，又能承担社会责任的专业人士，才能敬岗爱业，勤勤恳恳地做事、做好事；三是注册会计师的职业精神与人生价值观的有机结合。专业成为一个人的谋生之本，但有比专业、金钱更重要的社会价值，即社会对你专业能力、专业形象、人格品行的评价。

4. 加强治理机制建设，为实现事务所发展战略提供制度保证。杭州富春成立十多年以来，也经历了脱钩改制的“阵痛”，当时，挂靠单位为了改制的平稳过渡，推行了“全员出资”，但经历两年的运作，弊端日益显现，所董事会敏锐地感到：一个良好的、合理的股权架构有利于事业的发展，一个“大锅饭”的股权架构，不利于团队的稳定，不利于事业的发展。在反复宣传、解释、沟通的基础上，积极、稳妥地解决了“全员出资”问题，建立了以合理股权架构为核心的治理机制：

（1）由具备执业资格的员工担任股东；

（2）股本实行动态管理，每两年变动一次；

（3）淡化股本参与利益分配的比重（按出资额分配比例不超过积累的50%）；

（4）缩小决策层与其他股东的股本差异，建立“金字塔”型的股本架构，董事长股本比例不超过15%。

同时进一步健全了股东会、董事会、监事会机制，从决策执行到监督各司其职。同时建立了以质量控制为核心，包括员工薪酬、聘用和晋升、福利、财务、财产管理为匹配的内部管理制度，促进了事务所运作的规范有序，保证了事务所的健康发展。

在内部治理机制得到有效执行的基础上，还通过信息化搭建了质量控制系统以及内部管理系统两大内控信息平台：一是通过先进又实用的审计软件的应用，提升审计质量与效率；二是通过内部管理系统的建立，使事务所的人力资源管理、业务管理、财务管理、财产管理、客户管理、档案管理纳入了规范、有序的信息化管理系统，促进了管理的规范，提升了管理的效率。

（三）构建三大业务平台，为事业发展提供“强劲升力”

十多年来，杭州富春坚定不移地坚持“专业化立所，多元化发展”的企业战略，为事务所的做大做强夯实了坚实的基础。针对市场需求，充分发挥专业优势，构建了“三大事业发展平台”：一是以财务会计市场需求为导向的“会计平台”，进一步做大会计审计、税务代理，并延伸服务领域，开展了财会学历培训、上岗培训、财会人员后续教育培训；二是以建设工程市场需求为导向的“咨询平台”，为建设工程有关各方提供建设工程可行性研究、概预算审核、招标代理、造价控制、工程监理、结算审核等一系列服务；三是以资产评估为中心的“评估平台”，开展了各种经济目的的评估业务以及动迁、拍卖为配套服务的新的业务领域，使杭州富春的专业服务触角深入到了经济领域的多个体系。同时，注重专业形象与社会形象相结合，以专业提升社会形象；注重经济效益与社会效益相结合，以社会效益促进经济效益，积极开展了咨询服务业务，为企业并购、政府决策提供专业意见和建议。

2010年，事务所业务收入达2300万元，比2000年增长了4.8倍，比2009年增长了25%，2011年业务收入将突破3000万元。同时，由于“杭州富春人”的专业、敬业，也赢得了稳定的市场份额，富阳市绝大部分大中型企业均已成为“杭州富春”的客户，并且建立了长期的合作关系。

（四）以扎实有效的党建为事业发展“指引方向”

杭州富春自2003年成立党支部以来，坚定不移地坚持以“党建引领所建”的党建思路，持之以恒地开展了党建工作，特别是2010年5月以来开展了“创先争优”活动。具体举措是：紧紧围绕一个中心——即以发展为中心；坚持两个立足——即立足于本所、立足于本职；做到了“三个结合”——即“创先争优”与队伍建设相结合，达到了专业提升；“创先争优”与企业文化建设相结合，达到了品牌提升；“创先争优”与事业发展相结合，达到了事业提升。同时积极探索党建工作的“四个长效机制”，即党建工作的常抓不懈机制，党员学习的常态化机制，保持党员先进性的长效保“先”机制，党员发展的长远规划机制。

通过扎实有效的党建工作，有的党员同志说：党建使我时刻牢记着，我是一名党员，更需要一份专业，一份敬业，一份责任和使命，也有的员工目睹了杭州富春九年党建之路深有感触地说：“党建不能当饭吃，但党建一定能使你更有饭吃，而且吃得更好。”朴实的语言导出了一个道路：发展是硬道理，而党建一定能促进发展。

正是由于扎实有效的党建工作，为事务所的发展指明了方向，明确了目标，树立了正气，激发了热情，增添了力量！

二、事务所的企业文化与机制创新的相互协调与促进

从杭州富春的十多年风雨历程中，我们深深地体会到，企业文化在促进企业发展、实现企业发展战略过程中的作用是渐进的，它不是“暴风骤雨”下的“摧枯拉朽”，而是“和风细雨”下的“水滴石穿”，需要的是持之以恒的力量的积累。它在实现企业发展战略过程中是一种柔性的力量，是一种自觉的引导；而机制的创新（包括行业管理体制的创新、组织形式的创新、管理制度的创新）在实现企业发展战略过程中是一种刚性的规范，是一种“防偏”和“纠偏”。如同浙江富阳当地著名的“杉树皮固位”的骨折治疗的原理，共同的目标是康复，而企业文化如同对机体的调理，通过增强身体自身的免疫力，以促进骨细胞生长，加速骨痂形成，以达到功能的恢复。而机制如同“固定骨折部位”的杉树皮，起到的是防止“移位”的作用。

企业文化与机制创新如同“综合调理与杉树皮固位”原理一样，在骨折康复中均是不可或缺的。企业文化如同“以促进骨细胞生长达到自然愈合”为目的的综合调理，而机制创新如同“杉树皮固位”起到防止“移位”的作用。

因此，企业文化需要完善的机制作为实现其价值观的外在制度保证。而机制的创新又不能离开企业文化而单独地发挥作用，即机制的建立和完善必须与企业文化相适应，只有两者相互协调才能使两者在实现企业发展战略中的功能最大化。

机制的创新在实现企业发展战略中固然重要，但企业文化对企业的发展更重要，影响更深远。因为机制可以再造，但文化不可能再造，只能传承与充实、丰富与创新。因此，在强调会计师事务所的治理机制功能时，更应该重视企业文化建设培育，“文化的先进才是根本的先进，文化的力量才是发展的源动力”。

三、事务所的文化建设与机制创新应当注意的几个问题

1. 企业文化与机制创新必须以党的方针政策为引领，会计师事务所因市场经济而生，而发展。会计师事务所作为建设有中国特色社会主义事业的一个新社会组织，注册会计师事业作为建设有中国特色社会主义事业的组成部分，注册会计师作为中国特色社会主义事业的建设者，无论其发展战略、经

营理念、队伍建设都必须与中国特色社会主义相适应。因此，以实现事务所发展战略为目标的企业文化与各项机制都必须符合国家法律法规，必须以党的战略方针政策为指导，必须以中国特色社会主义理论为思想基础。

2. 企业文化与机制创新必须以实现事务所发展战略为目标，会计师事务所无论是选择做大做强，还是做专做精，只是发展的模式不同，其根本的目的是一致的，是为了更好地服务于客户，服务于市场经济，服务于中国特色的社会主义事业。因此，企业文化与机制创新必须紧紧围绕事务所的发展战略，为事务所的发展提供精神力量，为事务所的发展战略“保驾护航”。

3. 机制创新必须与企业文化相适应，以和谐文化为核心，两者相互协调，相互促进，以实现事务所的发展战略为共同目标，不断增强事务所的核心竞争力。

4. 企业文化与机制创新必须以各项管理制度为基础，无论是公司章程、协议、内部质量控制制度、职业道德制度以及各项内部管理制度，只有各项管理制度的健全和有效执行，才能构成一个完整的事务所的治理机制。同时为企业价值观的实现提供制度保证。

5. 企业文化与机制创新不能忽视利益机制的建立和完善，以发展为目标，以分配机制为基础，以企业文化为“调和剂”。只有正确处理好股东之间、股东与非股东之间的各种利益关系，才能为事务所的和谐发展打下良好的基础。

6. 机制建设没有最优的问题，只有是否适合的问题。因此，任何一家事务所对其他事务所的机制，不能照搬照套，只能学习借鉴、参考，因为事务所有规模大小不同，也有区域不同，经营理念不同，发展方式不同，更有文化的不同。

7. 企业文化与机制创新必须与事业发展相适应。良好的企业文化与机制有利于事业的发展，而事业的发展又为丰富企业文化、创新治理机制提供了土壤。“杭州富春”十多年来坚持外树品牌，内强素质，专业化立所、多元化发展的经营思路。为“杭州富春”企业文化的建立、丰富，治理机制的建设和实践提供了良好的物质基础。十多年来，“杭州富春”以会计审计、工程咨询、资产评估作为三大业务平台，并驾齐驱协调发展。如2010年，业务收入达到了2300万元，工程咨询以及资产评估两大业务平台的收入占事务所业务收入总量的50%左右，贡献的积累占70%以上，通过两大平台的发展，为注册会计师等专业人士提供了稳定的利益保障，有利于骨干队伍的稳定，有利于事务所执业质量的提高。

点　评

杭州富春作为一家改制所，从一家不起眼的小所，发展到今天拥有员工130余名，业务收入2300多万元，有一支专业齐全、结构合理、素质优良的专业队伍，具备为企业提供全方位专业服务，成为立足富阳、辐射周边、融入杭州且广受社会各界信赖的专业中介机构。探寻杭州富春的发展轨迹，不难看出这一切的取得源于激励“杭州富春人”不断进取的管理制度和内部治理机制，以及由此培育和造就的良好企业文化，正是由这种企业文化与管理制度的相互作用促进了事业的发展，使企业不断走向辉煌。

杭州富春在不断的探索中逐步形成了自己的企业文化。这种企业文化在企业的探索中形成，是企业的价值取向、经营理念和各项管理制度等的总和。它存在于企业的经营管理和服务之中，被企业员工认可并作为企业的一种软实力，为实现其经营目标提供强大的精神保证。具体表现：

一是体现在企业的经营目标上。没有片面追求企业的利润最大化，而是综合考虑企业的社会价值，能否适应当地的经济发展，满足当地企业的各项需求，各位员工的利益和他们的积极性、创造性是否得到尊重和有效地发挥。

二是体现在企业的经营理念上。思路决定出路，坚持“外树品牌，内强素质”，把经营事务所作为一项事业来做，提到树立“品牌”的高度，围绕树立杭州富春这块品牌的需要，要求事务所每个员工努力提升自身素质，树立终身学习的理念。“专业化立所、多元化发展”的经营思路，在做好、做精、做强专业的同时，走多元化发展的道路，为客户提供全方位的优质服务。

三是体现在企业的队伍建设上。坚强而有能力的管理团队和专业而富有执行力的执业队伍是实现企业经营目标的前提和基础。富春所的管理团队“老、中、青”三结合，文化和年龄结构都比较合理，有较强的号召力和凝聚力，这支团队凭借其犀利的目光、睿智的经营头脑、扎实的专业知识和丰富的实务操作经验带领企业不断开拓前进。员工队伍有强烈的事业心和责任心，爱岗敬业，坚守自己的职业操守，有高度凝聚力和竞争力。

四是体现在企业的制度和机制建设上。他们有一套适合企业发展的制度和机制，以动态化管理的股权模式和行之有效的内部管理制度为主要内容的内部治理机制，得到全体员工的认可和有效执行，确立了全体员工在企业中的地位和作用，造就和形成了事务所全体员工“所兴我荣、所衰我耻”的价值观，极大限度地调动了他们的积极性和创造性。

杭州富春就是在这种企业文化的作用下，促进企业内部机制的不断创新和完善，为企业各项内部制度的有效执行创造条件，为企业的不断发展壮大奠定基础。

以合伙理念为引领，促进事务所健康发展

淳安永盛联合会计师事务所

淳安永盛联合会计师事务所（以下简称淳安永盛）是1999年我省会计师事务所以改制方式设立的第一家合伙制会计师事务所。十一年来，淳安永盛始终秉承“人合、心合、志合、事合”的合伙理念，专注于企业内部治理结构与机制的不断完善，积极地推动了事务所的快速、稳定发展。截至2010年年底淳安永盛各项业务收入总额已突破1200万元，为改制时年收入的20倍，业务范围也已从改制时的审计、验资、资产评估业务拓展到了目前的工程造价咨询、招标代理、房地产评估、土地估价、资产评估、政府采购代理、税务代理、工程监理、资产拍卖等领域。

十一年的探索发展，十一年的求真务实，淳安永盛虽然没有轰轰烈烈的故事，却有人人可鉴的真实业绩。事务所曾先后被杭州市人民政府、浙江省及杭州注册会计师行业党委、淳安县人民政府授予“中介示范机构”、“先进基层组织”、“优秀服务业企业”等荣誉称号。在浙江省注会行业党委公布的浙江省创先争优综合评价得分超过全国平均线的会计师事务所名单和得分情况的通知中，淳安永盛所为浙江省超全国平均线的百家小型事务所名单(2011年）位列第8名，一个经济欠发达山区县小所成为全省小型事务所发展的佼佼者。

业务收入的快速增长，服务范围的不断拓展……实际上，这一切都离不开淳安永盛科学的内部治理建设，而正因为有了这颗强劲的“内核”，事务所的各项事业才能有长远发展。

一、以合伙机制提高事务所风险管理和执业质量控制能力

淳安永盛自设立起采用的是普通合伙制形式，即合伙人对合伙债务承担无限连带责任。当时，合伙人对这一法律特征普遍存有顾虑，但经过所有合伙人的多次分析与沟通，并邀请相关法律专家详细解释，全体合伙人最终一

致认为：合伙制虽然有不同于有限公司的法律风险，但同时也拥有控制法律风险的制度优势，而只要全体合伙人充分认识到这一法律风险，在执行业务过程中严格把握好风险，那合伙制也就没有太大的法律风险了，所以当全体合伙人在合伙协议签字时，就已经拧紧执业风险这根弦了。

为了严格事务所执业质量和执业风险的控制，淳安永盛建立了全方位、全过程的风险防控体系。从业务承担时的风险测评到业务承办过程中的风险控制，再到业务完成后的风险评估；从全体员工风险忧患意识的教育到专业人才队伍的培养，再到质量控制制度的建立，淳安永盛在严格执业质量和控制执业风险方面是卯足了劲，用足了心思。

在业务执行过程中，淳安永盛注重抓好项目经理的培养和提升，加强对项目经理的事业心、责任感、业务能力、道德水平的考核和监管，把执业风险控制到最前沿一线；并注重建立客户档案，收集客户的经营活动信息，及时掌握客户的行业和企业的经营状况，提高事务所执业的风险防控能力。

淳安永盛还建立我省为数不多的注册会计师职业责任保险制度。事务所成立以来，淳安永盛一直坚持在中国人保投保注册会计师职业责任保险，为事务所执业风险再系上一根保险带。由于全体合伙人风险意识强，风险管理和质量控制制度严格，及注重事务所人员的职业道德、执业能力的培养，事务所的执业质量控制比较稳定，2008 年浙江省注协对淳安永盛所执业质量检查后，对该所的执业质量予以通报表扬。

十一年来，淳安永盛的业务发展始终立足于淳安县域，用心做足、做宽、做深本地企业的服务业务。而对不熟悉情况的外来客户或外地客户，对超出本所现有能力的业务，对企业内控有重大缺陷或经营者的行为评价有问题的，事务所在接受审计业务时总是谨慎对待，不草率受理。多年来，事务所的审计验资业务项目并没有大的增长，收入总额的大幅度增加主要得益于综合业务的快速发展，事务所在拓展综合业务中不断壮大实力，提升事务所抗风险能力。

注重事务所品牌培育和诚信经营，在淳安政府和企业中打响“永盛”品牌。淳安永盛自建所以来一直坚持“以质量求生存，以信誉求发展”的办所宗旨，坚持诚信经营，坚持独立、客观、公正、廉洁的执业原则，坚持服务好社会管理和经济建设，在淳安县政府及企业客户中树立了良好的执业形象和信誉度，为淳安县“诚信民营企业”。淳安县政府的一些重大经济事项，凡涉及会计师事务所业务的，基本上委托永盛所来承办。如淳安县企业改革、千岛湖旅游体制改革、国有企业重组、千岛湖渔业整治等政府重大事项涉及的经济鉴证、专业咨询服务业务都有永盛所的积极贡献。

真诚做好大客户的服务工作，拓展相关服务业务。事务所依托注册会计师法定业务平台，充分发挥专业人才优势，热情做好大客户的全方位咨询服务工作，在提升服务水平的过程中，不断延伸事务所服务价值链。永盛所对客户咨询的企业管理、财会业务、投资管理、税务咨询、资产监管、内控制度、工程管理等方面的业务问题，总是积极认真地向客户提出较为满意的答复或解决的方案，成为服务客户的贴心人。在精诚服务的同时，也扩展了事务所的业务渠道，使淳安永盛的综合业务有了长足发展。我们深知只有客户发展了，才有永盛的发展，只有把客户服务好，才有永盛所业务的扩展。

二、以“人合、心合、志合、事合”的合伙理念，正确处理好合伙人、注册会计师和员工之间的关系

1. 以人合为中心，正确处理好合伙人之间关系。合伙事务所经营的核心是人合，而不是资合。因此，在事务所的内部决策和管理机制上，淳安永盛始终秉承诚信、合作、平等、民主、协商的理念。在合伙协议的制定过程及事务所日常经营和管理中，执行合伙人十分尊重其他合伙人的关系处理，以《合伙企业法》为法律依据，聘请法律专家为顾问帮助合伙人起草和制定合伙协议，对事务所的办所宗旨、业务范围、合伙人的出资、合伙人权利和义务、入伙和退伙、组织和管理、工作规则和管理制度、财务会计制度和利润分配、解散和清算等主要内容进行认真、充分地协商沟通，形成了较规范的合伙协议，在法律框架下保证合伙人权利和义务的执行，事务所的平稳规范地运转；事务所在经营运作过程中，执行合伙人与其他合伙人权利是平等的，对事务所重大事项决策实行一人一票制，进行平等协商沟通；事务所还设立财务专职工作人员，每月向合伙人报告事务所的财务状况和经营情况，年度会计报表由合伙人审核，并由其他事务所出具报告，事务所的所有收入全部纳入合伙人的监督管理范畴，对事务所主营业务收入以外的如资产评估、土地估价、房地产评估、资产拍卖、税务代理等综合业务净收益，按照合伙协议规定的分配制度，在第二年汇总列入合伙人收益清算分配。为此，事务所合伙人心态平稳，利益冲突基本消除，充分调动了合伙人的经营积极性。十一年来事务所合伙人未在利益分配上发生重大冲突。事务所在十一年经营期间新入伙2人，退伙2人，由于协议在先，2位退伙合伙人都很愉快地办理了退伙手续。

2. 建立正常晋升机制，正确处理好合伙人与注册会计师等专业人士的关系。对各类业务骨干如注册会计师、注册税务师、注册评估师、注册造价工

程师、房地产土地估价师等，淳安永盛除了建立正常晋升机制和薪酬制度外，还十分注重专业骨干融入合伙人团队中。如为了吸收一位集房地产估价师、土地评估师、资产评估师的优秀人才加入永盛团队，事务所经过近三年时间的沟通和协商，充分满足了他到永盛团队发挥其才能要求，并聘请他担任评估公司的经理，保证其经营上的独立性，2010 年房地产土地估价公司业务收入已达 156 万元，这样的机制使永盛团队不断扩大，业务不断拓展，专业骨干拓展的业务积极性有较大提高，事务所的向心力也起来越大。2011 年始淳安永盛还对部门经理以上人员实行年金制，鼓励业务骨干在事务所长期发展。

3. 以人为本，和谐办所，正确处理好合伙人与员工的关系。事务所坚持以人为本，和谐办所，充分尊重员工、爱护员工，积极为全体员工创造良好的工作、学习环境。为切实保证员工的合法权益，事务所建立了劳动合同制度、薪酬制度、人事制度、作息休假制度、学习培训制度等，事务所基本延续原事业单位的福利政策，依法为职工缴纳“五险一金”，员工的工资福利待遇保证在本地中介行业中上水平，并建立工资待遇每年增长机制，现在事务所员工的工资薪酬支出已占到事务所总支出的 48.8%；为减少员工的劳动强度，事务所根据业务发展的需求，及时招聘员工，不断改善员工的劳动手段，尽量减少员工频繁加班状况，现在事务所能在上半年旺季基本保证员工每星期有一天的休息；本所还实行带薪休假制度，每年事务所组织员工外出学习考察，拓展视野；对新进的员工，本所实行一年的房租补贴制度；在学习培训方面，事务所一直以人才建设为抓手，鼓励员工积极学习，对员工学历提升、专业资格考试都给予费用报销并采取晋薪晋级、人才基金奖励等激励措施。

三、坚持党的核心领导，加强事务所党的组织建设，为事务所内部治理建设把好关

淳安永盛三位合伙人中有两位是共产党员，事务所在内部治理结构和内部治理机制建设过程中，充分发挥事务所党组织政治核心、战斗堡垒和党员先锋模范作用，积极开展党群共建，发挥工青妇等群团组织的作用，把事务所内部治理建设工作贯穿于事务所党组织活动中，以党建促进事务所的发展，把党的政治优势转化为事务所的核心竞争力。党支部在创先争优活动中，围绕事务所诚信执业，和谐自律，持续发展，不断增强事务所的公信力、竞争力、经济力、凝聚力，开拓新业务领域，抓好人才队伍建设，着力服务经济社会发展等方面作出承诺，两位合伙人党员，在事务所发展战略及重大业务

执行过程中，以党性原则为保证，为事务所发展把好关，引好路，促进了事务所又快又好发展，促进了事务所内部治理机制不断完善。

内部治理建设是事务所长远发展的核心，是一项长期艰巨系统的工作，淳安永盛也将以事务所制度建设年为新契机，吸收同行业内部治理建设好的经验和做法，不断完善本所的内部治理建设工作，促进淳安永盛持续健康发展。

点　评

淳安永盛是改制设立的一家合伙制会计师事务所。改制以来，以合伙机制提高事务所风险管理和控制能力，事务所的内部治理结构和内部治理机制进一步完善，强调“人合、心合、志合、事合”的合伙理念，推动着事务所快速稳定发展。去年事务所各项业务收入总额突破1200万元，为改制时年收入的20倍。淳安永盛在当地享有较高的知名度和美誉度，深受淳安县政府和企业的欢迎，先后多次被淳安县人民政府授予“优秀服务业企业”荣誉称号，两次被杭州市人民政府授予“中介服务业示范机构”，被浙江省、杭州注册会计师行业党委授予“先进基层组织”等。

普通合伙制形式，合伙人对合伙债务承担无限连带责任，针对合伙制这一法律特征，事务所建立了一套比较完备的与之相适应的内部治理制度并在实践中得以有效执行。一是立足于当地经济发展的实际，紧紧依靠、服务当地的经济和社会发展。在给当地企业提供优质服务的同时为自身的发展拓展了业务空间、延伸了服务范围，为淳安县政府重大经济决策事项提供良好的专业服务，创造了良好的社会效益，树立了良好的企业形象，提高了企业的声誉。二是贯彻全方位、全过程的风险意识思想。从全体员工的风险忧患意识的教育、人才建设培养，从业务承接、业务承办到完成的全面的风险评估和质量控制等，建立了全方位全过程的防控体系。三是秉承“以人为本”的合伙理念，努力搭建体现“人本”特点行之有效的内部治理机制，维护好广大员工的合法权益，极大限度地调动了他们的积极和创造性，进一步融洽内部的关系，正确处理好合伙人、注册会计师和普通员工之间的关系。四是坚持党建和业务两手抓、两促进，加强事务所党的组织建设，利用党建促进事务所的内部治理建设，使事务所的建设呈现蒸蒸日上的局面。

以人为本，和谐共赢

宁波世明会计师事务所

宁波世明会计师事务所（以下简称世明所）有限公司于1999年10月由原宁波四明会计师事务所脱钩改制设立，当时员工30余人，近400万元的业务收入。经过十余年的努力，目前事务所拥有员工近200人，业务收入逾6000万元，业务领域涉及审计业务、资产评估、造价咨询、税务咨询等。回顾事务所改制后十余年的发展历程，在充满竞争的注册会计师行业中，如何优化加强公司内部治理、如何提高执业质量、如何培养骨干及训练新进所人员、如何让员工有归属感、如何加强文化建设是摆在事务所面前的课题。

在十几年的发展历程中，世明所深知完善并有效运作各项内部治理制度对公司的发展及管理至关重要，为此我们根据自身业务特点及人员结构，在内部管理方面进行了多方面尝试，并取得了一定的成效。

一、建立符合自身特点的管理运营机制，强化董事会的核心领导作用

世明所由先前改制时单一的审计业务，发展到目前以审计业务为基础，以工程造价咨询为龙头，辅以资产评估、税务咨询这样一个较为完整的业务领域。事务所改制时绝大多数股东都是从事审计业务的，这样的股东结构不利于事务所的全方位发展，不符合事务所目前的业务结构特点。为此，事务所一方面淡化股东以资分配的理念，另一方面积极吸收和增加工程造价、税务咨询等方面的人才进入公司核心领导层，通过以业绩考核为主，辅以股东小部分以资分配的方式，在事务所内树立以能力、业绩来衡量人才价值的理念，从而优化了事务所的管理机制，形成了符合目前事务所业务结构、人员特点的核心管理层。这样的核心管理层结构，有利于事务所的稳定，有利于事务所的做大做强，有利于事务所的内部强化管理，有利于事务所各业务之间的衔接配合。

二、建立有效的内部制约机制，规范管理层的行为

世明所根据中注协、省注协有关内部治理的文件精神及范本，充分考虑事务所的实际情况，修订了公司章程中的有关内容，明确了股东会、董事会、监事会和主任会计师的具体职责，明确了事务所董事会领导下的主任会计师负责制，任何一项重要的决定均需通过董事会全体成员及监事的一致通过方可实施。

对涉及员工重大利益的制度出台前，广泛、充分地征求意见，对员工提出的疑问进行耐心解释，对好的意见或建议进行吸收，保证事务所制定的管理制度既维护广大员工的利益，也让员工在日后能自觉遵守。

通过外部审计和监事的内部审计，规范事务所的财务费用开支；严格按照章程的规定，召开股东会讨论并决定相关事宜，每年向股东会汇报事务所的经营情况及财务分配情况，使每位股东充分了解事务所的财务状况。

正是事务所三会的正常运行，从而保证了管理层的行为规范。

三、建立高效的培训教育体系，狠抓执业质量和职业道德教育

事务所的生存和发展离不开业务，但事务所长期健康发展的重要基础是良好的职业操守。世明所十几年来一直秉承质量第一、道德至上的理念，主任会计师以身作则，无论是在经常性的职业道德教育环节，还是在实际业务问题的处理上，始终坚定信念，并通过制定质量控制制度和考核制度（如违反职业道德规定，实行一票否决制，并加以处罚，直至开除）等加以保证。

正是这种信念的坚持，让世明所在客户中树立了良好的品牌形象，为事务所长期健康发展奠定了良好的基础。

四、建立并完善内部质量控制制度，注重提高业务水平

执业质量是事务所的生命线，事务所服务水平高低的重要表现就是审计质量的高低，为此，世明所着重抓了以下工作：

1. 为保证业务人员执业的规范，根据相关规定，结合实际情况，于2010年重新修订了《宁波世明会计师事务所有限公司质量控制制度》，九个章节，1万多字，从以下八个环节入手：（1）对业务质量承担的领导责任；（2）职业道德守则；（3）客户关系和具体业务的接受和保持；（4）人力资源；（5）业务执行；（6）业务工作底稿；（7）监控；（8）记录。新修订的质量控制制度明确了主任会计师对事务所的质量控制承担最终责任，进一步明确了在全所范

围内培育以质量为导向的内部文化，主任会计师自身应当保证事务所的领导层树立质量至上的意识，对事务所各层次人员进行规范要求，并加强该制度的执行跟踪，以保证制度的执行到位。

2. 根据从事业务的不同类别，事务所分别制定了《报表审计规范》、《基建财务审计规范》、《验资操作规范》以及多项专项审计操作规范，将业务质量控制于业务实施全过程中，要求业务人员严格按照规范执业，从而进一步提高业务人员的专业水平，进一步保证执业质量。

3. 事务所每年还开展内部业务质量检查，目的是提高从业人员提交稽核前的初稿质量，从中发现共性及个别问题。对共性问题采取集中培训的方式予以讲解，对个性问题采取一对一（由稽核人员对业务人员）的方式进行沟通、讲解，提出改进建议。通过每年的内部业务质量检查使我所从业人员尤其是新进所人员的业务素质有了较明显的提高。

4. 事务所除组织业务人员参加行业组织的各项培训外，每年还针对不同层次的人员采取不同的培训方式以提高其专业水平。如：（1）每年由分管业务的副主任会计师对新进所的人员进行基础的工作底稿培训，使其从执业一开始就能明确何为规范的操作；（2）以部门为单位，经常性地举行业务讨论会，事先选定讨论内容，部门员工轮流作主题演讲，再由其他人员对其进行分别点评和补充，集大家的智慧，既让该员工得到了锻炼机会，也让其他员工专业水平得到了提升；（3）事务所根据本所从事的不同业务及特点，列出一些业务课题，由业务骨干为主组成课题研究小组，并最终形成规范意见或为今后开展此类业务提供可参考的操作思路及方法。这样既可以进一步提高业务骨干的理论或实践能力，又可以带动一般业务人员的学习、研究热情；（4）事务所每年根据业务需要制订专项培训计划，满足不同层次的培训需求。

5. 事务所建立员工投稿奖励制度，鼓励员工积极撰写文稿，促使员工加强业务学习，不断总结实务工作经验，提升理论和实务工作水平。

6. 事务所重视信息化建设，2008 年建立使用内部信息系统，及时发布行业及事务所各类信息，满足内部信息的管理需要；建立公共文件柜，形成各类文件、制度的资源共享；建立较完整的业务流程信息化，从业务的下达——计划方案的审批——初稿的形成——报告的复核——正式报告的出具——收费——档案的归档，都有详细的记录；充分利用外部购买的审计软件，同时自行开发适合本所一般业务人员的软件，使工作效率和审计质量同时得到保证。

五、建立并完善员工管理和考核机制，达到事务所、员工双赢

1. 由于事务所业务涉及审计、工程、评估、税务等不同领域，专业跨度较大，收入差距也较大。我所根据现有业务结构，制定了不同的考核办法，既体现了相对平衡，又重点突出了业绩贡献，这样保证了各业务领域的各自健康发展，增强了团队整体实力。

2. 事务所制定了各岗位职责和与之相应的考核制度，明确各层次人员的岗位职责与具体要求。在考核制度中综合体现了个人完成工作量、个人完成收入、执业资格、本所工作年限、管理岗位工作、业务拓展、其他工作表现等因素。由于考核制度的透明，保证了事务所人员的整体干劲。

3. 完善薪酬制度和晋升制度。本所的薪酬制度随着考核制度的修订而及时改进，2010 年本所进一步修订了员工级别定级标准，对员工进行了十一个级别的划分，明确了每个级别标准相对应的要求，明确了通过内部考试、考核以及竞聘等不同的晋升方式，让员工明确晋升目标，从而达到激发员工工作热情、提高员工自觉学习及执业水平的目的。

4. 事务所非常注重新进所人员的培养，规定了新进人员的指导老师制度，明确了一对一的指导，要求新进所人员的平时工作要有书面记录，每半年指导老师要有书面意见，年终经所里考核对指导有明显效果的指导老师进行适当奖励。

5. 事务所正逐步形成员工与主要领导的经常性沟通机制。我所要求每位员工在年终提交一份书面总结，重点在于员工个人的想法及对事务所各项工作的意见和建议；各分管主要领导在平时经常与员工交流，建立起分管领导、部门经理、普通员工良好的沟通渠道，力争把问题解决在初期阶段，共同寻求员工个人能力的发挥与事务所发展的良好结合点，以争取事务所与员工的双赢局面。

对主动提出离职的员工，主任会计师均亲自与其进行沟通，倾听离职员工的意见和建议。尽管员工离职可能不全与事务所有关，但离职员工的意见和建议往往比较客观和中肯，通过交谈可以了解一些正常渠道无法了解的信息，也可以发现事务所管理中存在的某些问题或不足，对及时改进和完善事务所的内部管理、提高事务所的管理水平是一个不可或缺的环节。

6. 事务所为解决一部分年轻业务骨干首次购房面临资金不足的情况，制定了《购房借款办法》，为其提供一定金额、较长期限的无息贷款，在一定程度上缓解了购房资金压力，解决了年轻业务骨干的实际困难，同时稳定了年

轻业务骨干队伍。

7. 事务所为提高工作效率和加强中高层管理人员对项目组的业务指导，较早地在中高层范围内实行了车改，除一次性的购车补助外，平时大部分的用车费用均由事务所承担，并想办法解决员工停车难问题，消除了中高层管理人员的用车顾虑，促进了中高层管理人员多走访客户、多指导项目组的目标。

此外，对未实行车改的有车员工，事务所制定了用车管理制度，对员工私车公用的，进行出车登记，事务所定期按里程进行补助，对期间发生的通行费用予以报销，此举一定程度上缓解了事务所用车紧张状况，也提高了工作效率。

8. 事务所为稳定团队，留住业务骨干人才，对符合一定条件的员工，在考核以外，每年从税后利润中安排相当金额的专项资金进行再次奖励，让员工充分享受事务所发展所带来的收益。

六、坚持“以人为本”的管理理念，加强事务所文化建设，全方位关爱员工

事务所文化建设是保障事务所和谐、持续发展的内在力量。我所从自身能力出发，通过各种活动和措施，努力为员工创造良好的工作环境，提高员工的归属感，增强事务所的凝聚力。

1. 事务所在严格按照国家规定为员工缴纳五险一金外，自事务所改制以来，一直为员工的子女提供一定额度的医疗费用报销。

2. 事务所每年安排员工一次度假旅游，并根据国家出台的年休假政策，结合业务实际情况，及时修订了休假制度，为员工设计了不同的休假方式，既满足员工的休假要求，又合理安排了事务所日常工作，使员工在辛劳工作的同时，身心得到了一定的放松和缓解。

3. 办公室及时收集员工生产、生病信息，安排人员探望，使员工感受到如家人般的温暖。

4. 根据事务所里年轻人多的特点，我们每年举行一到两次年轻人活动，此项活动的目的是锻炼年轻人的团队精神，根据几年来的执行情况看，已取得一定的效果。

5. 针对外地员工较多的特点，事务所合理安排员工探亲休假，充分照顾外地员工的亲情需求；另外，考虑到外地年轻员工生活圈子较小，个人问题因多种原因迟迟难以解决，事务所积极地与各级团委、街道及其他单位联系，

开展年轻人联谊活动，为年轻人创造接触和交友的机会，为年轻员工解决个人问题提供多方面的帮助。上述措施对稳定年轻员工的队伍起到了较好的作用。

6. 事务所每年举办迎春团拜活动，以部门为单位，员工踊跃参与演出活动。该项活动不仅增进了员工之间的交流，更增强了团队的凝聚力。

7. 事务所每年坚持评选优秀员工，以部门为单位，范围涉及事务所各岗位、各业务领域，并给予物质和精神奖励，树立了付出终有回报的理念和意识，一定程度上调动了员工工作的积极性和主动性。

七、建立并完善事务所党的组织和建设工作，强化党员队伍工作

世明所有近40名党员，大部分为中高层管理人员和业务骨干，通过强化党建工作，让党员同志充分发挥模范带头作用，进而逐步影响和带动全所员工的工作和学习的积极性，同时也极大地改善了事务所团队的精神面貌，让整个团队变得更加团结，局面变得更加和谐。

党建工作并非是一项孤立的工作，从一开始世明所党支部就将党建工作和事务所的业务开展紧密结合在一起，将党建工作融入平时的业务工作和客户维护中，在深化学习中积极查找业务工作中的不足和缺项，并及时改进。

事务所内部治理是关系到事务所能否长期健康发展的关键，健全的管理制度，良好的企业文化，才能吸引更多志趣相同的人才进入我们团队，事务所才能不断地进步发展。当然，事务所面临的内外部环境在不断的变化，新情况、新问题在不断地涌现，今后我们将与时俱进，不断完善和强化内部治理，努力成为一个以人为本、团结和谐、充满活力和战斗力的团队，让事务所的发展更上一个台阶。

点　评

世明所从 1999 年 10 月改制之初的 30 余名员工、400 万元的业务收入，发展至现在，拥有员工 200 余人，业务收入逾 6000 万元。业务领域除审计业务外，还涉及资产评估、造价咨询、税务咨询等，已经成为宁波市一家规模较大、管理严谨、执业规范的会计师事务所，这充分证明了其管理运营机制和内部治理结构是符合我国注册会计师行业特点和发展要求的，是与世明所健康、快速发展相适应的。

在发展壮大的过程中，世明所逐步建立和不断强化核心层的领导作用，吸收和增加多元化人才进入公司核心层，同时不断淡化股东以资分配的传统理念，树立以能力、业绩来衡量人才价值的经营观念，从而优化了其管理运营机制。世明所明确了董事会领导下的主任会计师负责制为其内部治理的基本架构，但又有其独特的做法：一是坚持质量第一、道德至上的经营理念，始终坚定信念，坚持职业道德的一票否决制；二是根据需要，建立健全各项内控制度，与时俱进，及时修订补充，现行的《宁波世明会计师事务所有限公司质量控制制度》几经修改，涉及八大环节，1 万多字，成为世明发展的源动力和坚实保障；三是完善多项机制，力争双赢，根据业务结构及特点，制定了差异化的考核办法，完善了薪酬制度和晋升制度，修订了员工级别定级标准，从而激发了员工的工作热情和干劲，增强了世明所的团队整体实力；四是保证“三会”的正常运行，通过外部审计和内部监督规范了管理层的经营行为，保证了世明所管理层的经营业绩，形成了世明发展的整体合力。

世明所既注重内部质控体系的建立和完善，通过制定质量控制制度、开展内部业务质量检查、组织业务培训、加强信息化建设提高了注册会计师和从业人员的执业质量，又牢牢把握以人为本的发展精髓，以员工利益为出发点，创造性地建立了员工与领导层的经常性沟通机制，从而保障了事务所的和谐、持续发展，真正做到了事务所和员工的和谐共赢。

世明所自建立以来，坚持走制度建设之路，通过制度建设，促进了执业质量的提高和员工素质的提升，得到了政府、社会和公众的普遍认同。相信世明所将与时俱进，不断完善和强化内部治理，努力成为浙江省实力强大、管理规范、水平一流的会计师事务所，世明所拥有的团结和谐、充满活力和战斗力的团队，必将使其在未来的发展中“百尺竿头、更进一步”。

建立以人为本的事务所治理结构，营造精诚合作的团队精神

慈溪永敬会计师事务所

慈溪永敬会计师事务所有限公司（以下简称永敬）的员工都知道“以人为本，精诚团结”是永敬的核心理念，具有宁波一流水准的执业人员是永敬最重要的资源和核心力量；培养一支综合业务能力强大的执业队伍，是永敬持续、健康发展的基础和重要保障，也是事务所拓展新服务领域的前提。建立以人为本的内部治理结构是永敬队伍发展的正确路径，实现精诚合作的打拼团队是永敬发展的核心工作。

永敬现有250名从业人员，具有会计、审计、经济、工程技术、法律等中高级专业职称人员56名；有注册会计师20名，注册税务师18名，注册资产评估师12名。此外，还有一批造价工程师、房地产估价师、土地估价师、国际内部审计师、旧机动车鉴定估价师和计算机软件工程师。

自会计师事务所改制以来，随着永敬延伸产品的不断增加，事务所规模的逐步扩大，永敬董事会领导下的集团化管理模式已经开始形成，税务师事务所、工程造价公司、资产评估公司、会计进修学校、商标代理公司、工商代理公司、财务咨询公司、土地评估公司和房地产拆迁评估公司相继成立，促进了永敬完善事务所内部治理结构的紧迫感。

一、坚持以人为本，不断增强执业队伍的凝聚力

永敬致力于“以人为本”的管理模式，坚持以知识性员工队伍为中心，把员工自我价值的实现与企业的发展目标相融合，力争将管理制度的强制性实施，逐步转变为员工自觉遵守和执行。

永敬的发展，不仅是业务的拓展、收入的提高，更重要的是人才的培养与员工的成长，因为永敬人认为会计师事务所的发展最终要靠人的发展来实现。只有坚持以人为本，团结、凝聚会计师事务所执业队伍，才能保证事务

所的成长与发展。永敬要体现以人为本，就要在广纳人才的基础上，尊重注册会计师等执业人员的意愿，充分调动他们的积极性，让他们的人生发展、事业发展与永敬的发展联系在一起，让他们的理想通过永敬的发展来实现，以形成凝聚力和向心力，营造团队进取、精诚合作的良好氛围。

二、坚持全面协调与可持续发展，建立以人为本的事务所治理结构

永敬在实践的基础上，努力进行着管理体制和机制的创新。通过制定制度、强化管理、严肃奖惩等环节，有效地促进了整体执业质量的提高和内部管理的改善，促使事务所的发展步入制度化、规范化和人性化的轨道。

为完善内部治理结构，永敬相继成立了制度建设管理委员会、咨询与质量控制管理委员会和风险管理委员会。

现在，永敬的内部治理结构主要由三大系统构成：

1. 事务所内部管理系统，其中包括：

（1）股权管理机制：包含股东会议事规则、董事会议事规则、监事会议事规则和股东会知情权及参与权保障措施等。

（2）内部管理制度：包括行政类管理制度、人事类管理制度和财务类管理制度。

2. 业务管理标准系统。永敬咨询与质量控制管理委员会每年都在不断完善内部技术标准，包括审计、验资、税务、评估、工程造价审核、咨询技术等；已经建立实施的有：审计业务操作规程、验资业务操作规程、税务鉴证操作规程、资产评估操作规程和工程造价审核操作规程。

3. 风险控制监管系统。从项目计划到执业过程以及工作底稿复核，永敬都有一套完整的质量监管程序。比如：风险管理制度、风险评估制度、重大风险事项报告制度、业务听证会制度以及业务质量责任追究制度等。

永敬人认为事务所的核心竞争力就是合理、高效的内部治理机制，而其中最重要的是事务所必须建立起以内部治理为指导，以事务所章程为依托，以内部治理评价系统为支持的完整的事务所内部治理规范体系。因此，永敬很好地将事务所制度建设与文化建设结合起来，推进了事务所人合文化与制度的有机结合，完善内部治理机制，提升内部管理水平，促进永敬更加健康、稳定、持续的发展。

三、加强研究，建立以人为本的、以事务所激励机制为主导的内部治理综合体系

持续发展的永敬一直致力于研究事务所员工的吸收、培养、激励与成长，在不断探索中，永敬建立了以人为本的、以事务所激励机制为主导的内部治理综合体系。

（一）永敬员工的激励机制

良好的员工激励机制是提高企业核心竞争力的重要手段。信息时代加速了人才的流动，永敬想要吸引人才、留住人才，就必须研究人力资源管理。而人力资源管理的一项重要任务就是丰富现有的激励手段，实现激励体系的多元化发展，不断提高员工的工作生活质量，从而激发其工作热情和创造力。

在事务所管理中，激励可以理解为通过创立能够满足事务所员工需要的多种条件，来激发员工的工作动机，使之产生实现事务所目标的特定行为的过程，其目的就是为了充分调动员工的积极性和创造性、发挥其主观能动作用。

永敬的激励机制包括物质激励和精神激励。在事务所的管理中，领导者需要找准员工的真正需要，并将满足员工需要的措施与组织目标的实现有机地结合起来。

马斯洛的需要层次理论告诉我们，人的需求由高到低分为：生理的需要、安全的需要、社交的需要、受尊重的需要和自我实现的需要。我们认为，只有在较低层次的需要得到满足的情况下，人才会有更高层次的需要。对知识型员工可用经济利益激励、荣誉与尊重激励相结合的方法。尽管大多数的知识型员工都受过高等教育，有一定的奉献精神，但作为事务所的管理者不能因此就把他们当成雷锋，缺乏必要的物质激励，就会出现事务所业务拓展困难、员工缺乏激情与活力的现象。如果大范围地出现这种情况，那就不仅仅是人品问题那么简单了，而是制度问题了。

1. 经济利益激励（物质激励）。永敬的经济利益激励除工资外还有多种方式的津贴，如执业人员特别津贴、岗位工资、绩效考核奖、福利补贴、事务所期权和事务所持股以及董事长特别奖等激励模式。

执业人员特别津贴：如注册会计师津贴、资产评估师津贴、注册税务师津贴、造价工程师津贴等，只要是在事务所有业务需要的，董事会就给予执业津贴。

岗位工资：永敬实施的是岗位等级工资制，它是等级工资制的一种形式，是根据事务所设置的工作职务或岗位对任职人员在知识、专业、责任等方面的要求来确定员工的工作报酬，体现了员工在专业、技术和责任上的差异。

绩效考核奖：永敬已经建立了业务收入指标、质量指标、底稿质量、档案管理、收费入账、执业人员责任风险等权重相结合的考核办法，以体现员工对永敬的贡献和业绩差异。

期权激励：永敬的期权激励主要是针对永敬的优秀执业人员在未达到股东资格之前设置的一种股权激励。获得期权激励的人员只有会计师事务所的收益分配权，没有选举与被选举权，没有事务所决策权。期权激励是永敬收入再分配机制的补充，持有期权激励的执业人员待符合配股条件并在事务所许可的前提下转换为实质性股权。

福利补贴：永敬的福利补贴分普惠制与特别福利补贴，普惠制是永敬员工都可以享受的一种福利制度，特别福利补贴是永敬从人性化的角度出发，为特殊员工设置的一种福利补助，包括：家庭困难补助、家庭非正常情况的发生等为员工提供的援助。

此外，永敬还建立了事务所或子公司持股以及董事长特别奖等激励模式。

2. 荣誉与尊重激励（精神激励）。荣誉激励是一种终极激励手段，它主要是把工作成绩与晋级、提升、选模范、评先进联系起来，主要的方法是表扬、奖励、经验介绍、专业演讲、列席参加领导级会议、进入事务所专业委员会等。荣誉可以成为不断鞭策荣誉获得者保持和发扬成绩的力量，还可以对其他人产生感召力，激发事务所员工之间比、学、赶、超的动力，从而产生较好的激励效果。

永敬实施荣誉激励的具体措施有：（1）开展优秀员工的评比活动；（2）给予员工非业绩性竞争荣誉；（3）颁发荣誉证书；（4）事务所综合考评；（5）事务所内部经验介绍；（6）专业讨论会演讲；（7）纳入专业委员会成员；（8）列席参加领导级会议等等。

尊重激励是永敬管理者对员工的一种最人性化、最有效的激励方法。永敬的管理者发自内心地去尊重每一位员工，对待员工有礼貌，不嘲笑、不轻视员工，尊重员工的人格，认真听取员工的建议，让员工感受到自己对事务所的重要性。

其实，每一个人都希望自己有稳定的社会地位，要求个人的能力和成就得到社会的承认、事务所的承认。所以，尊重又可分为内部尊重和外部尊重。内部尊重是指一个人希望在各种不同情境中有实力、能胜任、充满信心、能独立自主即人的自尊；外部尊重是指一个人希望有地位、有威信，受到别人的尊重、信赖和高度评价。

永敬的管理层都认同这样一种理论：一个管理者能否恰当地运用尊重激励方法，是领导者修养素质的体现；为人谦逊、随和、低调、有礼貌是管理者必备的素质修养，无论管理者的权力、学历、职位再高，也要靠自己有一支为你打拼的团队协作，单枪匹马是不可能做好工作的。所以管理者一定要尊重员工，这样才能促使他们积极思索、锐意进取。

（二）永敬员工的压力机制

事务所的压力机制包括竞争压力和目标责任压力。竞争经常使人面临挑战，使人有一种危机感；正是这种危机感和挑战，会使人产生一种拼搏向前的力量。目标责任制在于使人有明确的奋斗方向和责任，迫使人去努力履行自己的职责。

永敬在每一年年初就有新一年的目标责任与新业务拓展计划下达到各系统，促使永敬员工努力往既定的方向发展。

（三）事务所员工的约束机制

约束机制是为了规范事务所员工的行为，便于事务所有序运转，充分发挥其作用而经事务所按照法定程序制定和颁布执行的具有规范性要求、标准的规章制度和手段的总称。约束包括国家的法律法规、事务所内部章程、行业标准、事务所内部的规章制度，以及各种形式的管理与监督制度等。

事务所的约束机制包括制度规范和伦理道德规范。制度是一种有形的约束，伦理道德是一种无形的约束；制度指企业的法规使人的行为有所遵循，使人知道应当做什么，如何去做并怎样做得更好，是一种强制约束。伦理道德是自我约束和社会舆论约束的综合体，包括：品德与自律；诚信与德行。

永敬实施人性化的爱心加纪律模型，爱心就是尊重员工的人格，尊重员工的合理要求，尊重员工的劳动创造，尊重员工的批评建议。这样，员工就能自觉地将自己的个体命运与事务所的团体命运紧紧联系在一起。用爱心使员工与公司贴近，将事务所看成是自己的家，同事之间就像兄弟姐妹，用纪律来规范员工行为，这也是永敬人本管理的精髓。一个制度建立的目标是将员工的积极性、创造性与自觉性有效地发挥。

（四）事务所员工的保证机制

永敬的员工保证机制包括法律保证和社会保障体系的保证。法律保证主要是指通过法律、法规保证员工的基本权利、利益、名誉、人格等不受侵害。社会保障体系主要是保证员工在病、老、伤、残及失业等情况下的正常生活。

注册会计师行业属智力密集型行业，人才在行业发展中占据着特殊地位。建立、健全科学、合理的劳动保障制度是会计师事务所科学发展的重要内容。依法为事务所员工办理养老保险、医疗保险、失业保险、工伤保险和生育保险，缴纳住房公积金，保障员工患病或负伤期间的医疗待遇，以保证执业人员的合法权益，维护稳定和谐的劳动关系。

永敬在社会保障体系之外还建立了普惠制的福利制度，比如，节假日补贴、旅游考察、员工体检、慰问等方法，作为一种激励和增强企业凝聚力的手段。

（五）事务所的环境机制

事务所的环境机制主要指人际关系和工作本身的条件环境。和谐、友善、融洽的人际关系，会使员工心情舒畅，在友好合作、互相关怀中愉快地进行工作。事务所必须创造良好的人际关系环境和工作条件环境，人才的成长与环境有着十分紧密的关系。让所有员工在事务所团队欢畅、快乐的心境中工作和生活，不仅会促进工作效率的提高，也会促进事务所员工文明程度的提高。

此外，事务所的客观环境，如办公环境、办公设备、环境卫生等都可以影响员工的工作情绪和工作效率。事务所领导要努力改善办公环境，安静、宽畅、环保、安全、设施完善都能提高事务所员工的工作效率。

（六）建立和谐发展的企业文化

企业文化是强大的、潜在的并且经常是无意识的一种力量，它决定了组织行为、感知方式、思维模式和价值观。事务所需要通过潜移默化的方式将实现企业目标转变为员工的自觉行为，最大限度地提升企业的核心竞争力，实现“基业常青”。

企业文化的本质是一种价值导向、一种制度安排、一种利益均衡的机制，企业文化是构建和谐企业、实现企业可持续发展的基础。当然，构建和谐企业，最为关键和基础的就是构建一个有利于员工成长、发展、能够充分施展才能的平台。

管理层不仅要尊重人才，培养充满凝聚力和战斗力的永敬团队，而且要为每个人的职业生涯做长远规划提供发展平台，永敬是一家喜欢挑战的会计师事务所，不断发展的永敬充满着激情，在这个平台上，每一个人都可以获得符合自己职业规划的机会。永敬一直牢记“得人心者得天下”的永恒真理。

永敬一直努力为员工搭建施展才华的舞台，在这个舞台上，永敬的员工可以根据自己的专业、自己的岗位优势，尽情地发挥自己的聪明才智，实现自我价值，让每一位员工在永敬工作的同时有一种无比的自豪感与满足感，从而打造一支具有凝聚力、向心力的永敬团队。永敬追求的是事务所的永续经营，立志经过几年的努力，成为充满活力、受人尊敬的会计中介机构。

点 评

永敬人都知道“以人为本，精诚团结”是永敬的核心理念，慈溪永敬会计师事务所有限公司（以下简称永敬所）就是在这一核心理念下从一家县域小所逐步成长为宁波市规模较大、管理较规范、执业质量较好的会计师事务所的，现在拥有员工250余人，其中，有各种执业资质的专业人员近百名，业务收入超过5000万元，业务领域除审计业务外，还拥有资产评估、造价咨询、税务咨询、培训教育、商标代理等各种服务平台。

永敬一贯致力于“以人为本”的管理模式，注重人才的培养和员工的成长，坚持以知识型员工队伍为中心，把员工自我价值的实现与企业的发展目标相融合，积极营造团队进取、精诚合作的良好氛围，力争将管理制度的强制性实施逐步转变为员工自觉遵守和执行。在不断实践的过程中，永敬所逐步建立并完善了以质量控制为基础、以多元管理框架为依托、以信息管理系统为支撑的颇具特色的内部治理结构体系：其一，建立并完善了相关管理机构，即成立了制度建设管理委员会、咨询与质量控制管理委员会和风险管理委员会并使其有效运行；其二，构建了内部管理三大系统工程，即内部管理系统、业务管理标准系统和风险控制监管系统，将执业质量和风险控制作为事务所发展的基础工作和重要保障；其三，以激励机制为主导，强化永敬所员工队伍的培养和成长，尤其值得关注的是，除常规的经济利益激励外，永敬所通过购车补贴、福利补贴、期权激励等方式对事务所收入进行再分配，给予普通员工更大的分配比例和福利待遇以期更好地发挥员工团队的工作热情和创造活力；其四，适当运用荣誉与尊重激励的机制和手段，通过员工评优、给予荣誉、专业演讲等方式充分发挥事务所员工的主动性和积极性。

内部治理的有效运行有赖于管理制度和运行机制的完善。正因为永敬所建立并完善了事务所员工的激励机制、压力机制和约束机制，同时建立并完善了现代企业福利制度，创造出良好的人际关系环境和工作条件环境，才形成了永敬所运行环境的和谐舒畅，保障其在发展的道路上越走越顺、越走越宽。

永敬一直努力为员工搭建施展才华的舞台，在这个舞台上，永敬所的员工可以根据自己的专业和岗位优势，尽情地发挥自己的聪明才智，实现自我价值，让每一位员工在永敬所工作的同时有一种无比的自豪感与满足感。相信永敬所在今后的发展中会继续致力于员工队伍建设，不断完善内部治理机制，打造一支具有凝聚力、向心力的永敬团队。

内部治理工作探索

温州华明会计师事务所

温州华明会计师事务所（以下简称华明所）成立于1986年，当时与温州市财政局会计管理处合署办公，和许多国有所一样，25年来走过了一段曲折而漫长的发展道路，注册会计师从最初的4名发展到今天的32名，业务总收入和审计收入一直保持温州注册会计师行业领先地位。自改制以来我所先后经历两次重大人员变动，直接减少注册会计师10人、业务收入近800万。其主要原因是我所沿袭了国有体制下事务所的运行模式，客观上存在诸多弊病以及管理层理念和企业文化的不相适应等问题。路漫漫，前途在何方？此刻我们深深体会到一个事务所的健康发展，离不开一系列完善、合理的内部治理机制的建设。2007年中注协发布了《会计师事务所内部治理指南》，省注协印发了《关于会计师事务所、资产评估机构进一步加强内部治理建设若干问题的意见》，为此我所董事会认真学习领会两个文件精神，结合本所的实际情况，以完善章程为核心，以有利于事务所的和谐发展为目标，制定并修改了相配套的系列内部管理制度和技术标准。近年来，从这些制度的执行情况来看，效果较为明显，借此机会，和各位同仁一起探讨。

一、从实际情况出发，兼顾事务所和股东利益

1. 转所股东。华明所改制后的股东为15人，2007年4位股东转所时，对于风险基金的处理，华明所采取按股权比例量化后按9折再扣除20%的个税后支付给转出的股东，并签订协议，如果该股东签字的报告出现赔偿，则追溯其责任，以他取得的风险基金为限要求赔偿。

2. 退休股东。从股东忠诚度角度来看，退休股东为事务所的发展作出了贡献，我们对目前55岁以上的股东（4位）规定，不管性别，到65周岁全部退休，而对其他中青年股东将按不超过60周岁退休。对退休股东的风险基金，我们是这样处理的：扣除20%的个税不打折，以区别转所的股东。并且，

对其前三年平均业务收入提成的奖金在退休后的三年间分别按100%、50%和25%的比例发放，同时要求其帮助新的项目经理维护好自己的客户，以达到既不影响原有业务的平稳过渡又能让退休股东享受到精神和物质层面的愉悦的目的。

二、健全组织机构，完善股东队伍

通过学习文件精神，我们充分发挥了股东会、董事会和监事会的职能。董事会提出的战略和重大变动都经过股东会的讨论，充分沟通思想，达到目标一致、方向明确，重大议题均以投票方式进行。监事会也认真履行其职责，每年对事务所的经营成果和主任会计师、财务负责人是否勤勉忠实履行职责作出内审，并在年终股东大会上报告。

为了保证事务所在专业技术和员工薪酬方面保持竞争力，董事会下设了专业技术委员会和薪酬福利委员会。专业技术委员会由所里年轻的专业技术骨干组成，承担专业技术的理论研究、实务探讨及大型项目的实施。薪酬福利委员会由股东和员工组成，讨论制定事务所的薪酬体系和福利待遇。

事务所的核心人才是立所之本，为了留住人才并吸引外部的优秀人才到事务所的核心团队中来，又不致于使股东队伍过于庞大而与我所目前的规模不相适应，我们建立了授薪合伙人制度，成为授薪合伙人均可视同股东参与利润分配。对于有利于提高事务所核心竞争力的外部人员，经董事会研究决定可以成为授薪合伙人。对于内部注册会计师，我们规定，达到业绩和能力等指标也可以成为授薪合伙人。实践证明，三年前我们从其他所和内部共吸收了3个授薪合伙人，激发了他们的工作热情，个人业绩成倍上升，既留住了人才又为事务所的持续发展增强了动力。

三、打破“资合”思想，创新“智合”理念

事务所薪酬制度一直是一项牵一发而动全身的重要工程。事务所不同于需要大量资金的其他行业，股东的出资只是一种形式和办所初期的办公费用及风险保证。传统的按资分配模式导致了业务量少而出资比例大的股东其分红加业务提成的总收入远大于业务量大而出资比例小的股东。我们发现这一矛盾对调动股东积极性有很大影响。为此，董事会经过统一思想，创新“智合”理念，推出了按劳分配的方案：即将年可分配利润分为25∶75两部分，即年回报25%的部分固定按出资比例分配，75%的部分将授薪合伙人纳入分配。方案的主要导向是力求股东业绩扁平化发展，控制两头，确定50万元为

基准线，两年平均业绩不到50万元的不能参与分配，超过50万元，每增加10万元其分配系数递增，超过100万元部分的系数递减。

四、保障员工权益、福利，规划员工职业生涯

事务所的发展过程实际上是员工的职业生涯成长和成熟的过程。我所极为重视员工的权益和福利问题。

1. 在薪酬方面：建立了一套融股东和员工于一体的公开的薪酬分配制度，并坚持每年修改完善。

2. 按照劳动法及时与员工签订劳动合同，缴纳“五险一金”。

3. 每年安排员工体检及带薪旅游。在各大节日和生日发放慰问品和慰问金，对红、白喜事的员工及家属均表示恭喜和慰问。对非鹿城区员工需租房的，均提供两年期每年5000元的住房补贴。对实习期员工发放每月400元的生活补贴。对参加注册会计师全国统一考试的员工每门课程给予3天的复习假，通过考试的给予报销费用和奖励。

4. 建立有竞争力的非股东注册会计师和助理人员的薪酬体系，坚持高标准选人。第一年参加工作的员工平均年薪3万元。助理人员分7级晋升，最高7万元。第一年执业的注册会计师起薪8万元，一年后达到10万元以上。弱化股东分红，树立引领事务所可持续发展的梯队建设理念。

五、建立人才培养机制，提高员工的整体素质

人才是事务所发展最主要的力量，谁拥有了优秀人才谁就把握了事务所发展的主动。人才规划要和事务所的业务发展规划相配套，人才资源要符合事务所不同层次的需要，做到人尽其用是我们人力资源工作总的原则。根据事业发展需要做好人才储备，需要事务所董事会成员高瞻远瞩。根据业务发展规划制定人才规划，员工的招录是人才规划最重要的目标，每年我所从全国重点院校和本地大学招录5~10名应届毕业生，以满足事务所未来三年的发展需求。通过笔试、面试和实习考察的方法每年让一批专业素质良好、吃苦耐劳的优秀毕业生进入事务所工作。把好人才录用的第一关，为人才培养提供了基本的条件。个别高级人才的引进必须由分管董事推荐、专业委员会审定、董事会批准。

培训是员工业务素质提高的重要渠道，公司每年制订人才培训计划并分层次进行：事务所股东侧重于管理方面的培训；专业人员加强专业知识的培训；新进人员进行入职教育，重点进行公司文化介绍、职业道德和基本技能

培训；对有发展潜力人员的培养我们从来都是全力以赴，除行业规定的培训外还“送出去”培养。

为鼓励员工不断提升，引进高端的人才，近三年开始设立所长奖励基金，按事务所当年业务收入的2%左右计提，主要用于对事务所新业务拓展起关键作用的管理人才和专业人才、事务所发展过程中不可替代的重要岗位的人才、重要的储备人才工资补贴和培训等方面的支出。保证我所每年有一定数量的高端人才进入，优化我所的人才结构，提高整体素质。

六、以质量为根本，以服务创品牌

华明所自改制以来，历届董事会严格把握质量控制这一事务所的生命线。首先，以老带新培养新执业注册会计师谨慎执业、重大风险汇报、集体讨论的职业习惯。另外，不惜加大人力成本，设置四级复核制度：项目经理——部门经理——质量标准部——主任会计师。专职配置2~3名由新老注册会计师担任的标准部人员复核每一份报告。

华明所根据审计准则、会计准则、税收法规和其他相关法规政策的要求，结合温州的实际情况，制定相关的业务执行操作规范。10多年来由于坚持质量为先的做法，使我所的执业风险得到了较好的控制。近年来接受各级政府委托的项目日益增多，如国资委、财政局、工商局、审计局、科技局及各大国有集团等。

七、参与社会活动，提升事务所形象

董事会坚持鼓励事务所股东和骨干参与社会活动，以自己的专业知识回报社会、服务社会，同时树立事务所的形象。多年来，我所主任会计师担任了省注协理事和市注协常务理事，积极参与协会工作，且部分股东担任财政局、科技局、国资委专家库专家，担任《温州商报》特约评论员及有关协会的副会长，借多种渠道宣传事务所和注册会计师行业。

八、加强党建，引领正确办所方向，增强凝聚力

2009年年底，温州市注册会计师行业党委成立，华明所积极响应加强事务所党建的号召，投身于“创先争优”活动中。利用主任会计师担任市行业党委委员的契机，在行业党委的领导下，华明所支部利用各种载体，如火如荼地开展了具有行业特点的、富有成效的多种“创先争优”活动。引领股东和员工坚持党的领导，坚持“双培养”制度。即按照“将事务所骨干培养成

党员和将党员培养成事务所骨干的精神”，发展了 3 名党员，其中 2 名为注册会计师。去年，主任会计师（党委委员）被评为省注会行业优秀党务工作者。华明党支部经市、省行业党委推荐被中国注册会计师行业党委评为 100 家“全国先进会计师事务所党组织”的光荣称号。

通过支部举办的活动和取得的荣誉，更加增强了事务所的凝聚力和使命感，坚定了事务所的发展离不开党的领导这一坚强信念。

总之，会计师事务所这个特殊行业的发展离不开一套科学的内部治理机制。随着社会对我们这个行业要求的不断提高，机制的内容将要不断地完善和创新。唯有不断创新才有竞争力。当然，华明所目前还存在着很多不足之处，如人才的培训计划性不强，企业文化的建设刚刚起步，人力资源的管理未能细化，理论研究课题探讨仍然薄弱。华明所殷切盼望能借此交流的机会学习同仁们的先进理念和治所的好经验，以提高华明所的管理水平和促进温州注册会计师行业的发展。

点　评

华明所成立于1986年，当时与温州市财政局会计管理处合署办公。注册会计师从最初的4位发展到今天的32位，机构业务总收入和审计收入至今保持温州注册会计师行业领先地位。自“创先争优”以来，其党建工作也走在了行业前列，华明党支部被评为全国100家先进会计师事务所党组织。党建和业务，相得益彰。

在发展壮大的过程中，华明所逐步建立和不断强化核心层的领导作用，吸收和增强多元化人才进入公司核心层，与此同时又不断淡化股东以资分配的传统理念，树立以能力、业绩来衡量人才价值的理念，健全组织机构、完善股东队伍。通过学习省注协96号文件精神，华明所充分发挥了股东会、董事会和监事会的职能，明确了董事会领导下的主任会计师负责制为其内部治理的基本架构，规范管理层的经营行为。

华明所始终把握以人为本的发展理念，以员工利益为出发点，建立了一套融股东和员工于一体的公开的薪酬分配制度，并坚持每年修改完善个人薪酬和晋升制度，按照劳动法及时与员工签订劳动合同，缴纳“五险一金”；每年安排员工体检及带薪旅游，从而保障了事务所的和谐、持续发展，真正做到了保障员工权益、福利，规划员工职业生涯。董事会坚持鼓励事务所股东和骨干参与社会活动，以自己的专业知识回报社会、服务社会，该所借全国“创优争先”活动的契机，大力开展活动，引领正确办所方向，增强公司的凝聚力和使命感。华明所建立了一套完善的人才培养和引进机制，增强该所的发展后劲，稳定了优秀的员工队伍，且通过培训机制，提高了全员的整体素质。

会计师事务所这个特殊行业的发展离不开一套科学的内部治理机制。当然随着社会对这个行业要求的不断提高，机制的内容将要不断地完善和创新，唯有不断创新才有竞争力。希望华明所在今后的发展中更加注重品牌建设，借中注协五届一次常务理事会提出的“我国事务所品牌建设将进入全面提速阶段”的东风，以五大战略为目标，实现重点突破，成为全省最具影响力的会计师事务所之一，为温州的经济建设发挥更大的作用。

以人为本，和谐发展

乐清永安会计师事务所

一个会计师事务所的健康发展，离不开一系列的内部治理机制的建设。中注协、省注协一直强调会计师事务所的内部治理建设，2007 年中注协发布了《会计师事务所内部治理指南》，省注协也以浙注协［2007］96 号文下发了《关于会计师事务所、资产评估机构进一步加强内部治理建设若干问题的意见》，可见内部治理建设之重要。

乐清永安会计师事务所（以下简称乐清永安所）自从脱钩改制以来，至今业务收入比改制前增加了 5 倍，员工人数比改制前翻了一番，执业质量不断提高，内部员工和谐共处，2010 年被乐清市人民政府授予首届服务业先进企业的称号。这一切成绩的取得，离不开我所建立的一套比较适合我所发展的内部管理制度和逐步形成的一套内部治理机制。内部治理机制建设主要是坚持“以人为本、和谐发展”的办所理念，而内部治理机制建设的核心是事务所的章程，我们所在 2006 年底就按照中注协的章程范本对本所的章程进行了修改，在章程的统领下，制定和修改了相配套的一系列内部管理制度。以下结合乐清永安所的内部治理机制中的某些方面抛砖引玉，与同仁一起探讨。

一、股东的加入和退出方面

乐清永安所 1999 年底脱钩改制时发起人有 6 人，第二年有 1 位股东转所，随后几年，有 2 位股东由于年龄超过章程规定而退出，同时按章程规定的股东条件先后吸收了 4 位新股东。当时股东的退出和加入碰到了股权的作价问题，我们知道，由于会计师事务所财务方面要按照财政部的《会计师事务所风险基金管理办法》的规定每年提取风险基金，随着会计师事务所的发展，风险基金的金额越来越大，如今乐清永安所的风险基金已达到实收资本的十几倍。另外，乐清永安所购置了办公用房，这些年办公用房的增值也越来越大。如果风险基金和房产的增值这两块利益都由新股东在股权转让款中体现，对有些资金紧张的新股东就难以承受，特别是青年股东，如果股权转让不考虑风险基金和房产增值，超龄的老股东就不肯退股。所以，如何处理老股东的这些既得利益，直接影响到会计师事务所股东的退出和加入，进而影响到会计师事务所的稳定和发展。为此，乐清永安所进行了一些创新：对每年提取的风险基金按当年股东（签字注册会计师）人数进行量化，也就是说每年年末的风险基金全部量化到个人名下。如果5年内出现执业质量问题，导致事务所出现赔偿或相关诉讼费用，这些支出会相应减少事务所的风险基金，同时对量化到个人名下的风险基金进行相应扣减；5年后未出现执业质量事故，则将已量化到个人名下的风险基金从第6年起以工资形式发放，计入发放当年的费用，事务所当年的风险基金仍然按规定计提。这样退出的老股东原量化名下的风险基金以退休工资连续发放5年后，风险基金部分就得到兑现，相应事务所账面风险基金就会量化为现有股东名下，到当年年底我所原退休的股东的量化风险基金全部变为现有股东的名下。对房产增值部分，按市场价评估，并采取模拟清理，将扣除相关成本、税费后的净收益作为股权转让价格的依据。这样的做法老股东能接受，对新加入的股东来说，也不至于为成为事务所的股东而需要支付大额的股权转让款而望洋兴叹，实践证明此办法是切实可行的。如今每位股东量化名下的风险基金都有几十万，为了这些看得见的利益，事务所的签字注册会计师的风险防范意识也进一步加强，很多审计风险高的项目，即使前期投入了大量的审计工作，但由于报告意见类型客户的不认同，宁可放弃几万元的收费，也坚持不出具审计报告，以减少风险。从而也促进了执业质量的进一步提高，规避了审计风险。

二、股东财务知情权方面

2005年新修改的《公司法》第三十四条规定："股东有权查阅、复制公司章程、股东会会议记录、董事会会议决议、监事会会议决议和财务会计报告。股东可以要求查阅公司会计账簿。股东要求查阅公司会计账簿的，应当向公司提出书面请求，说明目的。公司有合理根据认为股东查阅会计账簿有不正当目的，可能损害公司合法利益的，可以拒绝提供查阅，并应当自股东提出书面请求之日起15日内书面答复股东并说明理由。公司拒绝提供查阅的，股东可以请求人民法院要求公司提供查阅。"由此可见，如何正确处理股东的财务知情权也是事务所内部治理的重要问题，因为会计师事务所毕竟是"人合、事合、心合、志合"的公司，大家只要坦诚相待，为了事务所发展的共同目标，完全可以进行内审；更何况事务所的股东都是注册会计师，都是财务方面的专家，自己就可以动手进行内部审计。乐清永安所从2002年开始就实施股东亲自动手的内部审计，每年汇算清缴结束后，专门安排时间召开特别股东会，由监事会牵头组织实施，将上一年的财务情况向股东公布，并将会计报表、会计账册、会计凭证等会计资料拿出来，由全体股东翻阅，进行内部详细审计，审查主任会计师或董事会有无超出权限、违反事务所章程规定的事项等，这样既保证了股东的财务知情权，同时对主任会计师也进行了监督，从而更促使主任会计师要遵纪守法，不要胆大妄为。内审结束后以股东会名义作出审计结论。通过这一内部审计，使财务公开并透明。几年下来，大家对主任会计师的信任度大大提高，进一步促进了股东之间的和谐相处。当然，平时主任会计师与股东及股东与股东之间要相互多沟通，做到公开、公正、公平，对事不对人，即使碰到有争议的问题也不可怕，要允许股东有不同想法，持不同意见，但是重大决策作出后，都要服从。只要股东具有诚信、民主、尊重、平等、合作、包容、协商的处事理念，那么事务所内部就会和谐健康发展。

三、保障事务所员工的权益和利益方面

客观地说，在事务所内非股东员工是弱势群体，作为事务所的股东对此一定要摆正心态，不要像有的民营企业那样以“老板”自居，而应善待他们，平等相处，努力营造尊重人才、待遇留人、感情留人的融洽氛围。从脱钩改制以来，乐清永安所十分重视保障员工的合法权益和切身利益。一是在薪酬制度方面，从充分调动每位员工积极性的角度，建立了一套融股东和员工于一体的公开的薪酬分配制度，并坚持每年修改完善一次；二是及时与员工签订劳动合同，明确合同双方的权利、义务以及违反劳动合同的法律责任；三是积极为全体员工缴纳“六险一金”，即为每一位员工缴纳基本养老保险费、基本医疗保险费、失业保险费、工伤保险费、生育保险费、医疗门诊保险等基本社会保险费和住房公积金。目前很多新员工因为购房，已从住房公积金管理中心得到了贷款；四是每月及时足额向每位员工发放劳动报酬；五是重视提高员工的福利待遇，事务所每年安排员工进行体检，外出考察旅游，限额报销门诊医药费，发放传统节日过节费和年货，发放一年4个月的高温补贴等，实行带薪年休制度，平时一个星期上班5天，每天上班7个小时等。在每年的“六一”儿童节前，为员工未成年的子女发放儿童节慰问费；在每年的春节前组织员工和家属聚餐并发放春节慰问金，感谢他们对事务所工作的支持。凡是国家公务员享受的一切福利待遇，乐清永安所都能给员工享受，

国家公务员没有的，永安所也有。六是出台各种激励措施，进一步调动员工的工作积极性，发挥其主观能动性，如参加职业资格考试可带薪请假5个星期，全部通过时还给予报销费用和奖励等，促使员工加强学习，不断提高理论水平。七是建立员工的晋升制度，给员工一个发展的空间，让员工感到有奔头，做到个人和事务所共同发展，从而有利于事务所吸引和稳定人才。近年来我所吸收了4名新股东，占事务所股东总人数的57%，其股份比例也超过53%。乐清永安所这些做法在《浙江省注册会计师》2008年第2期和省注协网站上予以报导。2009年，乐清永安所将与员工相关的职责权利等方面有关的规定，整理编印了《员工手册》发给员工，使员工熟悉并遵从《员工手册》中的要求和规定，同时更让员工感受到自己的权利和利益，这不仅是乐清永安所发展所必需的，也是员工个人成长所必需的，让员工发挥自己最大的工作潜能，使自己与事务所共同成长和发展。

四、事务所薪酬制度方面

会计师事务所不同于生产制造业等行业，不需要大量的资金，所以股东的出资额并不是主要的。会计师事务所最大的支出是工资薪酬支出，乐清永安所薪酬支出约占业务收入的40%多，其中所长基金按业务收入的1%提取。永安所《员工薪酬制度》中的员工薪酬分货币性薪酬、非货币性薪酬、福利性薪酬。货币性薪酬包括基础工资和职务津贴、绩效工资以及年终奖金。由于事务所每年的业务收入结构不同，不同的工作岗位按照会计师事务所的薪酬制度中与业务收入挂钩的绩效工资这一块，一年下来，难免有差异，甚至相差较大。年终时，对由于客观原因造成绩效工资收入较少的部门，从所长基金中给予适当的补偿，同时对下一年的薪酬分配制度中有关绩效工资内容进行适当调整，再由员工对工作岗位重新进行选择。这样，事前作变动，对事不对人，体现了员工之间的公平性。对股东享有的利润这一部分我所分为股利和劳动分红。由于股东的出资金额不同，故股利按股东出资额每年给予一个固定回报，其余作为劳动分红，以消除全部按出资额分配的不合理性，体现事务所“人合”的特点。

五、事务所质量控制方面

执业质量是事务所的生命线，如果事务所不讲执业质量或者失去质量控制，其收入再多，一旦出现严重的质量问题，就有可能面临“所破人散”的悲剧。对当事人来说，既有行政责任又有民事责任，甚至追究刑事责任，可见事务所执业质量之重要。

首先，乐清永安所从制定相关业务制度上抓质量。尽管中注协出台了一系列执业准则和执业准则应用指南，但对小型会计师事务所来说，有些方面难以操作，这就需要事务所根据这些审计准则以及会计准则、有关税收法规和其他相关法规、政策的要求，结合当地的实际情况，制定相应的《执业操作规程》，对不同的情形如何操作进行具体的规范，甚至给予量的规定。这样，使员工执业时有章可循、有据可依。同时制定《工作底稿复核制度》，规定复核的要点、复核的职责等，另外制定了总的《业务质量控制制度》。为了进一步提高员工执业质量，制定了《执业责任事故追究办法》加以规定。在这个制度中规定“对已经离开本事务所的执业人员，原来的签字或经办的各类报告，若干年后出现责任事故，造成本所经济损失，事务所有权通过法律程序追溯并按本制度追究其经济赔偿责任，有关责任人员应当相应承担经济赔偿。”这一点也写入了会计师事务所员工的聘用合同中加以明确，这样促使员工们在执业时感到“如履薄冰，如临深渊”，从而牢固树立质量观念，时时刻刻按标准执业。结合注册会计师职业道德规范，还制定了《项目组廉洁责任制》、《业务档案管理制度》等十几项制度。另外，我所制定的《风险基金量化办法》对质量控制也起到一定的作用。

其次，从提高执业人员的自身素质上提高执业质量。由于事务所员工业务水平参差不齐，每个人的道德素质也不一样，这就需要对员工进行多种形式的业务技术培训和后续教育等。乐清永安所要求参加后续教育的注册会计师，回来后整理学习笔记，进行回授，以达到信息共享、共同进步的目的。除参加上级组织的学习外，平时事务所内部学习经常化、制度化。学习会计、审计、税收、工商管理等方面新的法律法规、制度政策。结合工作中碰到的业务情况进行研讨，对有些会计师事务所审计失败的案例进行剖析，分析其是主观的还是客观的，是麻痹大意还是自身业务知识欠缺造成的等，从而使员工统一认识，努力克服自身弱点，通过学习考取各种执业资格和技术职称等，至今乐清永安所已有高级会计师职称 7 人。在案例剖析中同时结合思想品德教育、职业道德教育和社会公德教育等，做到因势利导。只要乐清永安所的员工具有良好的政治素质、较强的事业心和责任感、较高的职业道德水准、丰富的专业知识和实践经验，他们就会自觉遵循执业规范，从而提高执业质量。

六、发挥党支部作用，加强员工的思想政治工作，营造宽松的执业环境

乐清永安所在2000年4月就成立了党支部，并在员工的政治思想教育方面发挥了应有的作用。由于有了党支部，乐清永安所的员工能有一颗平常心，不断上进，爱岗敬业，执业方面听从项目负责人的调配，遵循执业准则，恪守职业道德。员工之间相互合作，相互尊重，营造了一种宽松的执业环境，树立了乐清永安所的良好形象。平时党支部还不断开展各项活动，曾邀请了乐清市宣传部的领导来乐清永安所讲党课等，在事务所的企业文化建设方面也起到了一定的作用，特别是在当前开展的行业争先创优活动中，乐清永安所的共产党员们起到先锋模范的作用，年初各有一名共产党员同时被中共温州市财政地税局机关党委、中共温州市注册会计师行业党委评为优秀党务工作者、优秀共产党员，其中一名又被中共浙江省注册会计师行业党委评为优秀共产党员。

总而言之，一套好的会计师事务所内部治理机制，会促使事务所健康和谐发展。当然，事务所内部治理机制可能也会有不完善的地方，可能会出现一些小摩擦，这并不可怕，乐清永安所要切实解决好内部出现的这样或那样的问题，做到以理服人、以情感人，多一分包容心，并不断补充和完善内部治理机制，只有这样，才会使事务所更好地发展和壮大。

点　评

乐清永安所自1999年12月底脱钩改制以来，员工增加了一倍，业务收入超千万，比改制前增加了5倍，在温州地区同行业中名列前茅，事务所内部股东进出平稳，员工的收入逐年增加，2010还被乐清市人民政府授予首届服务业先进企业，这一切的取得，离不开该所建立的一整套内部治理机制。

乐清永安所的业务领域除传统审计、验资业务外、还涉及资产评估、会计培训等。在事务所业务拓展方面，对企业内部审计和管理咨询等业务也进行了一些尝试，走在温州市同行业的前列。乐清永安所之所以能在温州当地成为发展较快、内部管理较好、执业较规范的会计师事务所，究其原因是内部管理运行和内部治理机制是符合注册会计师行业特点，是与会计师事务所的健康、稳定发展相适应的。

乐清永安所在这十一年的发展过程中，能根据新《公司法》的修订，于2006年及时修改了事务所的章程，并在事务所章程的统领下，逐步建立和健全事务所内部管理制度。该所内部治理的主要特色：实施了与员工利益相关的薪酬制度和晋升制度、股东的退出和加入制度、股东财务知情权制度等，做到了员工与事务所同发展，并且将与员工相关权利、义务、责任等方面的内容编制了《员工手册》，体现了以人为本的管理理念，同时该所十分注重党建工作，于2000年4月就成立了党支部，这对当时刚脱钩改制的会计师事务所来说，在全省也是为数不多，并且不断支持党支部开展各项活动和工作，该所的党支部在思想政治教育、企业文化建设方面进一步推动了事务所的发展，从而也促进了事务所内部和谐。实践证明乐清永安所的做法是符合该所的实际情况，并且对温州的其他事务所也具有一定的借鉴作用。

乐清永安所在质量控制风险防范方面做得也较好，除制定《业务质量控制制度》、《工作底稿复核制度》、《业务档案管理制度》外，还出台了《执业责任事故追究和赔偿制度》等相关质量控制制度，该所的风险基金量化到个人名下这一做法，既符合《会计师事务所风险基金管理办法》的规定，同时很好地解决了事务所的优秀人才加入股东层涉及到新老股东的利益问题，而且从另一角度对提高签字注册会计师的执业风险意识有积极意义。该所平时不断加强员工的业务学习和培训、注重业务探讨、提高执业质量、防范审计风险。2008年浙江省财政厅和浙江省注册会计师协会对全省会计师事务所的执业质量检查中，乐清永安所的执业质量受到浙江省注册会计师协会的发文表彰。

最后，希望乐清永安所在今后的发展中，胆子大一点、步伐更快点，不断拓展非审计业务，开展多种经营，从而提高会计师事务所的综合实力，争取成为温州地区注册会计师行业的领头雁。

完善机制增活力，注重文化塑形象

海宁正健会计师事务所

海宁正健会计师事务所（以下简称正健所）是2005年年底设立的新所，建所以来，始终秉承“至诚尽善、追求卓越”的理念，注重强基础、稳队伍、勇创新，孜孜不懈地打造优质执业团队。在稳定传统业务的基础上致力于开拓新业务，严格执业质量控制，营造和谐团结的企业文化，树立了良好的品牌形象，获得了“嘉兴市外汇诚信建设A类会计师事务所”和“嘉兴市注册会计师行业优质服务示范单位”的称号，2010年位列全省小型会计师事务所综合排名第7位。这些成绩的取得，得益于海宁当地较好的经济发展环境，更离不开嘉兴市注册会计师行业自律组织对事务所的规范和引导。

就事务所自身发展而言，只有讲质量、有实力的事务所，才能真正不断地发展壮大起来。要实现这个目标，必须先炼好“内功”，健全内部管理机制，强化质量控制，加强人才培养，注重企业文化建设，奋力开拓新业务。这是推进事务所管理科学化、制度化、规范化建设，实现我们正健所做强做大的必由之路。下面从四个方面与大家一起对事务所内部治理进行探讨和交流。

一、完善内部治理促进规范

有效的内部治理机制，可以把员工的执业理念、工作态度转化为自律、自觉的实际行动，有效地促进事务所管理的制度化、规范化。

1. 健全管理制度。推进事务所管理的规范化必须联系实际，不断完善各项内部管理制度。制度不仅要细化，更要有针对性和可操作性，它是事务所日常运转的轨道，使事务所的运行有章可循，增加透明度。在制度的设置上，要符合事务所的行业特点，具有灵活性，要以人为本，始终体现人性化。近年来，正健所先后制订了质量控制制度、学习培训制度、人事管理制度、工作人员守则、员工考勤假期制度、学历教育和报考注会及专业职称管理办法、工薪分配办法、财务管理制度、档案管理办法等一系列内部管理制度。事务所完全在制度设计框架内运行，对内比较好地处理事务所资合与人合的问题，对外充分展示出事务所严谨的社会责任和诚信和谐的企业形象。

2. 坚持质量控制。质量控制是事务所的生命线。因此，我们在执业中牢牢把握“以质量求信誉，以信誉谋发展”的原则，增强质量意识和风险控制；坚持三级复核制度，把恪守“独立、客观、公正”的原则作为员工的基本行为守则，把诚信执业作为事务所的第一准则贯彻始终。我们经常联系实际，用具体的案例对员工进行教育，使全体执业人员把质量控制的理念和行动贯穿于执业的全过程。在工作底稿三级复核中，设置独立复核室，安排专人复核，使复核工作落到实处，业务质量控制到位。几年来，我们事务所出具的验资和审计业务报告都以较高的质量，通过省、市有关部门组织的各种业务质量检查，并得到了有关部门的肯定。

3. 改善内部环境。作为一个中介机构，我们无法改变外部市场的大环境，但是我们可以通过努力营造自己内部的小气候，并以此影响外部环境。通过举办读书活动、演讲比赛、开设讲座、发放宣传册、内部刊物等活动以及改善工作设施和条件等，完善内部环境、规范员工的行为举止，对员工产生潜移默化的影响。广大员工把勤勉尽责的执业理念转变成自律、自觉的实际行动。在我们各个业务部门，经常能看到员工们不计个人得失，自觉加班加点，讲奉献、无怨言，全所上下形成了爱岗敬业、团结友好的协作氛围。

二、打造优质团队，增强自身实力

为了在更高层次参与竞争，建立一支高素质的执业队伍是关键。事务所要能在激烈的市场竞争中站稳脚跟，发展壮大，必须拥有一支团结高效、技术过硬、整体合力强、服务水平高的执业团队。因此，人才的培养、凝聚力的提高成了打造优质团队的一项主要任务。

1. 重视人才储备。首先是保持人才实力，不断进行优胜劣汰、吐故纳新，把优秀的人才吸引进来。逐步完善人事管理制度和招聘制度，给应聘者提供公平竞争、公开竞岗的机会。通过双向选择吸纳优秀的人才。至今，我们已引进省内外注册会计师 10 名，同时也注重对后备人才的培养，2010 年又从应届毕业生中通过招考择优录用了 5 名大学生（包括 1 名研究生）。其次，注重发现并挖掘员工个人专长，充分发挥每个人的聪明才智和工作积极性，惟才是用，人尽其才。管理层与员工加强沟通，尽可能了解员工所思、所想、所求，使员工对事务所产生依存和信赖感，爱所如爱家、荣辱与共，自觉自愿为企业的发展贡献个人的聪明才智。第三，帮助员工实现自我价值，为他们提供充分的发展空间，同时也为企业储备后续人才，培养领军人物。通过选送外出学习研修、对有能力者委任职务、评选优秀者进行奖励等，使员工在对企业的贡献中实现自我价值，让员工的成长与事务所的发展同步共行，起到和谐共振的良好效应。

2. 注重知识更新。要提高执业人员的素质，建立有效的培训体系至关重要。随着事务所规模的扩大，项目的增多，执业人员将逐步形成金字塔型的结构。这时，采取随机和一对一的“带徒”模式，效率太低且不利于业务人员博采众长、全面发展，而注册会计师行业的特殊性又决定了会计师事务所不可能完全依靠事务所以外的培训机构来完成培训工作。因此，我们有针对性地拟订自己的培训课题，根据员工的不同特点，采用外部培训和内部培训相结合。一方面组织员工在内部开展有针对性的培训，邀请上级财税部门、会计部门等领导、专家讲授会计、税收新法规政策；在业务实践中，采用以老带新的方式，业务骨干帮助年轻执业人员尽快适应岗位和熟练掌握相关执业政策与技能。另一方面分批次选派员工去外地学习培训，提供参加行业最新热点问题、前沿问题研讨和培训的机会，使他们掌握和传达最新的知识和工作技能；还组织业务骨干与同行兄弟单位业务骨干交流业务心得，学习借鉴好的执业经验。如此多形式的学习平台，给引进的优秀人才提供互相交流切磋业务、沟通磨合、展现才能的机会，也给新进所的大学生和其他执业人员创造一个互帮互学、注重知识更新的浓厚氛围。注册会计师非常在意自己成长的环境，正健所把培训工作作为对员工最好的福利，在这方面多投入一点，实际上是一件本小而利大的事。

3. 强化激励机制。激励机制可以通过有效的激励手段，调动员工的积极性，使其充满内在的动力，朝着所期望的目标而不断奋进。由于员工的社会背景、价值观、性格差异，都有其不同的特性，因而正健在具体选择激励机制时将这些因素都考虑进去，努力避免因机制的千篇一律而抹杀团队内个体的优良个性，从而降低其工作的积极性和工作效率。同时，在选择适合于本单位的激励机制后，还经常对运行机制考核评价，及时修正和完善，充分保证激励机制的有效性。

三、创新工作机制，拓宽业务模式

当前和今后一个时期，各行各业各个领域都在转变发展方式，事务所也不例外。中介机构目前还是新兴行业，是新阶层社会组织，社会服务需求非常大。今后的竞争是人才和业务竞争，服务意识和质量的竞争。正如财政部王军副部长所指出的：“事务所不仅要不断提高、发展和完善过去已有的业务，更重要的是要着力在已有的基础上不断地开拓发展新的业务，一个固步自封的行业是没有前途的，一个满足于过去的行业是没有希望的。要在激烈的竞争中立于不败之地，必须要居安思危，要思考创新发展，力争从传统走向领先”。

1. 稳固延伸基础业务，服务创造双赢价值。审计验资是会计师事务所的传统业务，正健所以诚信的态度去承接业务，并通过优质的服务帮助企业规范财务管理。一是为企业明确权属。正健所帮助办理各种证照，如营业执照、企业代码证、统计证、税务登记证、进出口经营权备案登记证、土地证、房产证过户等手续；二是有针对性地对企业开展业务指导和预审工作。根据被审企业的具体问题，上门对其会计人员进行业务辅导，帮助他们掌握相关的理论与实践操作，规范核算体系。在为企业提供优质服务的同时，正健所既提高了审计效率，又规避了审计风险，更赢得了客户的信任，可谓双赢。目前正健所的客户范围已涉及国有、外资、民营和上市公司等各种类型的企业，审计的类型也较以前更为丰富，有年报审计、信用等级评定审查、物价审核项目评审、科技项目验收审计、净资产审计等等。特别是近年来新增的企业股权转让净资产审计，为税务机关征税确定股权交易价格是否公允提供依据，履行协税护税应尽的职责，得到了税务机关的充分肯定。

2. 发挥专业联合优势，着力开拓系统服务。正健所与海宁正大税务师事务所、海宁正泰联合资产评估有限公司、嘉兴正大工程管理咨询有限公司、浙江众诚房地产评估事务所有限公司海宁分公司是一个紧密联合体，拥有一大批素质优秀、业务精湛、经验丰富的注册会计师、注册税务师、注册资产评估师、注册房地产估价师、土地估价师、注册造价工程师、计算机工程师等专业人才。选择稳定的客户，挖掘掌握客户需要正健所提供服务的各种机会和情况，并通过沟通传递正健所可以为其提供增值服务的相关信息，为深度挖掘业务创造条件。以核心业务为基石，拓展相关、相近或配套的其他业务，形成配套的不同性质、不同层次的业务链条，形成事务所具有明显优势的业务群体或“套餐”，为客户提供量身定做的系统的专业服务。通过为客户提供优质服务，极大地满足不同客户的特殊需求，既方便了客户，密切了与客户的关系，又开拓了业务，增加了收入，取得了社会效益与经济效益双丰收。

四、内练真功夫，外修新形象

事务所的形象是通过员工的服务来体现的。人要有形象，企业更要讲形象；人要讲学历水平，企业更要讲队伍素质；人要讲修养和气质，企业更要讲文化理念。事务所执业人员对外要树立诚实守信、执业规范、高效专业、热情服务的精神风貌，工作环境要保持整洁、明亮、安静、有序。内外并修，提升事务所形象。

1. 加强诚信文化建设。人无信则不立，所无信则难兴。诚实守信是中华民族的传统美德，诚信是我们事务所的招牌，更是员工执业道德的体现。从这个意义来讲，事务所文化主要是诚信文化，可以说这是我们的立业之本。因此，我们以诚信建设为中心，树立诚信服务的理念，遵守规则，讲求诚信；大力开展诚信教育，真正让员工明白对外诚信不仅仅只涉及个人声誉，更重要的是它可以吸引客户，营造友好合作的外部环境，使企业在社会公众面前展现良好的信誉和形象；着力营造内部互信、互助氛围，内部互信是领导与员工之间、员工与员工之间的一条相互衔接的纽带，它能够增强凝聚力，创造和谐、健康的事务所氛围。

2. 加强协作文化建设。首先是培养领导班子的团队精神。在管理层中，各种性格的人都有，协作文化就是要体现事务所“人合”的特性，一方面要能够让合伙人（股东）实现性格互补，分享快乐；另一方面要合伙人（股东）共同承担责任。所以领导班子人员之间应建立相互信任、同舟共济的共同理念，在这种文化背景下形成有较强凝聚力的团队精神。其次是培养员工之间的团结协作精神。做到各部门之间互相支持、互相沟通、互相配合、互相理解，创造一种友爱、合作、互助的团队关系。

3. 加强品牌效应建设。品牌的重要性不言而喻，它是事务所整体形象的社会评价，对于提升事务所的竞争力具有重大意义，品牌可给事务所带来长久的效益，是事务所长远发展的根本。因此，要在执业团队中树立品牌意识，塑造“质量是品牌的灵魂”的理念，千方百计提高业务质量，赢得社会大众良好的“口碑”。

围绕经济社会发展的大局，对事务所及注册会计师的要求也越来越高，正健所将一如既往地以“敬业乐业、团结进取、分工协作”的团队精神为指导，坚持“以质量求信誉，以信誉求发展”的执业宗旨，与时俱进，不断拓展新领域、开发新业务，为今后的大发展、大飞跃、大突破夯实基础。

点　评

推进事务所管理科学化、制度化、规范化建设，是会计师事务所适应市场需求和应对市场竞争的迫切需要。会计师事务所要做大做强，一个完善的内部治理结构和一支优质高效的执业队伍是提升核心竞争能力的关键，是事务所健康运转和稳步发展的基础。正健所建所时间不长，但是该所高度重视内部治理建设，注重各项制度建设，贯彻执行严格有效。通过几年的努力，该所一是人员队伍素质全面发展。执业质量控制、执业风险防范和优质执业服务已成为该所员工自律、自觉的实际行动，造就了一支团结高效、技术过硬、整体合力强、服务水平高的执业团队。二是执业质量稳步提高。坚持“以质量求信誉，以信誉谋发展”的执业原则，严格实行三级复核制度，时刻保持应有的职业怀疑和谨慎态度，几年来，多次得到省、市各种业务质量检查组和有关业务部门的好评。三是业务发展迅猛，业绩显著，注重传统基础业务维护，不断推出增值服务项目，稳固传统业务市场，同时，与时俱进，充分发挥专业联合优势，拓展新领域、开发新业务，业务范围和业务规模不断扩大，使该事务所不但在激烈的市场竞争中站稳脚跟，而且得到较快发展，成为嘉兴市成长性最好的会计师事务所之一。其经验和做法值得认真总结和借鉴。

实行总分所一体化管理，建立人尽其才的用人机制

中磊会计师事务所浙江分所

随着会计师事务所重组、合并后规模逐渐扩大、跨地区执业及管理行为的增多，会计师事务所总分所的管理和营运难度进一步加大，我们作为已运作10年的分所在这方面也有很多切身体会。事务所内部治理结构运作不畅，不仅会影响事务所的执业质量从而发生损害社会公众利益的事件，也直接关系到会计师事务所业务员工的切身利益。因此，我所根据《会计师事务所内部治理指南》、《会计师事务所分所管理暂行办法》，并借鉴现代企业公司治理结构方面的经验，建立了行之有效的总分所一体化管理体系，打造了一支高效和谐的执业团队，为事务所快速发展打下了坚实的基础。以下是我们关于总分所一体化管理及事务所以人为本理念的一些具体运用和做法。

一、建立总、分所一体化管理机制

近10年来，注册会计师行业经历了两次大规模合并重组浪潮，第一次是2000年事务所为达到证券资质条件，而开展的合并、重组，事务所自“清理整顿”、“脱钩改制”后开始拉开了“做大做强”的序幕。第二次是国办56号文件颁布后，原证券类事务所响应财政部有关事务所“做大做强”的号召，自发的强强联合或分拆联合。两次重组、合并都造就了大型或超大型会计师事务所的产生，联合合并后的部分会计师事务所规模空前扩大，但合并后的会计师事务所要实现由大到强的跨越，历史经验证明并非易事，其中，合并后的会计师事务所各层级人员之间、总所与各分所之间达到信念、追求、目标、理想的一致，成为合并后的会计师事务所一项重要的企业文化建设工程。

我们作为证券事务所分所，在经历的两次合并过程中，都从自身实际出发，坚持了既定原则，与总所在战略目标、优化布局、共同发展等方面做了大量沟通和交流。分所如何在总所的发展战略目标指导下，紧密结合当地及

各自的实际，保持和发扬原有的优势、特长，凭借新的更大的发展平台，促进各分所科学、持续发展？怎样实现联合合并后的会计师事务所在各地区分所的优化组合与科学布局？怎样更好地处理好总、分所的关系，从而有利于联合合并后的总、分所共同发展？这些都需要认真研究和探讨，并形成管理体系。

会计师事务所分所，是指会计师事务所因业务发展需要设立的以该会计师事务所名义从事注册会计师业务的非独立法人分支机构。财政部于2010年1月15日发布了《会计师事务所分所管理暂行办法》（以下简称《暂行办法》）后，我们各分所和总所在股东会、董事会、质控会议等多层次上进行了充分的交流，从人员、财务、业务、技术标准和信息管理等方面协商、讨论，力争在实质和形式上都服从于总所对分所一体化管理的制度性、系统性规定。总所应该管，而且也有能力管理分所，分所则经过合理授权后，在日常经营管理中拥有一定的自主权。

总、分所首先明确了统一品牌与发展战略，这是人事、财务、业务、技术标准、信息管理“五统一”的前提和基础，没有这一前提和基础，“五统一”就是无源之水、无本之木，即使建立了各种管理制度也只能是空中楼阁。“五统一”的具体内容包括：

1. 人员一体化管理。人力资源是会计师事务所的第一资源，人员管理是会计师事务所管理的中心环节。人员管理既包括注册会计师的管理，也包括会计师事务所其他从业人员的管理。为保证总所和分所的执业水平和从业人员素质基本相当，我们建立了业务人员入门、操守行为、激励晋升、考核奖惩等统一标准，促进公开、公平、公正、透明的理念深入人心。

在此基础上，分所负责人由总所统一委派、监督和考核，每年末与总所签订责任书，责任书包括具体考核评价和激励约束标准。除分所负责人外，质量控制负责人系由总所独立任命、常驻分所，质控负责人的注册关系放在总部所在地注册会计师协会，以保证执业独立性和客观性。如执行A类业务，总所还会抽派独立复核人前往分所，作为最终复核人。对于分所一般业务人员，如总所承接了大型业务，会在统一协调、计划调派的基础上，分所根据总所要求安排项目参与人员。

由于人员管理涉及招聘、定级、工资、福利、社保、晋升、后续教育等诸多方面，加之目前我们总所从业人员已达千余人，事无巨细均由总所包办管理，既不现实，也不利于发挥分所的管理优势和积极性、主动性。因此，有关中层以下一般员工的聘用、定级、培训、考核和奖惩等事宜，均由分所进行日常管理，并报总所备案。

2. 财务一体化管理。财务一体化是目前较难全面实行的一个环节，由于各分所实际情况有差异，加入总所时间有先后，需要较长的时间进行全面的统一管理。目前采取收入汇总、集中纳税的模式，条件成熟后，会在全所范围内将业务收支、会计核算、利益分配、资金调度等进行统一管理与集中控制，按照《暂行办法》规定，制定统一的财务政策和分配制度，对分所收入、费用纳入会计师事务所统一核算，收益按照会计师事务所统一的分配制度进行分配。

由于各地经济发展水平不同，同类业务收费标准有较大差别，同时为适应当地注协关于行业自律的要求，业务收费标准几乎无法做到全所统一，但各分所都将本地业务收费标准报至总所备案，总所在年度业务质量检查过程中，对有关收费情况也会做适当抽查，同时也明确业务收费不得低于各地注协规定的最低收费标准，禁止压价恶性竞争，维护总所品牌形象。

对于上交总所管理费的问题，目前总所在管理费方面对分所的要求不是很高，总所收到的各分所管理费均有专项用途，如：资质年检、独立复核人差旅费、工作经费、全所性管理会议或业务培训会议开支等，基本做到收支平衡，公开透明。如有超支，则在下年度适当提高管理费收取标准。

3. 业务一体化管理。业务管理主要涉及业务承接和项目执行。《暂行办法》规定：会计师事务所应当制定统一的业务管理制度，明确业务承接、执行等环节的规范要求，在全所范围内执行统一的业务风险评估和分类分级管理。会计师事务所应当根据所承接业务的性质、类别和特点，在全所范围内合理配置符合职业道德要求、具备专业胜任能力的人力资源，确保分所人力资源能够承接相应的业务。

总所制定并执行业务风险评估制度和分类分级管理制度。根据自身发展战略、服务能力和风险承受能力，设定了高风险业务项目和一般业务项目，并采用A、B、C等标识方法予以分类管理。将上市公司业务、证券期货业务、金融保险业务、涉外业务、大企业集团业务等列为A类项目管理，并在主管合伙人、项目经理和执业团队配置、质量复核、报告签发等方面作出很多严格规定。能力较弱的分所可以参与A类项目，但不能主办。具备较强执业能力的分所，可以适当放开主办资格，但均经总所明确授权并严格质量控制。此外，还规定分所不得超越授权承接业务或者独立承办明显超出其执业能力的业务项目。

制定业务管理制度时，通盘考虑会计师事务所的市场布局，统筹考虑会计师事务所总所、分所的执业特长、地域优势，合理划分总所与各分所之间的服务重点和“版图”，避免内耗，降低执业成本。

4. 技术标准一体化管理。《暂行办法》规定：会计师事务所应当制定统一的执业标准和质量控制制度，加强执业活动全过程的质量控制和风险管理，通过培训、督导和检查等方式，切实做到执业标准和质量控制制度在全所范围内得到有效执行。

会计师事务所按照国家有关法律法规和中国注册会计师职业道德准则、审计准则和执业规则的要求，制定完善会计师事务所自身的执业标准，确保内部执业标准不低于国家和行业的基本水准。总所还要求执业人员独立性申报、审核动态报备管理，并在业务质量检查中再做复核检查。

总所通过委派质量控制负责人、独立复核人和项目负责人、定期轮换复核人员、对项目进行分类分级管理、亲自审定签发高风险业务报告等方式，严格控制分所执业风险。其中：独立复核人是不可缺少的管理制度，无论总、分所执行业务，在报告出具前均需经过此道实质复核程序，独立复核人签字同意后，才能继续出具报告的流转程序。同时，总所特别加强对分所执业质量的复核和检查，定期对各分所的执业质量和管理情况进行考核和评价，对不当行为及时予以制止和纠正；对营运不佳、管理不善、质量控制不严的分所，及时予以注销。

业务签章方面，分所一律不得出具 A 类业务报告，该类业务报告的出具只能由总所完成。对于非 A 类业务，经总所授权批准，在完成规定的复核程序后，分所方可在业务报告上加盖公章。平时注意加强对分所公章使用情况的监督管理，切实防范法律和业务风险。

5. 信息一体化管理。由于地域关系，在传统模式下，难以做到总所对分所及时、有效的监控。随着信息技术的日新月异和飞速发展，使得会计师事务所利用信息系统实现总分所统一管理成为现实。

我所目前拟采用外包方式，委托软件公司定制全面管理系统，并已在全所管理会议上演示、讨论和修改。先统一总、分所已有审计软件，通过换购、新购等方式，开始启用管理系统中的外勤审计子模块，逐步增加其他信息控制模块，争取在 2～3 年内，利用 IT 技术全面实现管理一体化。

二、建立人尽其才的用人机制

注册会计师作为中介服务专业人员，具有较强的自主意识和独立的价值观，他们奋斗目标明确，有发挥自己专长、成就事业的强烈追求，既要实现自身价值，还要得到社会认同。因此，要充分尊重注册会计师的个性特点和业务特点，在事务所内形成人尽其才的机制，形成个人与事务所共同成长的良好氛围。

从我所实际情况分析，新增人才主要来源自两个方面：一类是企事业单位有志于从事注册会计师行业的财务人员，他们一般都是非执业会员，有丰富的财务实务经验，可以较快地转型适应事务所的审计、咨询工作。还有一类是刚出校门不久的大学生。他们专业理论知识掌握充实，但实际操作经验少，须花大气力在实务操作过程中锻炼提高，在实践中增长才干，为事务所发展提供后备人才。当然，原有从业人员更是事务所的宝贵人才，他们经过层层选拔，不断的提升和优化后，更易成为事务所生存与发展的中坚和核心力量。因此，围绕所内不同人员的特点建立一个人尽其才的用人机制至关重要。

1. 明确奋斗目标。我们发现业务人员从业几年后，普遍有一种迷茫的心态。他们会思考工作的意义，自身的成长和社会的认同。在这个时点上，需要有人和他们一起分享取得的成绩，分析自身存在的不足，制定出合理的职业规划和奋斗目标。我们每年都会和所有业务人员做一次面对面的分析和交流，使他们逐步清晰确定自己的合理定位，将长期目标分解成中、短期目标，形成书面材料。事务所管理层将业务人员自己制定的目标做为长期的考核参考依据，并适时的动态修正，视目标完成情况予以奖惩。

2. 建立和谐团队。事务所要做大做强的关键是内部人际和谐。从治理层面来说，我们必须创造一个和谐的执业氛围，在项目组、部门、业务团队组建的全过程都要贯彻这个核心理念。执业团队无论大小，我们基本都采用双向选择的组队方式，既保证团队领导的权威和指令下达通畅，也保证团队成员之间不存在大的人际冲突，和谐执业。在利益分配机制中侧重于执业人员的素质与能力，淡化出资人概念，把所有的出资人与会计师事务所工作的其他执业人员放在一起，严格按照素质、能力、贡献的大小进行分配，从而实现用优厚待遇和良好发展前景来稳定和吸引人才的目的。

3. 实行动态考核。在执业平台的建立过程中，中心内容就是培养执业人员对事业的归属感，提高对事务所的认同度和忠诚度。在制定事务所的发展方向、运行轨迹、制度措施的过程中，都必须充分考虑这些因素，以人为本、以事业为重，最大限度地调动人的内在潜能。同时，还坚持用榜样的力量感召人，用严格的管理规范人，用鲜明的事例警示人。我们每年在年中和年末实施两次综合考评，考评内容包括业务知识、执业水平、团队精神、协调能力、人际关系等多方面，采取全员参与、权重打分的方式，对所有业务人员进行综合测评，排名靠前的在业务分配、奖金分配、福利待遇等多方面给予激励，两次排名连续靠后的，给予警告直至劝退。对排名名次显著提升的人员，也会给予特别奖励。

4. 加强人性化管理。在加强事务所人员管理的同时，也要考虑人性化管理。由于事务所的行业特点决定了从业人员女性比例较高，女性员工结婚、怀孕、生育、哺乳与事务所工作存在着无法回避的矛盾。为了解决这部分女性员工的后顾之忧，我们除执行国家有关生育、哺乳假期福利待遇的有关规定外，还给予特殊照顾，如不再安排其外勤项目，尽量承办本地业务，在奖金分配时适当平衡，以免因工作量减少而大幅度影响个人收入等。

三、建立务实、有效的培训体系

事务所承办业务的过程中，执业人员的业务素质是至关重要的。提高执业人员的素质，必须要建立务实、有效的培训体系。由于我们现阶段承办的业务，单个项目体量较大、参与人员多，业务人员会被总体调配使用，较难采用“老带新”或“一对一”的“带徒”模式。因此，除了按规定参加各级注协举办的后续教育培训以外，建立了符合自身实际的、行之有效的内部培训体系。建立完善的培训机制可以满足员工自我发展的需求，注册会计师非常在意自己成长的环境，同时流动意愿较强，他们的工作更多的依赖知识技能和不断创新的能力。一旦不能满足优秀员工自我成长的需求，他们就会选择跳槽，而使会计师事务所陷入人才危机。因此，要把培训工作作为一个事务所对员工最好的福利，尽量地多投入一些。目前，我们有关培训方面的工作主要落实在以下几个方面：

1. 认真参加注协及总所举办的后续教育培训。基本上做到项目经理每年参加1~2次，并择优挑选不少于30%的助理人员参加培训。同时，要求所有参加外派学习的业务人员回到单位必须“返授”，既检验学习成果，也给其他同事多提供一个学习的机会，有助于解决执业人员知识结构单一的问题。

2. 自行组织短期培训。邀请有关大专院校老师、政府部门领导及总所高级合伙人就行业热点、难点问题进行专项培训。充分发挥各分所人员和资源优势，联合培训。近年已成功举办数次内部培训，参加培训的人员还包括上海、江苏、安徽等周边地区各分所业务人员及省内和我们有业务合作关系的兄弟所业务人员。由于针对性较强，此类培训效果较明显。

3. 组织项目经理以上人员相互授课。我们要求项目经理自行确定授课内容，内容多集中于实务过程需要注意的问题，或项目经理感兴趣的业务领域，上报汇总后由所领导完善培训内容和确定上课时间。授课结束后，全体人员打分评价。项目经理有了备课的压力。因此，大家普遍反映在备课的过程中收获最大。

4. 外勤督导。我们要求所有外勤业务人员每天完成一份工作日志，全天工作中碰到的疑点和问题，在晚上十点以前必须汇总到项目经理处，项目经理汇总分析后，第二天工作开始前，逐一向汇报人员解释，及时解决疑难问题，对业务助理人员水平的提升作用非常明显。由于有详细书面留底，对于某些普遍性或屡次纠正的问题，项目经理可以集中解决，将日常培训落实于外勤督导的过程中。

我们在培训内容方面还有进一步的想法，未来会在财务、税收咨询和企业内部控制方面有所加强。注册会计师行业发展到现阶段，原来的传统业务主要客户已经被不同规模的会计师事务所瓜分或控制，如果没有特殊事项，客户流动性比较低。要使会计师事务所进一步做大做强，应着眼于整个经济大环境的变化所带来的新的服务领域，如，财务状况调查、市场环境评估以及管理咨询业务的需求。那些较早进入这些领域并在其中确立专业声誉的会计师事务所，就是下一次注册会计师行业发展的主要受益者。因此，我们要有前瞻意识，在这方面多投入时间和精力，做好知识储备和人才储备，使事务所专业人才业务能力和事务所提供服务的社会价值都能得到更大的提升。

点　评

近年来，我国的社会中介机构发展进入了一个新阶段，会计师事务所以重组或延伸建立分所的方式再造，通过兼并联合实现做大做强的成功案例比比皆是。重组和整合既是我国注册会计师行业发展的内在要求，也是会计师事务所做大做强的必由之路。国办 56 号文件的出台，为我国注册会计师行业的发展，为事务所做大做强和“走出去”提供了政策保障，也提供了新的行业发展机遇。合并只是做大做强的机械性整合，而重组后企业文化、发展理念和战略目标的认同是实现做强的关键。中磊会计师事务所有限公司浙江分所借鉴现代企业公司治理结构方面的经验，总、分所明确统一的品牌与发展战略，以人事、财务、业务、技术标准和信息管理的“五统一”为前提和基础，打造人尽其才的用人机制，并建立了务实、有效的培训体系。中磊会计师事务所浙江分所作为中介服务机构，肩负着社会责任，同时也受到社会的关注与支持，事务所以优良的服务、高水平的专业能力及应有的付出回报社会，努力协助政府职能的实现，为建立一个和谐社会作出应有的贡献。中磊会计师事务所浙江分所在统一目标基础上实现了决策、执业和监督的相互独立，创新了体制，整合了人才，共享了资源，增强了发展后劲，聚集了可持续发展的能量。

内部决策与管理制度建立和完善的一些做法

湖州冠民会计师事务所

建立健全事务所内部决策和管理机制，是提高事务所风险管理、质量控制能力，规范执业行为，提升事务所做大做强的微观基础，是建设事务所文化内在需要。根据《会计师事务所内部治理指南》（会协［2007］34 号）要求，完善事务所的内部治理机制的关键是建立以合伙协议为核心的各项内部决策和管理制度。

建立和完善内部决策与管理制度的着眼点在于解决事务所相关利益各方的权力与利益的分配问题，其目标是建立以“人合”为基础，尊重注册会计师的智力劳动和专业价值，发挥专业和知识在事务所内部决策和管理中的主导作用，以增进内部和谐为重点，合理规范和有效协调事务所合伙人之间、合伙人与注册会计师和员工之间以及其他各相关方面的关系，充分发挥事务所各层次管理机构的职能作用，保障事务所及各利益相关者的合法权益；建立以合伙文化为导向，树立“人合、事合、心合、志合”的事务所治理理念，形成诚信、合作、平等、协商的事务所合伙文化。本所一直以来非常重视该项工作，通过召开合伙人会议，分析事务所的现状，客观评价事务所的优势和存在的差距与不足。全体合伙人认为，建立健全事务所内部决策和管理机制已是迫在眉睫，通过建立健全事务所内部决策和管理机制，完善事务所各项规章制度，营造独特的事务所文化是事务所化解风险，提高综合竞争力，立于不败之地的必经之路。

一、事务所概况

湖州冠民会计师事务所是一家合伙会计师事务所。现有专职从业人员 35 人，其中注册会计师 7 人，注册资产评估师 8 人，建设工程造价师 6 人，高级专业技术职称 7 人，主要合伙人有从事独立审计、咨询工作 10 年以上的经历，事务所合伙人也是本市注册会计师和资产评估行业的开创者之一。事务所从多元化发展考虑先后组建了关联机构：资产评估事务所、房地产评估机构、工程造价咨询机构、招标代理机构、企业登记代理中心（中小企业秘书服务）等。主要业务范围：审计、验资、资产评估、房地产评估、工程造价咨询、工程招标及政府采购代理、绩效评价、税务咨询、管理咨询、其他会计咨询与服务等。

事务所成立之初，职员平均年龄不到30岁，注册会计师不多，全所人员只有8人，规模小、业务单一、竞争力低下；事务所内部管理不规范，主要以人治为主，命令、直接参与的经验管理为主，不重视分工与协作，业务质量控制流于形式，没有充分认识到企业文化建设是现代企业管理的一项核心内容，在人力资源开发与管理、组织风气与组织成员行为、组织道德与组织公共关系、组织环境与组织成员教育等方面，没有及时进行分析、投入，一切以业务为重。因此，事务所没有形成核心价值观，目标与愿景、管理与经营理念模糊不清晰，管理制度不完善，决策与执行不相一致，从而造成多年无法形成强大的组织价值观和凝聚力，事务所核心竞争力长期未形成。

二、事务所内部决策和管理机制建立和完善情况

组织文化是组织长期的生存与发展过程中形成的，为组织多数成员所共同遵循的最高目标、基本理念、价值标准和行为规范。它是理念文化、制度文化和物质形态文化的复合体。组织文化的结构划分为三个层次，即理念层、制度行为层、符号层。组织文化的三个层次是紧密联系的，符号层是组织文化的外在表现和载体，是制度行为层和理念层的物质基础；制度行为层则约束和规范符号层及理念层的建设，没有严格的规章制度，组织文化建设无从谈起；理念层是形成符号层和制度行为层的思想基础，是组织文化的核心和灵魂。因此，事务所内部决策和管理机制应当属于企业文化的范畴，属于制度行为文化的内容。建立和完善内部决策和管理机制是事务所企业文化及内部管理建设的一场变革。

信息时代的事务所管理已从经验管理和科学管理进化到文化管理。根据浙江省注册会计师协会《关于会计师事务所、资产评估机构进一步加强内部治理建设若干问题的意见》（浙注协［2007］96号）要求，从2007年四季度起，事务所的内部决策和管理机制建立和完善是在建设整体事务所文化为目标的框架下展开的，以《会计师事务所内部治理指南》为依据，以完善事务所合伙协议为核心基础，以规范执业行为、提高执业质量为根本，以贯彻新的劳动合同法为契机，在充分传达事务所理念、立足事务所实际需要、由主

及次分类制定、相互兼顾整体协调和刚柔相济、宽严适度、条理清楚、简明实用的原则下进行的。

（一）构建领导体制

1. 构建内部领导体制。领导体制的作用主要是从思想、组织、氛围上为事务所内部决策和管理机制的变革进行铺垫。具体说就是在思想上吹响内部决策和管理机制变革的冲锋号，在组织上建立内部决策和管理机制变革的团队，同时在事务所中营造一个适合内部决策和管理机制变革的氛围。建立强有力的领导体制，通过广泛的宣传和有效的培训，让事务所内部的所有成员认识到变革的来临，引发组织成员的思考，使内部决策和管理机制的变革顺利进行。

事务所员工只有通过学习新的内部决策和管理机制政策，了解新的方案的内容和实施步骤，才能理解事务所内部决策和管理机制建立的必要性与重要性，摆正自己在内部决策和管理机制变革中的位置，从而接受、支持和参与这场变革，而作为变革的发起者，最主要的工作就是要组建内部决策和管理机制变革的团队。

组建领导团队尤为重要。因此，我们及时建立了内部决策和管理机制变革的领导小组：

（1）领导小组成员：由事务所合伙人、行政管理部负责人、职员代表组成，组长由主任会计师担任。

（2）领导小组职责：计划、指挥、组织和协调人、才、物、时间、信息等资源，对内部决策和管理机制的建立和完善进行了全员、全方位、全过程的领导和管理。

内部决策和管理机制建立和完善是一个长期渐进、动态完善的过程，领导小组作为一个决策和协调机构，无法承担其全部具体实施责任。由于事务所规模小，常设执行机构困难大。随着工作的进一步深入，拟设立一个“事务所文化中心”或“事务所文化部”。

内部决策和管理机制的建立和完善涉及到事务所的各个方面，没有其他职能部门和各直线部门的参与配合是无法实施的。因此在领导小组的统一指挥下，由事务所行政管理部牵头，行政、后勤、人事、财务、各业务部、其他机构密切配合、分工合作。只有充分调动各部门的力量和积极性，明确分工与合作，才能实现内部决策和管理机制变革的目标，营造事务所文化的氛围，达到“随风潜入夜，润物细无声”的境界。

2. 传递危机感，保证时间实施。内部决策和管理机制的建立和完善要善于发现、利用甚至创造危机状态，使事务所接近系统演变的临界点，在该点上对原有内部管理制度进行实施变革。具体我们采取了“走出去，请进来”的方法。如到事务所文化建设做的较好的单位去参观，派职员参加各类有关事务所文化建设的讲座和报告会。组织职员座谈，分析事务所处的环境和金融危机带来的经营困难，到先进文化客户单位访问，请企业家宣讲，让职员直接感受到事务所面临的危机。

内部决策和管理机制的建立和完善过程中，领导团队面临最大的问题是时间投入。在整个阶段团队需要做许多工作，消耗大量的时间和精力。尤其在初始时期，尚未建立起一个有效的变革领导团队，这时领导小组成员要完成大量工作，特别是事务所负责人的激发模仿作用非常重要。因为，事务所负责人是职员心中的偶像、自愿模仿的对象。身教胜于言教，作为事务所文化的倡导者，他的一言一行每时每刻都起着暗示和榜样作用。“耳听为虚，眼见为实”，这对于个体观点的改变是极其重要的。

（二）组织支持

1. 建立必要的传播媒介。内部决策和管理机制的建立和完善，除了建立领导体制外，还必须利用可能的媒介，建立起必要的文化传播网络。通过网络把内部决策和管理机制的各项要素传达到全体职员，辐射到整个事务所。

经过分析，从事务所实际出发建立了以下传播网络：

（1）建立事务所网站、内部网和内部 QQ 群加强宣传，传达信息；

（2）利用内部信息资料和事务所俱乐部期刊在事务所内部营造良好的变革氛围；

（3）集中事务所文化精髓，编制《职员守则》，分发给每一位职员，作为职员日常学习并实施事务所文化的依据；

（4）利用一些特殊的节日或庆典，组织有目的的活动进行系统地宣传，如每两年安排全体职员旅游，每年组织一次就近团队活动，每年全体职员相聚吃年夜饭，积极参加文体活动和省、市注协的征文比赛、演讲比赛等。

2. 给予必要的资金保障。内部决策和管理机制的建立和完善涉及面广、周期长，需要事务所领导和职员进行长期的努力。为了顺利开展工作，事务所要专门安排一定资金保证内部决策和管理机制的顺利变革。

具体的财务预算由如下组成：

（1）宣传费用；

（2）文化活动费；

（3）培训费用；

（4）部门建设费用。

3. 营造变革的氛围。在内部决策和管理机制变革过程中，首先要营造一种适于变革的氛围。如果一个事务所长期以来畏惧变化，害怕新鲜事物，那么内部决策和管理机制的变革的阻力就很大。因此，要在事务所中达成协议形成共识，就是要鼓励变革，不但允许犯错误，而且要允许有足够的时间来改正。

营造这种变革的氛围，我们从以下环节入手：

（1）营造创新氛围。完善原有的激励机制，以一种积极的心态对待创新尝试和创新失败。对于职员创新以鼓励为主，不过多地批评。有意识地把职员的创新热情，从业务技术、开拓业务创新引向组织创新、文化创新、制度创新和管理创新，从而自然产生内动力。如我们在充分调查研究的基础上，结合事务所实际从 2008 年金融危机发生后逆势而上，每年对全体职员的基本工资进行调整，平均调高达 30%，通过年度“三考”，对在创新工作中成绩突出符合条件的职员连续两年及时进行职级晋升。选择业务竞争相对面向市场的部门负责人实行工作目标责任制，执行三年来取得了很好效果。对项目小组的选派不拘泥于传统习惯，实行年度自由遴选制，组成较为灵活的项目小组，从而建立个性化的项目团队，有利于业务工作在团结、协作、有序的氛围内开展，提高了工作效率。

（2）营造民主气氛。完善合理化建议制度，鼓励职员对制度变革的具体问题提出意见和建议。领导层虚心听取职员的意见，广纳良言、诤言，对职员提出的问题及时沟通处理，及时反馈，从而营造出公开、坦诚的民主氛围，这对提高企业文化的认同度十分有益。近几年来事务所的各项制度的制订都是按照调查、测评、分析、汇总、反馈、公示、修改、定稿、公布等程序进行的。

（3）营造自我学习氛围。提倡学习风气，鼓励职员主动学习，不断提高职业素养。为不同层面的职员提供机会和条件，如制订《培训制度》，对职工报名参加执业资格的考试培训班，全部科目通过后每门科目考试考培费用报销一次。设立奖学金和助学金制度，激发职员的学习热情。

（4）营造竞争气氛。引入竞争机制，打破职员平均主义思想和老好人思想。领导者树立变革的信心和决心：一方面，加强自身修养，带头转变观念和遵守行为规范；另一方面，对违反企业价值观和规章制度的不良行为给予坚决处罚。在全体职员面前展示领导者对制度变革的决心，树立优胜劣汰的思想。及时修订了《职员薪酬制度》，制订了《职员守则》和《劳动纪律制度》等。

（三）人员保证

1. 人事政策。事务所的职员甄选和晋升制度会影响事务所整个文化的变革。职员与事务所的结合，往往是一种价值观的相互认可。当他们习惯了事务所已有的环境，就会反对任何破坏这种平衡的力量。事务所在选拔管理者时，要选择那些能够继承现有文化的人。通过内部决策和管理机制变革增强了事务所的稳定性，减少了不确定性。当然，同时也强化了旧制度的顽固性，增强了变革的难度。要想保证事务所特有的先进文化的连续性，就要选择认同事务所文化的接班人。所以要对内部决策和管理机制变革就得从组织层面和人员层面入手。

通过制订《聘用制度》，明确了事务所需要配置变革型的优秀人才，其次调整了对人才的考核、选拔机制。近几年来招聘了德才兼备的职员，对率先示范、以身作则的职员进行了提拔。在管理者的选拔上，建立公平竞争、择优录用的原则，通过科学选拔程序，满足职员自我实现的愿望，创造出一种奋发向上氛围。对那些丧失以“所”为家的主人翁精神、艰苦奋斗的创业精神、勇于进取的拼搏精神、尊重事实的求实精神、团结一致的协作精神的合伙人给予警告，直至劝其退伙。

2. 统一认识。内部决策和管理机制变革的实施中碰到了两个问题：没有足够的同盟者和无法与职员达成共识。在修订《薪酬制度》等与职员密切相关的制度时更是冲突明显。我们首先从领导者找原因，发现我们的领导者存在三个方面问题：一是以为自己一呼百应，不需要别人的帮助；二是受传统思想的影响，认为内部决策和管理机制变革是高层的变革，普通职员根本不懂；三是我们在宣传上投入还是不足。另外，职员也有在认识上不到位的情况，主要是对新制度心存疑虑和只喜欢听自己要听的东西（选择性信息加工）。这样，可能导致内部决策和管理机制变革阻力重重，领导者倍感挫折。

为使职员达成统一的思想认识，我们在实施前精心做好筹划，在实施中积极寻求合作伙伴，不断扩大变革团队，充分认识内部决策和管理机制变革的难度，要进一步加大对职员的培训力度，特别是领导者要带头遵守价值观和各项行为规范，以自己的实际行动来推动全所职员价值观的群体化进程，与更多的职员形成共识，争取更多的志同道合者。

3. 全员培训。建立和完善内部决策和管理机制各项工作的落实需要职员的认同和配合。由于职员受到惯性思维、传统情结和既得利益的影响，不会主动去接纳新的文化。因此，统一培训和宣讲是非常重要的，通过培训和言传身教让职员真正理解新文化和新制度，发自内心地拥护内部决策和管理机制变革。我们在实际工作中主要采取了领导层讨论和学习制度，形成统一意志。对职员进行培训并进行内部讨论。主要方式有专家老师授课、中层宣讲、职员自学、小组讨论以及到优秀事务所和客户单位参观访问等，以达到大家心领神会，内化为个人的理念，外显为事务所预期的行为。

（四）内部决策和管理机制建设的计划

内部决策和管理机制变革要有组织地实施，每一阶段都需要调控，因此，计划性的强弱是事务所内部决策和管理机制建设的关键。计划的目的是为了少走不必要的弯路，克服盲目性。我们在实施主要流程是：

1. 明确实施流程。

（1）事务所制度诊断；

（2）制度设计；

（3）制度导入；

（4）制度变革；

（5）评估反思；

（6）深化。

2. 确定实施原则。明确四大原则：系统性原则，辩证性原则、团队领导原则、全员参与原则。

3. 力求兼顾长短期。

（五）建立考核与评估和激励机制

一是考核、考评制度化；二是制定严格的奖惩制度（与考核制度衔接、建立年度资金，表彰先进分子、设立特殊荣誉称号，鼓励先进集体和个人、保持奖惩的持续性），适时奖励，树立典型。

三年来，事务所按上述原则和要求，分批制（修）订了《事务所合伙人协议》、《职员守则》、《考评、考核暂行办法》、《职员职级表》、《事务所业务质量控制规范》、《业务档案管理制度》、《业务收费管理规定》、《印章管理制度》、《财务制度》、《职员考勤制度》、《职员薪酬制度》、《劳动合同（范本）》、《职工劳动保护制度》、《社会保险和福利制度》、《劳动纪律制度》、《商业秘密保护制度》、《培训制度》、《聘用制度》等三十余个制度文件，并汇编了《职员手册》。我们预计，再花一年时间进行培育、挖潜，基本建立事务所文化框架，为未来的事务所文化变革打下扎实的基础。

点 评

湖州冠民会计师事务所，近些年在建立健全事务所内部决策和管理机制，着力提高风险管理、质量控制和规范执业行为等方面做了一些积极有益的探索。该所以建立合伙文化为导向，树立“人合、事合、心合、志合”的事务所治理理念，本着“人合”为基础、“事合”为目标、“心合、志合”为愿景，尊重和发挥每个员工在事务所内部决策和管理中的主导作用。该所自省注协《关于会计师事务所 资产评估机构进一步加强内部治理建设若干问题的意见》（浙注协［2007］96 号）下发后，以《会计师事务所内部治理指南》为依据，大力推进内部决策与管理制度建立和完善，在具体的推进中以建设整体事务所文化为目标的框架下展开。本文从构建领导体制、健全组织保障、人员要素支撑和决策管理机制等方面进行阐述。构建内部领导体制就是建立强有力的领导体制，使内部决策和管理机制顺利推进；健全组织保障，通过建立事务所网站等活动加强宣传，信息传递，同时给予细化资金保障，给予财力支撑，人员要素支撑，制定好用人进人制度，完善激励机制；决策和管理机制方面，通过实施流程操作，做到环环衔接。本文介绍了该所的一些基本做法，大都是看得见摸得着的事，该所的做法在当前各事务所推进内部决策与管理制度建立和完善中具有一定的借鉴作用。

加强内部治理机制建设，促进事务所稳定健康发展

绍兴天源会计师事务所

绍兴天源会计师事务所是由绍兴会计师事务所于1999年脱钩改制后设立的，与绍兴天源资产评估有限责任公司合署办公，2001年与绍兴天鹰税务师事务所实行重组，是当时绍兴地区规模较大、实力较强、执业资质较全的经济鉴证类社会中介机构。但由于改制时的突出矛盾及重组整合中新出现的一些问题没有得到及时、妥善解决，在一定时期内，事务所在发展过程中走了一段弯路。在内因和外因的双重影响下，事务所业绩下降，骨干人员流失，给事务所的生存和发展带来了一定的困难。面对这一严峻局面，从2004年开始，事务所从规范、完善内部治理机制入手，通过引进人才，实行内部重组，改进分配机制，稳定业务骨干，重塑专业形象，加大业务管理等措施，稳定了员工队伍，控制了业绩下跌，提高了执业质量，使事务所逐步走上了持续、良性发展的轨道。2005年，事务所各类业务收入较上年增长了35%，创历史新高。此后逐年稳步增长，为以后的进一步发展壮大奠定了扎实的基础。

事务所改制后10多年来的不平凡历程，充分证明了良好的内部治理是事务所稳定发展的基础。现将2004年以来本所在内部治理机制建设方面所做的工作及体会作简要介绍。

一、相对稳定及合理的股权结构，是事务所持续发展的制度保证

针对原来的股权过于分散、主要股权不集中及离所人员股权空置的状况，事务所对股权结构作出了重大调整：一是合理提高了主任会计师的持股比例；二是适当提高具有相应执业资格的股东的持股比例；三是将原来未作股东的具有相应执业资格人员增补为股东并给予相应的持股比例；四是预留部分股权（由主任会计师暂时持有）以备引进人才。这样做的好处是从法律层面上稳固了事务所的权力结构，避免了原先由于股权过于分散而引发的矛盾问题，同时也提高了注册会计师等业务骨干的主人翁地位，从制度上确保事务所权

力的相对集中及稳固，为事务所的生存发展创造安定的内部环境。

股权结构是内部治理的根本渊源。在调整股权结构的同时，根据新的股东会决议，事务所改组了董事会，董事会又任命了新的管理层。与事务所合署办公的资产评估公司、工程管理咨询公司、税务师事务所统一在同一个董事会领导下开展工作，统一执业网络、统一质量控制、统一人力资源管理、统一财务制度。这一管理架构最大限度地实现了各执业机构的内部同一性，又展现了对外的相对独立性，我们认为这是目前体制环境下比较好的治理机制。

二、保证股东知情权，是事务所和谐发展的有效措施

事务所出现的许多矛盾，是由于信息交流渠道不畅引起的，尤其是股东知情权落不到实处时。保证股东知情权不但是股东的应得权利，也是化解矛盾的有效措施。鉴于此，事务所除了按照章程来保证股东知情权外，还将股东知情权适当扩大到了广大员工。比如事务所每年召开的股东大会，均邀请全部非股东员工列席，董事会会议均邀请非董事部门经理、副经理列席，而且规定列席人员除没有表决权外其他权利与参会人员同等。因此，从这一角度来看，事务所的权力运作基本处于所内公开化的状态，从制度上排除了暗箱操作的可能性和嫌疑。最大限度地公开事务所的运作，有利于保护股东和员工的知情权，也有利于信息的上传下达，及时化解各类矛盾，更有利于调动全体员工的积极性。

股东及全体员工知情权的落实过程，不是信息的单向流动，而是双向、多向交流。决策者可以借此获得更多的信息，使决策更加民主化、科学化，并使决策意图得到更好的贯彻；股东、员工可以借此反映各种信息、意见、建议，参与、了解决策，加深决策的认同。信息是生产力，只有不断地交流、共享，才能使信息成为促进事务所和谐发展的现实的生产力。

三、合理的利益分配，是事务所稳定发展的内在动力

利益分配关乎员工的切身利益，也是员工激励的首要方法。为此，事务所参考同行业行之有效的员工考核办法，结合本所的实际情况，合理稳妥地修订了员工考核办法，彻底改变了原有近似大锅饭的分配制度。分配办法的原则是按绩分配为主，按资分配为辅；风险效益薪金为主，底薪为辅；员工对自己的收益看得见，算得出，拿得到，变单位考核为自己考核。办法主要集中于业绩考核，分为底薪和风险效益薪金两部分。底薪按执业资格、专业

职称、文化程度等因素确定；风险效益薪金，所领导与其管理的业务部门效益挂钩，内勤人员按业务部门平均水平的相应比例考核，其他员工均列入业务部门考核。事务所只对业务部门及部门经理进行考核，各业务部门自行考核部内员工。因为考核办法是通过股东大会（职工大会）表决的，考核结果是公开的，所以几年来从未发生因考核问题而引起大的矛盾。

事实上，员工考核是最容易激发矛盾的，以往的年底考核，很少有风平浪静、心平气和的时候。有与同事计较而面红耳赤的，有找部门经理讨说公道的，甚至有找所领导反映冤屈而要求补助的。自从新的考核办法实施后，那种吵吵闹闹的考核场面已经一去不复返了，因为新办法是全体员工参与制定的，是透明的，是比较合理的，是符合实际的，是易于操作的，考核结果是可以预知的。好的考核办法，消弭了矛盾，又使事务所更为稳定团结。

另一方面，在利益分配过程中深化按绩效分配理念，淡化按出资分配模式。股东出资主要体现在参与事务所管理决策层面上，而在利益分配上只体现象征性参与股利分配的形式层面上。股东年终分红比例不超过注册资本的20%。

通过重业绩轻出资的分配模式，彻底消除了股东与非股东员工之间的利益分配矛盾，较好地激发了员工的工作热情。由重考核转为重业绩，自然有利于事务所的发展。

四、团结协调的管理团队，是事务所不断发展的核心力量

事务所能否和谐、稳定、健康地发展，一个坚强、团结的管理团队是十分关键的。事务所管理团队成员特别是领头人应当具有良好的职业道德和诚信记录，严谨的工作作风和从业精神，较强的领导能力和专业水平，淡化的利益观念和博大胸怀，做到体恤下情，关心员工，敬业勤业，身体力行。使事务所上下一心一意，领导与员工很少计较个人得失，为事务所的发展而共同努力。多年来，事务所领导之间、董事之间、所领导与员工之间、董事与股东之间、股东与员工之间很少发生除工作之外的不同意见和矛盾。可以说，事务所管理团队在事务所内部是具有较强影响力和感召力的。

五、加强业务风险管理，是事务所生存发展的根本基石

业务质量是事务所的生命线。事务所制定了业务质量控制制度，并力求严格按照该制度控制业务质量。大中型项目统一由事务所承接，小型项目实行员工个人接洽、业务部门承接、分管领导监管的办法。质量控制的首要责任人是项目经理及业务部门经理。按制度必须实施项目质量控制复核程序的，

送交专门的项目质量控制复核部门复核，后报业务分管领导审核签发。凡项目质量控制复核过程中出现意见分歧的，必须组织讨论及咨询，没有解决意见分歧前，不得出具报告。所领导、业务部门经理通过言传身教发挥示范作用，使全体员工树立质量至上意识。在业务质量控制方面，事务所的方针是宁可少做几个项目，也不无原则出具报告；宁可少赚几个钱，也不做金钱的奴隶。

业务质量控制的关键是事前控制，即承接业务时的风险评估，这是杜绝虚假审计报告的不二法门。只有断然拒绝客户有不合理要求、工作范围受到严格限制或者事务所无法胜任的业务，才能从源头上控制执业风险。这就要求事务所的管理层借助各种途径，不厌其烦地对全体员工强化遵守职业道德规范重要性的示范、教育，务必使全体员工始终拉紧业务质量及风险这根弦。事前风险控制的有效方法是了解业务的真实目的，也就是业务报告的用途，再根据不同的用途去评估业务风险，从而决定是否承接业务。经验表明，报告用途与业务风险是息息相关的，比如，事务所承接的年报审计，可分为工商年检、融资及其他用途。根据风险评估经验和工作实践，融资引起的审计业务风险最大，面对的会计资料的可信度最差，客户的不合理要求也最多。因此，必须重点监控、谨慎承接融资目的的审计业务，一旦发现问题就拒绝或终止业务。事实上，事务所很少承接融资目的的审计业务，就是要将高风险业务拒之门外。积极引导事务所员工牢固树立坚决不出具虚假审计报告的风险理念是事务所业务风险控制的主导方向。故而事务所至今未出现民事纠纷、诉讼等问题。

六、营造和谐的文化氛围，是事务所健康发展的重要条件

和谐的文化氛围是事务所健康发展的助推剂，也是事务所发展的方向。事务所通过行政、党支部、工会组织努力为全体员工营造和谐的文化氛围：一是营造宽松的工作环境，事务所员工都能做到互帮、互学、互助、互信。二是搞好员工的福利待遇，每年安排旅游，送生日蛋糕，慰问生病员工，每个节日发放福利费用，及时发放高温补贴，并从制度上予以保证，以培养广大员工的感恩之心。三是倡导积极的事务所文化建设，开展丰富多彩的文艺表演，联欢活动，采用吃年夜饭、抽欢乐奖、给每个员工年终发红包等方式，使广大员工欢聚一堂，体验事务所大家庭的温暖。四是所领导经常与员工谈心交流深入了解员工思想、生活和工作情况，为员工排忧解难，并将这种谈心交流融入于日常工作生活之中，切实与员工打成一片。五是增加员工的职业培训投入，包括内部培训和后续教育培训，为员工提供多种学习机会，使其不断进步。积极鼓励员工参与高层次培训，学历教育和执业资格考试。对

成绩合格者予以重奖。六是公平分配机制，合理分配利益。所领导及董事会成员从不搞分配的特殊化、利益的特殊化和生活的特殊化。七是管理层带头垂范，讲诚信、重协商、谋合作，相互信任，相互包容，引导事务所形成积极向上的文化氛围。八是鼓励员工对事务所提合理化建议，积极参与事务所的各类事务，激发员工的自尊心、责任感、成就欲。事务所员工有什么想法、意见、建议，可以直接与所领导进行沟通交流。对合理的、有利于事务所发展的意见建议及时采纳并布置落实。

上述措施，旨在倡导包括诚信、民主、尊重、平等、合作、包容、协商等在内的合作文化要素，培育"人合、事合、心合、志合"的事务所合作文化，为事务所输入健康的文化血液。

七、积极开展争先创优活动，是事务所良性发展的政治基础

事务所自脱钩改制后，如何加强党的建设，确保每个党员时时都在组织大家庭当中，是每个党员面临的重要选择。事务所主动与上级党组织沟通联系。事务所成立了党支部，事务所董事长兼任支部书记，现有党员14名，形成了坚强的战斗堡垒。在创先争优活动中，广大党员充分发挥先锋模范作用。积极培养业务骨干为入党后备力量。开展争创党员先锋岗位活动，成效明显。支部制定出台了"廉政建设管理制度"，对所有从业人员特别是党员同志实行廉政一票否决制。由于教育得当，制度得力，事务所党员和其他从业人员在廉政建设上从未出现过问题。

因具有良好的信誉和较高的知名度，2004年9月，事务所被确定为浙江省中小企业局重点联系的100家社会中介机构之一。2007年被绍兴市工商局评定为免检企业，浙江省工商企业信用等级AAA级企业，2007年度被评选为绍兴市"诚信企业"，2008年度被评选为浙江省"诚信企业"。2007年1月，资产评估有限责任公司被绍兴市规范发展社会中介组织工作领导小组评选为十佳诚信中介机构。工程管理咨询有限公司连续几年被评为绍兴市先进工程咨询单位。

自2004年以来，由于事务所狠抓内部治理机制建设，使事务所走出了困境，效果是明显的。但内部治理机制还有许多地方亟需提升、完善。事务所决心进一步认真学习领会国务院办公厅转发的财政部《关于加快发展我国注册会计师行业的若干意见》（国办发［2009］56号）的精神，克服满足于现状、小富即安的心态，继续改进、强化内部治理，找准事务所的行业定位，努力创出一条持续、健康、快速发展的新路子。

点　评

绍兴天源会计师事务所是由绍兴会计师事务所于1999年脱钩改制后设立的，与脱钩改制后设立的绍兴天源资产评估公司合署办公，2001年与绍兴天鹰税务师事务所实行重组，是当时绍兴地区规模较大、实力较强、执业资质较全的经济鉴证类社会中介机构。但在重组后的一定时期内，事务所的发展遇到了一点问题，从而意识到内部治理的重要性，该所从2004年起通过引进人才，实行内部重组，改进分配机制，稳定业务骨干，重塑专业形象，加大业务管理等措施，稳定员工队伍，提高执业质量，逐年稳步增长业绩，使事务所逐步走上了持续、良性发展的轨道。目前，绍兴天源会计师事务所在绍兴地区属于有一定规模的事务所，拥有35名执业人员，其中注册会计师24名，注册评估师11名，2010年实现年收入7593419.30元。

该所通过制定一个相对稳定及合理的股权结构，从制度上确保事务所权利的相对集中与稳定，为事务所的生存发展创造了安定的内部环境，这一管理架构最大限度地实现了各执业机构的内部同一性，又体现了对外的相对独立性。事务所一方面通过加强团队建设，使内部形成合力；另一方面加强业务风险管理，保证事务所业务健康稳定发展。同时，事务所通过营造宽松的工作环境、提高员工的福利待遇、加强领导与员工之间的交流、加大对员工的职业培训等一系列措施引导事务所形成积极、和谐的文化氛围。事务所注重所内党的建设，开展了各式各样的活动，充分调动了事务所内一切积极因素，为自身的发展注入了活力！也为促进地方经济健康、稳定、快速发展作出了贡献！

抓内部治理机制，促企业和谐发展

浙江中兴会计师事务所

浙江中兴会计师事务所（以下简称中兴所）于2000年从绍兴县审计局脱钩改制而成立，事务所由原来20人的小所，经过十一年的努力，十一年的磨练，自2008年以来，连续3年被评为全国百强所，从94位，88位，到今年的70位。中兴所在这几年进步较大，发展较快，社会知名度也有了很大的提高，这些成绩的取得在一定程度上得益于良好的内部治理机制。历年来中兴所积极按照省、市注协的有关要求，围绕以人为本的宗旨开展内部治理，建立了各项规章制度，努力做到制度符合实际，执行高效透明，用制度保障员工的利益，用制度维护事务所的和谐发展。目前中兴所形成了一个管理层团结一致，员工立足本职，奋发向上，各尽所能，各尽其职的良好的工作氛围。借此机会简单地介绍一下中兴所在内部治理上的几点做法。

一、抓业务发展机制，促企业多元化发展

随着经济的迅猛发展，信息技术的不断进步，企业的规模都在朝着做强做大的趋势发展，市场竞争的激烈不言而喻，会计师事务所在这样的经济大潮中，墨守成规势必跟不上时代的步伐。同时现在的审计服务市场已经处于一定的饱和状态，每年法定的审计业务面临着激烈的竞争，事务所要想生存就势必需要适应市场需求，谋求多元化发展的路径。

自中兴所成立以来，随着公司的发展和客户需求的提高，中兴所先后成立了浙江中兴工程项目管理有限公司、绍兴中兴税务师事务所有限公司。前些年因绍兴会计培训部门较少，而每年的会计教育培训人员众多，中兴所看到了市场的需求，也看到了自身的专业优势，开始创办与行业相关的企业——绍兴中兴财经培训中心。近年来培训中心经营状况良好，发展势头相当不错。后来公司又相继成立了绍兴中兴拍卖有限公司、绍兴中兴统计事务所有限公司。这些公司的成立不仅实现了创收，提升了“中兴”品牌的知名

度，同时也降低了经营风险，在公司多元化经营的管理模式下，各关联企业分块不分家，现已形成了专业化和多元化相辅相成，共同提高，共同发展的良好局面。中兴所一直认为只有在经济发展进程中，认真探索，积极抓住机遇，勇于扩展新业务领域，勇于推进多元化经营，勇于加强事务所品牌建设，才能使中兴所在经济社会发展中立于不败之地。

二、抓人本管理机制，促企业和谐氛围

（一）注重发挥情感因素，创建民主管理环境

事务所的一切经营活动都是人所从事的，而人又是有感情的。中兴所注重在员工管理中融入感情因素，用感情的投资去感化他们，用真诚去理解他们，充分挖掘员工身上蕴藏的巨大潜能，调动其工作热情。鼓励员工大胆积极献计献策，参与决策，实行民主管理，把自己的个人目标融于企业的发展目标之中，实现自身价值和自我管理，从而发挥自身的最大效能。

一直以来中兴所各项制度制定的过程采用公开、透明的方式，一直以“员工认同、员工参与、员工分享”为制度制定的宗旨。在制度建设过程中，中兴所充分发挥民主决策、民主管理、民主监督的作用，广泛征求员工意见，确保制度的科学性。制度出台后，明确责任，狠抓落实，注重制度执行情况的跟踪，确保制度发挥实效。如员工手册、薪酬、福利、劳动合同、职别、考核、晋升、奖惩等制度的制定，均采用网络调查、问卷调查、工会参与、专门委员会讨论等方式征求意见。这样的方式既使员工了解事务所的运行模式，又使员工对自身的发展有了一个明确的方向和定位。

（二）培育优良的企业文化，树立统一的价值观

良好的企业文化是管理理念、价值观与行动模式的积淀，是承载传统文化精髓、汲取现代管理理念的结晶，对于知识密集型的会计师事务所来说，更是如此。只有把企业文化建设搞起来了，才能真正实现规模化和可持续发展，才有恒久的活力，中兴所注重将企业文化融入事务所制度中，通过科学化、系统化的制度体现企业文化内涵。

针对事务所的特殊性，中兴所首先建立了全方位、全过程的诚信理念，把诚信建设作为中兴所企业文化建设的重中之重，中兴所致力于将诚信理念渗透到事务所的每个工作环节和扎根到每个员工的心中。其次，是建立以敬业进取、团队精神、不断学习、忠诚法则等为内容的员工精神方面的企业文

化。将“中兴为我，我为中兴”的理念根植到每位员工身上。在全所形成立足本职，奋发向上，实现个人和事务所的共赢，同时将这一良好的精神风貌展现给客户，为客户提供高质高效的服务。

企业文化是企业发展的内在动力，是企业发展的助推器和融合器，中兴所将积极加强企业文化建设，将中兴“外树品牌，内强素质，专业化立所，多元化发展”的经营理念融入到企业文化中。

（三）以员工为本，为员工谋利

1. 企业净利，员工共享。事务所的特点决定着事务所的股东同时也是事务所的员工。因此，如何平衡股东与其他员工的收入水平，是一个比较困难的事情，处理得不好，很容易使股东和其他员工形成对立，从而影响股东或其他员工的工作积极性，甚者影响到事务所的稳定和发展。为解决这 利益分配问题，中兴所制定制度，在股利分配中既考虑按资分配，又充分考虑到事务所是“人合”机构，事务所创造的价值，不仅仅是股东的，更是由全体员工的智力、劳力所创造的，为真正实现“人合”，淡化“资合”，我所实施了股东按“资”分红和全体员工按“劳”分红相结合的方式。在按劳分红中，本着“以人为本，以事业为重”的原则，采用年终工资总额乘以贡献率来计算普通员工的年终红利，从而调动全体员工的积极性，将股东和其他执业人员平等对待，严格按照素质、能力、贡献的大小进行分配，从而实现用优厚的待遇和良好的发展前景来留住和吸引人才，同时增强了全体员工的归属感和使命感。

2. 开放股东进出大门。股权结构决定着事务所控制权的分布，是会计师事务所能否健康发展的重要因素。由于事务所改制时是以原事务所部分执业人员为发起人的方式实现的，当时的执业人员数量较少，人才有限，股权结构存在着过分集中于原执业人员的弊端。近年来，中兴所不断壮大，执业人员越来越多，人才也多了起来，若股权还是集中于原来股东手里，新加入的员工，特别是优秀人才就不能参与事务所重大问题的决定，事务所也就留不住人才，长期下去必将影响事务所的持续发展。为此中兴所于 2007 年修订了《浙江中兴会计师事务所新股东吸收制度》，明确规定新股东准入条件，并按规定每两年吸收优秀员工到股东队伍，并在每年召开股东会时进行完善。倡导中兴企业股东大门永远为有事业心，有专业能力的有志人才敞开，这一政策极大地提高了优秀员工的积极性，也为事务所获得了人才的保证和发展的动力。

三、抓企业管理层机制，增企业核心竞争力

优秀的领导者具有模范带头作用，容易成为员工的效仿对象。团队精神是企业获得成功的有效力量，成功的团队能把在目标上认同的员工凝聚在一起，激励全体员工参与管理，团结奋进，使全体员工不仅贡献劳动，而且贡献智慧。因此，中兴所制定了中兴企业领导年终述职评议制度，要求事务所领导常怀律己之心、常修诚信之德、常念员工之利、常思贪欲之害。权利的行使者也应当是被监督者，权利行使得好坏应当由员工来下定论。针对这一情况，中兴所制定了对副所级以上的领导进行述职评议的制度，要求各副所级以上人员围绕：（1）对本部门员工的思想工作及职业道德工作实施情况；（2）开展社会主义荣辱观，创建和谐企业教育活动及遵章守纪情况；（3）年度经济责任制完成情况；（4）创先争优，积极拓展业务及组织协调等情况；（5）下一年度工作思路五个方面将一年来的成绩、过失和下一年的工作思路进行述职，由董事会、监事会和各分管部门对副所长的述职进行打分、考评，对考核得分在80分以下的副所长进行警告处理。这一措施很有效地增强了各副所长带好头，做好工作，带好下属的意识，也使中兴企业内部变得更加和谐、稳定。

四、抓学习培训机制，促企业创新意识

一个人的知识是有限的，但他学习的能力是无限的。事务所要想适应并赶上社会前进的步伐，一定要学习再学习，创新再创新。

中兴所十分注重学习与培训，针对员工培训，制定了较为详细的培训计划、考核与奖励制度、员工职业资格考试学习及考试时间安排、新员工执业前的培训等。

开设了《中兴课堂》，每月邀请相关专业教授、老师授课，内容包括专业知识、企业文化建设、个人修养等多个方面，通过定期学习，提高全体员工的综合素质。

对新入职员工进行职前培训，中兴所与其他四个兄弟所一起创办了“五所”联谊会，由五所一起提供师资共同培训新入职员工的职前培训，这既保证了师资，又加强了新员工间的学习与交流。

创办《联合财经》专业刊物，既方便员工查阅学习，又搭建了员工和客户交流的平台。

注重培养员工学习总结，中兴所要求每位员工年终提交一份书面的业务

工作总结，引导员工“在学习中进步，在总结中提高”，同时将优秀的业务工作总结在《联合财经》等有关刊物和研讨会上发表交流。

着力创建学习型事务所，从每个员工的具体情况出发，有组织有计划地安排学习，对学习卓有成效者给予一定的精神和物质奖励，这一措施既为事务所发展提供了人才保障，同时也增强了事务所的创新意识。

总地来说，中兴所制定制度对热爱学习的员工给予精神上与物质上的鼓励，营造热爱学习的氛围，积极开辟各种渠道，谋求事务所人才的不断发展。通过不断的学习培训，一方面帮助员工增强知识，提高技能，以适应新的挑战和要求；另一方面使事务所具有最新的知识武装，拥有并持续保持创新能力，获取竞争优势的基础。

五、抓企业党建机制，促服务国家建设

党建是事务所发展的坚强保障，将业务发展与创先争优、加强党建结合起来，必将能进一步提高事务所管理和服务水平，促进事务所科学发展，更好地服务国家建设。

（一）抓班子，强党建

中兴所于2010年12月通过《绍兴日报》、《绍兴晚报》面向社会公开招聘一名专职党支部副书记，由人事局出试卷，市注协领导和所领导面试，通过综合测评，招聘了一名专职党支部副书记，专门负责企业党建、企业文化工作。这一创新做法被《中国会计报》在2011年7月1日报纸的头版进行了报道，这一党建上的创新做法可以说是得到了多方的肯定。

（二）以党建促所建，服务国家建设

中兴所一直认为党建和所建不是两张皮，两者是相辅相成的，党建和所建两手抓，两手都要硬，积极发挥党建在事务所发展中的重要作用。一是以党建为载体，积极发挥事务所在社会管理创新中的作用，以强烈的社会责任感和使命感，积极参与社会管理和公共服务，拓展社会服务各项功能，增强服务社会能力，维护群众权益；二是以党建为抓手，更扎实地服务国家建设，充分认识行业在国家建设中的重要作用，紧紧围绕科学发展主题和经济发展方式转变主线，始终坚持推进诚信建设，充分发挥专业优势为社会提供高质量的专业服务，担负起“服务国家建设”这一崇高使命；三是以党建为切入点，增强事务综合实力，中兴所认真贯彻落实创先争优活动的各项要求，不

断探索，总结和完善事务所党建工作体制、机制和制度，拓展增强党组织凝聚力、战斗力的有效措施，在组织建设、思想建设、作风建设、队伍建设等方面取得了一定的成绩。2011 年“七一”前夕，中兴所被中国注册会计师行业党委和浙江省注册会计师行业党委评选为“先进会计师事务所党组织”，有一位同志被省注册会计师行业党委评选为“优秀共产党员”，一位合伙人获得“支持党建工作合伙人“称号。

2011 年中兴所严格按照中注协“制度建设年”活动的要求，以科学发展观为指导，全面梳理事务所各项制度，将制度建设的责任目标与事务所发展有机结合起立，建立健全事务所管理制度，以制度的制定引领和规范业务工作，以制度建设带动业务工作和事务所发展，从而提高了我所管理水平、执业质量和服务国家建设的能力。

点　评

中兴所根据中国注册会计师协会《关于印发会计师事务所内部治理指南的通知》的要求，建立了以事务所章程为基础，以业务质量控制制度为中心，以人事管理、内部分配、财务管理、会计师事务所文化建设和岗位责任制度为重要内容的制度体系，为事务所内部治理提供了良好的制度保障。

中兴所实施“内外兼修”的人才战略，为事务所的长远发展提供人才保障。一方面，以创建学习型组织为途径，以提升人才素质为目标，开设《中兴课堂》、创办《联合财经》刊物，鼓励年轻员工参加各类资格考试，加强员工的在职培训和学习，全面提高了从业人员的专业素质；另一方面，根据事务所的长远发展目标，招贤纳士，高薪聘请社会上的优秀人才，也是省内第一家公开招聘党务工作者的事务所。

中兴所认为良好的企业文化是管理理念、价值观与行动模式的积淀，是承载传统文化精髓、汲取现代管理理念的结晶。中兴所通过开展各类活动，增强了员工的凝聚力和向心力，在全所倡导“共事是一种缘分”，积极树立“人合、事合、心合、志合”的事务所治理理念，使所内员工很好地融合在一起，提高了广大员工的归属感、认同度和忠诚度。

多元化的发展战略，敞开的股东进出大门，健全的党建工作机制，必将助推中兴所实现做大做强的远大愿景，成为古越大地上注册会计师行业的引领者。

健全管理机制，强化内部治理，努力促进会计师事务所的和谐健康发展

嵊州大诚联合会计师事务所

嵊州大诚联合会计师事务所成立于2003年9月，2008年分离资产评估业务，成立大诚联合资产评估事务所。根据业务发展的需要，相继设立了大诚会计服务有限公司、大诚咨询有限公司以及基建造价咨询等相关机构，业务管理采用几块牌子一套班子的统一管理形式。业务范围已包括资产评估和基建咨询、内资企业审计、外资企业审计、咨询业务等四大类。在内部组织架构的设计上，按四大类业务管理的需要分设副所长岗位4名，下设审计业务部、专项审计业务部、资产评估部、执业质量控制部、基建审价部、咨询拓展部、办公室、财务部。现有员工32人，其中具有中高级职称的人数占总体的90%（其中高级会计师10名），拥有中国注册会计师10名、注册资产评估师7名、具有注册税务师资格人员11名。已购置了1000多平方米办公楼，同时租用办公场所600多平方米。2010年，事务所业务收入已达到了800多万元。本所成立8年多来，特别是贯彻实施国办56号文以来，我们深刻地体会到内部治理决定性地影响着事务所的内部凝聚力，关系到事务所的长期稳定发展。为此，我们在认真解决好合伙人的培养、集体决策、利益分配以及退出机制等问题的同时，从制度、文化、分配以及信息化等方面入手，健全管理机制，加强内部治理，努力促进会计师事务所的和谐健康发展。现将本所内部治理的一些情况简要汇报如下：

一、以质量控制为重点，加强事务所制度建设

长期的执业实践使我们认识到，执业质量是事务所的生命，执业风险是事务所的劲敌。事务所求生存、谋发展，必须依赖各项管理制度应对风险、控制风险，而且管理制度要覆盖人事、财务、业务、技术、市场等方方面面，统筹考虑，全面梳理，确保不存在管理盲区和管理漏洞。只有健全完备的管

理制度，才能使全体合伙人、中层以上骨干以及其他成员有明确的行为准则和规范。通过几年时间的努力，我们结合本所的实际情况，建立健全了《执业质量控制制度》、《业务报告流转控制制度》、《财务管理制度》、《档案管理制度》、《人事管理制度》、《事务所薪酬绩效考核制度》、《年终奖金及利润分配制度》、《考试培训制度》、《外勤审计纪律制度》、《岗位责任制度》、《员工考勤及病事假请假制度》以及汽车费用、通讯费、办公费、业务招待费等费用报销签批制度等。在制度建设中，我们始终把业务质量控制作为重中之重，并通过落实以下工作措施来保证事务所的业务质量控制。

一是认真抓好员工的业务素质培训。我们提倡以服务水平的提高来开拓市场，而服务水平的提高离不开团队成员业务水平的不断提高，以业务水平促进服务水平，以服务水平促进市场，了解客户的需求、解决客户的需求。为此，我们在完成财政部门和行业协会规定的年度注册会计师、资产评估师继续教育的同时，建立了以提升事务所员工业务素质为目标的内部学习培训机制。例如，从2005年以来，我们分别与浙江财经学院杭州焦点管理咨询有限公司、中南财大杭州教育点、中税网杭州教育点等专业培训机构建立协作关系。在培训教育过程中，一方面由这些专业机构把相关培训课题按期发送到我们事务所，以供事务所全体员工业余学习；另一方面，我们事务所不定期地安排员工到这些专业培训机构参加相对应和必需的学习课程。在中南财大和中税网办了多份学习卡，可以派不同的员工按期参加学习培训，对重要的课程组织全体员工参加学习。要求个别参加学习的员工学习回来后，在所内业务会议上向其他员工汇报学习内容和心得。通过这种学习培训形式的安排，不仅使具有执业资格的人员能够参加培训，一般的助理人员也能够有机会参加学习。

二是鼓励员工参加学历教育与资格考试。针对参加会计类等专业学历学习深造和报考注册会计师、资产评估师、注册税务师等执业资格的员工，制定了激励政策，鼓励他们奋发向上。这些政策包括脱产培训、考试学习费用报销、奖励、职务晋级等，创造人人皆受教育、人人皆可成才的培养环境，全面提高从业人员的整体素质。

三是实行事务所员工定期业务考试制度。该制度要求全体员工在平时加强业务学习，对事务所要求的学习内容和年度内重大的政策变化进行学习并参加考试。对考试成绩合格及前5名者以所长基金进行奖励，对连续三次不合格者实行处罚直至扣减年终奖金的政策；在下半年进入业务淡季时组织多项考试，其中包括事务所汇编的年度税收法规知识、当年新出台的准则等等。

四是及时开展事务所内部业务交流活动。员工业务素质的提高除了学习制度以外，我们所还制定了业务交流制度。这些业务交流包括：定期业务会议、不定期重大项目实施经验交流会、项目布置会议及项目实施总结会议。定期业务会议一般每月召开一次，对每个人在一个月中接触到的业务问题、工作成果在会议上进行交流，形成业务操作上的共识，如每年年初我们会召开一个审计业务会议，总结上年审计工作中存在的不足，强调审计工作中的风险质量把关，解决审计人员的疑问等等；项目布置会议一般解决一些复杂的综合性业务，需要团队合作的工作，在事前开一个会议，解决工作计划、分工、进度以及要求等等，以更好地使合作团队正确、高效、协作地完成工作；重大项目实施经验交流会及项目实施总结会议的作用是为了总结项目实施过程中的得失经验。这些年我们事务所在咨询业务领域有了一定的拓展，在企业分立、合并、兼并收购等业务操作上均需要有项目合作团队的协作操作，团队合作运作的业务处理也包括审计、评估、验资等传统业务，更需要项目前期调查摸底、沟通、实施方案的制定、代理变更、审批等一系列咨询业务的配套，因此项目实施和总结的过程也是十分必需的环节。业务交流会议让没有参加项目实施团队的成员也能了解项目实施的流程、方法、难点、运用的法规等知识，从而实现提高全员业务水平和服务水平的目标。

二、以和谐文化为核心，加强事务所团队建设

打造一支业务素质高、执业经验丰富、合作和谐的执业团队，是事务所内强自身、外树品牌的客观要求。我们按照“权责清晰、决策科学、管理严格、和谐发展”的治理要求，以和谐文化为核心，加强事务所的执业团队建设。

一是合理设置股权结构。事务所不同于工商企业，是一个人合、资合两者关系兼具，且以人合关系为主要纽带的特殊团队。为了使大家对事务所有归属感、安全感和认同感，我们在股权设置上，不搞“一股独大”，而是在充分考虑股东的资历、岗位、能力、贡献等综合因素的基础上，合理设置股权结构、分配股份比例，调动事务所股东和员工的创业精神和工作积极性。

二是重大事项集体决策。在事务所内部，根据职责权限，分别建立了合伙人会议和中层以上骨干会议制度。对涉及事务所发展的重大事项通过召开合伙人会议的形式，进行集体讨论，在充分听取合伙人意见的基础上，实行集体决策，不搞“一言堂”。多年来，我们坚持每个月召开一次中层以上业务骨干会议，作为事务所内部沟通信息、交流情况的一个重要途径，总结近期

工作、公布及分析财务状况、了解员工的工作和生活状况、了解业务进度、部署下步工作。

三是确立团队文化价值。要确保事务所的“长治久安”，必须形成共同的理想、价值观、生活习惯和行为规范，在经营管理过程中创造出具有本所特色的精神财富，对事务所员工形成感召力和凝聚力；把大家的兴趣、目的、需要以及由此产生的行为统一起来，包含价值观、最高目标、行为准则、管理制度、道德风尚等内容，以最大限度地统一员工意志，规范员工行为，凝聚员工力量。本所从立所之日起，就把确立团队文化价值、建设和谐文化作为事务所团队建设的一个核心任务来对待，确定了“诚信为本、服务至上”经营宗旨，坚持了“独立、客观、公正、实事求是”的执业原则；明确了“维护社会公共利益、维护委托人合法权益”的责任和义务，尽可能从各方面着手，形成整体团队的向心力，努力打造一支积极向上的执业团队。

四是开展业余团队活动。事务所的工作具有高负荷、高强度的特点，在上半年年报审计阶段，为减轻员工身心压力，事务所合理安排时间尽可能多地组织业余团队活动。如2011年元旦，在年报审计开始以前组织全体员工赴海南旅游；在7月1日建党90周年之际，我们单位全体员工在事务所党支部的带领下赴嘉兴南湖参观学习。通过红色之旅让员工接受一次红色教育，提高他们的精神修养和思想境界，进一步增强团队意识。另外，我们还不定期多次组织员工进行登山户外运动，以增强员工身体素质和进取精神，全体员工户外运动时还自发打出一面旗子，上面写着16大字“健康运动、快乐生活、勤奋工作、大诚致远”，由登山先锋执旗前行。同时，一年一度的春节团拜会更使全体员工兴致盎然，结合抽奖活动，奖品虽小但大家都兴高采烈，快乐无比。通过组织开展健康有益的团队活动，增进了团队成员之间的团结、友谊和感情，增强了员工的团队归属感，自觉做到认真工作、诚信为人、努力开拓各项新业务，团队合作精神得到进一步加强，从而提升了事务所的品牌效应，促进了事务所各项事业的和谐发展。

五是主动关心员工生活。事务所团队的和谐度在工作生活上也能很好地反映出来，比如哪位员工因身体原因，如感冒发烧等无法工作，其手头工作不会停滞，都会顺利由其他成员承接完成。员工之间的关心照顾也是大家感到欣慰的事情，充分体现了同志们之间的工作感情和友谊。每当员工生病住院，我们事务所所长、部门负责人会代表事务所，主动进行看望慰问，送上整个团队的关怀和温暖；每当员工生活上发生困难，我们事务所都做到主动关心，排忧解难，雪中送炭。

六是发挥党支部的作用。我们事务所于2003年单独建立了党支部，现有党员8名。一方面，我们事务所对党支部的活动经费最大限度地予以保障，并积极支持党支部开展正常的活动；另一方面，事务所党支部能够根据注册会计师的行业特点，积极开展支部活动，做好发展新党员等党建工作。同时，党支部能够主动地配合业务做好员工的思想政治工作，及时化解业务工作中的矛盾，充分发挥了党组织和党员在事务所团队建设中的应有作用。

三、以工作业绩为依据，建立事务所分配机制

分配机制是否健全，分配是否合理，可以说是会计师事务所内部管理中矛盾的焦点，对事务所的生存与长远发展具有举足轻重的影响。事务所考核分配制度的制定既要考虑员工队伍的团结和谐，又要考虑制度对事务所业务竞争力和拓展力的影响。作为一个县级市的小型会计师事务所，我们所的分配机制更多地考虑了团队的稳定和谐，而业务的拓展是一个团结协作的团队所本身具备的基本功能。因此我们的考核分配制度虽然从建所以来每年根据情况变化作适当修订，但考核分配主要以工作业绩为依据。在具体制定考核分配制度时，妥善处理好了以下五个关系：

第一是和谐与激励的关系。事务所作为一个全体员工的工作平台，需要大家共同努力来搭建好这个平台，作为事务所的一名员工，都有义务有责任为事务所积极拓展业务，勤奋工作。因此，在考核分配中，我们坚持了“和谐为主，适度激励”的原则，没有采用业务提成的模式，而是采用了按照工作量考核的方式按月计算效益、考核工资，并作为年终奖金的主要分配依据。

第二是传统与咨询的关系。在事务所业务开拓中，我们倡导以咨询业务的发展来推动传统业务市场，以传统业务的市场基础带动咨询业务的发展。因此，在考核分配中，妥善处理传统业务与咨询业务的关系，对咨询业务的承接者和实施者分别制定了适度的业务提成奖励。

第三是人合与资合的关系。考核分配中，我们充分考虑了事务所的人合机制模式，坚持以人为本。在利益分配机制上让员工能感受到自己也是事务所的主人翁，年终利润的分配除计提所长奖励基金以外，大部分是用来按照奖金分配的基础来发放奖金的，而且计提的所长奖励基金也是用来对工作努力积极，业务拓展精神强，业绩突出，对事务所贡献较大的员工酌情进行奖励的。

第四是考核与年薪的关系。本所员工的薪酬针对不同的对象有考核制和年薪制两种。年薪制度的对象主要是已经退休的执业会计师、事务所常年聘

请的专家以及尚处于学习阶段的新进人员。年薪制以外人员均实施绩效考核，以一定的基础工资加职务工资、效益考核工资和年终奖励，效益考核工资以工作量作为考核的基数，体现多劳多得的分配原则。

第五是定量与定性的关系。在考核分配制度中，在主要体现以工作业绩作为定量考核依据的同时，辅之以定性考核的方法。年终，全体员工均有权对其他员工采用无记名形式进行评价计分，对平均得分高者或者从高到低以所长基金酌情奖励，评价的内容包括：事务所制度执行情况、团队合作精神、协作能力、沟通能力、工作效率、工作认真度、勤奋度、工作差错等等各个方面。

四、以信息化为手段，构建事务所管理平台

随着现代信息技术的广泛应用，实现事务所业务和管理的信息化已势在必行。一直以来，本所对几大类业务采用综合管理的模式，由于不同的业务类别在管理流程上的不同要求，对团队的沟通互动和协作提出了更高的要求。为解决这个问题，我们在管理上一般采用会议的形式来协调、布置、沟通和总结，无形中产生了很多会议，事务所的执业人员在业务忙季往往外出执业，需要抽时间来应付会议，这样就更忙了。而没有会议，很多信息又得不到及时充分的交流。通过认真学习国办56号文以及财政部关于会计信息化工作的意见精神，认识到事务所业务和管理信息化的重要性，提出了事务所业务和管理信息化建设的三个目标：一是通过信息化手段对客户的财务报告进行审计，出具审计报告。加强计算机审计系统的研发与完善，实现审计程序和方法与信息系统的结合，全面提升注册会计师执业质量和审计水平。二是加强审计信息化人才的培养，着力打造熟悉会计审计准则制度、内部控制规范制度和会计信息化三位一体的复合型人才队伍。三是会计师事务所内部管理实现信息化，借助信息化手段全面提升治理水平和管理效率。通过信息化手段，实现会计师事务所内部管理的科学化、精细化，全面提升会计师事务所的内部管理水平和执业能力。

为实现上述信息化目标，2011年我们同几个软件公司进行了交流，最后选定了一家网络版的平台型管理软件作为我们实施信息化建设的软件，计划在年内实施完成事务所信息化建设。经过与几家软件公司交流以后，我们进一步地认识到，一个好的信息化软件能够完全满足事务所的管理需求。推进信息化，可以为事务所节约大量成本，使员工提高工作效率以及规范事务所的多层次全方位管理。在事务所与外界之间，它可帮助事务所实现无纸化运

营模式，以此拓宽交流范围，缩短交流时间，帮助把事务所的管理需求固定在一定的格式上。信息在事务所内部流通的过程本身就是事务所管理规则、制度以及算法的约束的过程，在手工操作下任何制度与规则只能够作为管理原则，但不能确保实施百分之百正确，而信息化建设可以把规则和制度完完全全纳入到系统里面去，它几乎可以说不会因为人的好恶而改变，所以说信息化实际是改变员工行为、落实事务所管理政策的极佳手段。

我们拟建设的信息化管理平台是一个以客户管理为核心，集自动化办公管理、信息互动管理、申请审批管理、项目管理、人力资源管理、薪酬分配体系管理、知识管理、财务管理、企业门户网站等功能于一体的分权限的信息互通的管理平台，实现会计师事务所的全面实时协同管理。其主要功能模块包括客户管理、财务管理、项目流程管理、知识档案管理、人力资源及绩效考核管理、工作计划与日志、新闻公告管理、内部通信管理、决策分析等内容。信息化管理平台具有为领导层提供全方位、多角度、多层次的综合分析功能，经过整个业务管理和审批流程后，系统自动生成相关的分析数据。

嵊州大诚联合会计师事务所毕竟是一家县级市的小型会计师事务所，几年来我们虽然在健全管理机制、加强内部治理方面取得了一定的成效，但我们感到现实中尚有很多不足之处。因此，我们更多地期望能向管理卓有成效的大型事务所学习借鉴，以不断创新我们的管理理念，提升我们的内部管理水平。

点　评

为了使事务所内部的人事、财务、业务、技术、市场等各项工作有明确的行为准则和规范，嵊州大诚联合会计师事务所建立以质量控制为重点的制度规范体系，并通过采取四大工作措施，以保证各项制度真正落到实处。

嵊州大诚联合会计师事务所按照“权责清晰、决策科学、管理严格、和谐发展”的治理要求，以和谐文化为核心，合理设置股权结构、重大事项集体决策、确立团队文化价值、开展业余团队活动、主动关心员工生活、发挥党支部的作用，不断强化事务所的团队建设，造就了一支业务素质高、执业经验丰富、合作和谐的执业团队。

嵊州大诚联合会计师事务所从本所的实际出发，建立了以工作业绩为主要依据的事务所分配机制，并在具体制定考核分配制度时，妥善处理好和谐与激励、传统与咨询、人合与资合、考核与年薪、定量与定性等五大关系。

嵊州大诚联合会计师事务所主动适应现代信息技术的发展需要，着力构建事务所信息化平台，提出了事务所业务和管理信息化建设的三个目标：一是通过信息化手段对客户的财务报告进行审计，出具审计报告。二是加强审计信息化人才的培养，着力打造熟悉会计审计准则制度、内部控制规范制度和会计信息化三位一体的复合型人才队伍。三是会计师事务所内部管理实现信息化，借助信息化手段全面提升治理水平和管理效率。

坚持以人为本，完善团队建设

金华安泰会计师事务所

金华安泰会计师事务所是在原浙江金华会计师事务所基础上经脱钩改制后组建而成。脱钩改制过程中，人心浮动的冲击波给事务所的发起人以极大的警示：没有一个稳定的团队就不可能造就良好的内部环境，更谈不上事务所的发展。

一、尊重“三会”制度，坚持依法治理

作为有限责任公司形式的会计师事务所，《公司法》是我们设定组织机构和开展组织活动的基本依据。十余年来，我们始终坚持比较完善的股东会、董事会、监事会制度，依法保护股东、董事、监事的权利。

十余年来，我们坚持每年召开股东会年会，重大决策交股东会决议，向股东报告董事会工作情况、年度财务工作情况、年度监事会工作情况，由股东会决定利润分配方案、股权变更方案。鼓励股东对董事会议案提出异议，由董事会负责在股东会上解答股东提出的异议。重大资产购置、事务所合并、分立等重大事项及时召开临时股东会讨论和决议，让股东充分享受参与事务所管理的权利。

按时进行董事会、监事会换届选举工作。三年一届的董事会、监事会换届选举工作基本做到及时换届，确因工作紧张不能及时换届的，召开临时股东会，形成延长董事会、监事会任期的决议。在董事会换届选举中，按照有利于促进各类业务协调发展需要的原则，合理设置董事人数及在各部门的分配，制定董事候选人名单，提交给股东会决议。2010 年换届选举中，我们制定了《会计师事务所党组织与董事会工作协调机制》，先由事务所党支部组织党员、员工对原任董事、监事进行民主评议，根据评议结果，由党支部提出下任董事、监事候选人建议名单，经董事会确认后，形成董事会议案报股东会选举产生新一届董事会，使董事会、监事会换届工作具有更好的组织基础

和群众基础。

董事长在董事会中较好地把握董事会召集人和主持人的身份，认真听取董事意见，说明各项议案的出发点，积极吸收董事的意见和建议，防止一言堂。十余年来，董事会决议没有一项是通过强制表决形成的，为统一思想认识，更好地实施董事会决议打下良好基础。同时也增进了董事之间的信任，使董事会更具有凝聚力和战斗力。

突出强调监事会的作用。根据公司章程设定三人监事会，其中，两人由股东会选举产生，一人由工会选举产生。十余年来，我们始终坚持监事列席董事会会议，听取董事会决议形成过程，对董事会决议形成提出意见和建议，确保监事会依法行使职权。监事会每年都对事务所的财务会计工作进行审计，对事务所资产管理、资金管理、税务管理、股权变更、分配制度及重要财务事项等实施监督检查，对董事会成员、高级管理人员在执行职务行为中有无损害事务所的行为进行监督，并向股东会报告。对发现的问题，跟踪检查整改情况。如某年，监事会在年度检查中发现公司董事违反董事会决议将授权管理的资金投入高风险项目，监事会及时向董事会提出异议，并提出整改意见。董事会根据监事会的意见，及时进行纠正并落实风险责任。监事会在年度工作报告中将此项事项及监督检查结果向股东会报告，得到股东会的支持和肯定，严肃了董事会的纪律，保护了事务所利益，充分体现了监事会监督机制的重要作用。

我们认为，股东会、董事会和监事会的制度安排，以及股东、董事、监事权利义务的设定及运行规则的制定，是公司内部治理机制运行的核心，也是公司法律制度的核心之一。事务所的三会制度是事务所内部治理的基础，看起来都是常识，公司法和事务所章程中都写得明明白白，但要在事务所尤其是中小型事务所，真正得到严格执行，并不是一件容易做到的事。首先，董事长、主任会计师必须要有充分尊重公司法、尊重事务所章程，充分尊重全体股东、董事、监事权利的意识，要摆正自己“当家做主”的位置。其次，会前准备必须充分，包括会议内容的事前准备、观点认识的事前沟通、分歧的事前解决、会议法定程序的遵循、会议过程的把握等都必须在会前做好功课，确保会议进程万无一失。再次，要重视严肃三会制度的潜在效果。十多年来，虽然每次股东会议案都是高票通过，表面上看似乎股东会只是一个形式或法定程序而已，但我们认为，严肃三会制度还发挥了以下潜在效果：一是确保决议结果的法律效力，避免对同一问题的反复纠缠；二是严格按法定程序形成决议，彰显事务所领导班子的法律意识，有利于班子内部养成良好的议事习惯；三是有利于在全所员工中树立遵循规则、依法办事的正气；四是创设事务所党组织活动机制，积极寻求事务所党建工作的科学定位；五是通过对弃权票和反对票的分析，有利于我们更好地协调相互关系，关注利益冲突，防范和化解矛盾。

完善的三会制度为构建和谐的治理环境，营造良好的治理意识，增进相互信任，加强团队的凝聚力，促进事务所长期稳定发展，打下了良好的组织基础。

二、突出部门管理地位，发挥部门经理作用

会计师事务所的管理层可以分为主任会计师、副主任会计师、部门经理、部门副经理等层次，在分工负责的基础上，各级管理人员成为所属管理范围的核心。这种核心作用的发挥主要体现在：当任务不足时，你要成为拓展专家；当遇到技术难题时，你要成为业务专家；当执业力量不足时，你要成为组织专家。部门经理、副经理是所在部门员工的依靠，是员工的主心骨。对部门经理的管理是中小型会计师事务所主任会计师管理工作的重点，核心问题是要让部门经理有责、有权、有利、有成就感。我们的做法有：

1. 建立以部门为基本单位的业务管理制度，部门经理带领部门员工在事务所总体业务发展规划的指引下，积极拓展业务，并在年终对当年业务发展突出的部门给予特殊贡献奖励。

2. 建立以部门为单位的劳动分配制度。部门经理、副经理在事务所劳动分配制度基础上，可以根据部门工作需要制定部门内部的奖金分配办法，决定部门内部奖金分配工作。

3. 建立以部门为基础的年度员工绩效考核制度，对经部门考核年度业绩优秀的员工，由事务所进行年度评优表彰奖励，对经部门考核不合格的员工，由事务所负责清退或调整。

4. 主任会计师、副主任会计师以部门为基本单位管理事务所的各项工作。给部门设定发展目标和拓展方向，向部门经理提供行政帮助和技术支持，为部门经理协调矛盾或创造条件，甚至是为部门经理的工作失误承担责任。鼓励部门经理大胆管理、积极开拓，为他们解决后顾之忧，使部门经理在工作困难时，能及时找到依靠。

5. 积极创造条件，彰显部门经理的工作成就。十多年来，经事务所推荐，有五位部门经理、副经理先后获得了“浙江省优秀注册会计师”、“优秀资产评估师”称号，一位部门经理获得“金华市优秀厂长（经理）”称号，一位

部门副经理获得金华市建设系统“青年行业标兵”称号，一位部门副经理当选金华市政协委员。事务所内部也积极开展了部门副经理以上管理人员年度评优工作。一个个称号的获得，一次次隆重的表彰，使部门管理人员增添了荣誉感和责任感，也在他们的内心增添了事业成就感。经过多年的努力，一支积极、稳定、可靠的部门经理队伍已经成为我们事业发展的中坚力量。

三、切实关心员工成长，加快后续力量培养

中小型会计师事务所尤其是在中小城市中的中小型事务所，由于受地域条件、经济水平、劳动报酬、发展空间等因素的限制，在引进人才、留住人才方面毫无优势，甚至先天不足。因此，在人力资源策略上很难实行“拿来主义”，而更多的是走“自我培养、自给自足”的道路。由此，中小事务所更应当关注员工成长和后续力量培养问题。我们的主要做法有：

1. 统一思想认识，深刻领会员工的成长是事务所的希望所在，青年员工的成长是事务所长期发展的重要条件。每年吸收新员工约占员工总数的10%左右，只要有机会就重用年轻员工，给员工以更多的成长机会。

2. 制定员工业绩考核评价办法，为员工拟定了从助理审计员到事务所合伙人的职业发展规划。

3. 在固定工资和浮动工资方案设计中，综合考虑员工的职业经历、执业资格、执业水平、风险承担等因素。

4. 设置多种奖励措施，鼓励员工学习，提高自身素质。如对报考注册会计师等相关执业资格的，考前每门课安排五天时间脱产复习，考取各种相关执业资格的，每项一次性奖励5000元。在固定工资方案中设置了“第二执业资格补贴”，从业人员在获得一个基本执业资格（如注册会计师资格）后，再获取资产评估师、造价工程师、注册税务师等事务所相关执业资格的，每项执业资格每月补贴400元，以引导和鼓励员工通过考试学习相关专业知识、取得相关执业资格。一方面，为事务所多元化发展创造条件，另一方面，也有利于员工综合服务能力的提升。鼓励员工参加各种学历教育，对通过学习提高学历或学位的给予一次性奖励。员工发表各种学术论文，按获得的稿酬，给予等额奖励。

5. 做好“传帮带”工作。我们强调在执业现场、在三级质量复核过程中，上级执业人员必须加强对下级执业人员的业务指导。鼓励各级从业人员提出问题，开展讨论。对一些重要或疑难项目，从工作计划编制阶段即组织执业小组成员进行讨论，在项目完成阶段再进行总结深化。通过讨论、总结，

不仅统一了执业思路，明晰了工作重点，加强了项目管理的计划性，同时，对参与项目的全体成员来说，也是一个很好的相互学习、沟通观点的机会。对于年轻同志来说，这种近乎“手把手”的指导，更有利于其尽快成长。长此以往，形成一种习惯，成为一种文化。

6. 切实保障员工的合法权益。要让员工成长，首先要让员工有安全感，其中，最基本的做法就是要切实保障员工的合法权益。包括：依法签订劳动合同、依法办理“四险一金”、为员工提供良好的、安全的工作条件，不拖欠员工工资、奖金。依法设立党组织和共青团组织，为党团活动提供必要条件和经费，丰富党员和团员的组织生活，增强其归属感。

7. 关心员工生活。十多年来，我们坚持发放节假日生活补贴，组织员工外出旅游，慰问因病住院的员工，组织丰富多彩的文体活动，对有特殊困难的员工组织捐款资助，使员工在紧张的工作之余，能感受到事务所大家庭的温暖。

四、积极探索和发挥党建工作的促进作用

脱钩改制之后，我所党组织一直坚持活动。在开展学习实践科学发展观和创先争优活动中，我们进一步认识到，应当借党建之力，促进事务所团队建设，使党建工作成为事务所团队建设的重要平台。经党支部与董事会认真讨论，我们制定了《会计师事务所党组织与董事会工作协调机制》，着重事务所党组织开展活动、员工职业道德建设、骨干队伍和党员的“双培养”、党组织对董、监事及高级管理人员的监督、评议等方面进行了积极探索。通过党建活动的具体形式，组建共青团支部，吸收入党积极分子，加强党员先进性教育，树立党员先锋模范作用等等，强化员工“德育”教育，促进事务所团队建设，应该大有可为。

事务所团队建设是事务所内部治理永恒的主题，是一个渐进的逐步完善的过程，是事务所内部治理的核心。我们将继续坚持以人为本理念，认真总结经验，积极汲取内部治理先进理念，探索事务所“和谐、较快、健康”的科学发展道路。

点　评

金华安泰会计师事务所是我市规模最大的会计师事务所，也是我市内部治理成效比较突出的事务所。多年来，他们秉承以人为本，完善团队建设的治理理念，使他们不仅避免了一分再分、越办越小的发展窘境，而且走上了一条和谐发展的科学道路。

该事务所治理层把事务所的发展战略、执业理念、服务意识在执业活动中得以实施，使其执业能力始终保持在一个较高的水平。同时，在会计师事务所如何集聚人才、留住人才、形成团队向心力、凝聚力等方面做了深入细致的探讨。在管理团队建设中，以《公司法》为基本依据，始终坚持较完善的股东会、董事会、监事会制度，依法保护股东、董事、监事的权利。完善"三会"制度，使其发挥确保决议结果的法律效力，避免对同一问题的反复纠缠；严格按法定程序形成决议，彰显事务所领导班子的法律意识，有利于班子内部养成良好的议事习惯；有利于在全所员工中树立遵循规则、依法办事的正气；创设事务所党组织活动机制，积极寻求事务所党建工作的科学定位；通过对弃权票和反对票的分析，有利于事务所更好地协调相互关系，关注利益冲突，防范和化解收入分配等矛盾。

该所在开展行业党建、深入学习实践科学发展观和创先争优活动中，借党建之力，促进事务所团队建设，使党建工作成为事务所团队建设的重要平台。以党支部为核心建立的所领导班子，由上级部门指导并专门指派党建联络员，指导事务所的党团建设工作，强化员工"德育"教育，完善工青妇团组织，团结带领全所职工，立足党建，努力开拓，以科学发展观为统领，坚持"服务第一，信誉至上"的服务宗旨，恪守"独立、客观、公正"的执业准则，以诚信铸品牌。事务所始终坚持"以人为本"的治理理念，以强烈的事业心、执着的专业精神、公开、民主的治理意识，通过规范"三会"治理，强化部门经理作用，加强员工队伍"双培养"建设，积极探索党建工作机制等措施，突出"团队建设"在会计师事务所内部治理中的重要地位，建立以事务所为发展平台，为员工提供一个实现自我价值的空间，为员工的进步创造良好的环境，真正实现了个人进步、公司成长的双赢目标；作为中介服务机构，他们始终牢记肩负的社会责任，同时也受到社会的关注与支持。事务所以优良的服务、高水平的专业能力及应有的付出回报社会，努力协助政府职能的实现，为建立一个和谐社会作出了应有的贡献。其经验和做法值得认真总结和借鉴。

完善内部管理，诚信铸就品牌

东阳明鉴会计师事务所

东阳明鉴会计师事务所有限公司、东阳明鉴资产评估有限公司、东阳市明鉴工程招投标代理有限公司（后成立）自2000年改制以来，由原先的10多位员工发展到现在的30多位员工，营业收入由刚开始的100多万元慢慢增加到现在的800多万元。

公司董事会始终认为，要成为一家成功的企业，领导者首先应该具备言行一致的气概。作为领导者首先自己要讲信用；同时，要信任员工，以此去赢得下属的信赖。这种互信关系不可能自然而然地建立起来，它需要领导者付出艰苦不懈的努力。领导者应从一开始就抱有强烈的“人本”意识，去采取一切契合这种意识的行动，全身心地信任部下，并争取部下的信赖。如果领导者最初将信任的基础打好了，再稍稍给员工一点刺激，就能将员工从事工作的兴趣和热情激发出来。这时，再对员工进行任何形式的培养和训练，都将水到渠成。对信任感的形成，影响最大的就是领导者自身的人品和性格倾向。这主要看领导者是否以自我为中心，领导者应具备更强的“利他”性格，要能抛开自我，时时处处为部下考虑，为他们的现在、将来考虑，不断培养他们，让其无论到哪里都能成为优秀的人。领导者还要公平处事，做到公私分明，这是建立与部下互信关系的根本。首先，分配工作一定要公正公平；其次，领导者应严格区分工作时间和私人时间，严格分清公费和私费，在廉洁方面以身作则。结合我们公司这几年来的发展历程，谈谈我们公司是如何通过加强对员工管理，进而提高公司的风险管理和质量控制能力的。

一、制定合理的事务所章程

公司在制定章程时，充分体现了注册会计师行业以人为本的特点，体现“人和”的特质，并特别关注某些关键条款。如股权设置、良好的合伙人加入和退出机制。事务所合伙人是事务所的核心，合伙人志同道合，才能制定适合事务所发展的长远目标，才能形成人和的合伙人文化，才能形成重视知识、重视人才的良好风尚，一个好的合伙人团队能带动事务所健康快速发展。为了事务所的发展，我们需要完善合伙人进退机制，让有良好的职业道德和执业水平并有一定管理协调能力的注册会计师进入我们的合伙团队。为此，我们创建了多元化的合伙人结构，使我们事务所的组织结构能够动态的适应当前复杂的环境变化，从而使事务所的资源得到有效的配置，发挥最大的效能，也为优秀人才的流入敞开大门。我们现有三个有限公司，各个公司其实有执业资格人员并不多，所以，为长远考虑，公司在股权结构上人员和出资比例均比较分散，没有全部集中于执业人员，尤其是对于年轻的已取得执业资格的优秀员工尽量考虑吸收为股东，让年轻人有学习的动力，激励更多年轻人去参加各种考试，进一步掌握各种专业知识，为提高公司的执业质量打下坚实基础。

二、公平合理的利益分配制度

建立和完善公平合理的利益分配制度，是推动事务所和谐发展的突出问题，为此，我们建立了统一、公平、效益、激励的利益分配制度，充分调动广大员工的工作积极性。

1. 按劳分配、按资分配、按责分配相结合的方式，创建和谐局面。事务所的发展壮大，不仅依靠发起人，还要依靠集体的智能，更要依靠全体员工的辛勤劳动。因此，我们在利益分配上采取按劳分配、按资分配、按责分配相结合的方式，并以此设计出一系列非常量化的考核劳动数据和质量的标准及计算方法。不同的激励机制形成不同的内部氛围和风格，也决定一个公司的凝聚力和活力。事务所的基本着眼点在于：解决内部相关利益主体的权力与利益的分配问题。一是正确体现多劳多得、智力劳动复杂程度以及承担责任大小的收入差别；二是处理好对员工按劳分配与合伙人按资分配的关系。采用以绩效为基础的公平合理的激励机制解决了第一个问题；而采用以按劳分配、按资分配、按责分配相结合的平衡策略来解决第二个问题。按劳分配、按资分配、按责分配相结合的方式是从股东、业务骨干、执业人员三者不同的角度考虑，处理好资合体制与人合实质的利益矛盾。在按资分配方面，无论每年利润多少，基本定额分配，预留充分的发展资金；在按劳分配方面，除了以绩效为基础的公平合理的激励机制外，每年评选一定比例的员工授予最佳员工奖励和优秀员工奖励；在按责分配方面，实施执业人员签字费，并根据情况适度提高增长。这些平衡策略的目的都是为了扩大利润分配面，调动事务所人员的积极性，保持其内在凝聚力和向心力。

2. 薪酬分配制度与执业质量、执业资格、专业技术相结合。在分配中，我们除考虑执业资格的风险和专业技术高低挂钩，还考虑员工的工作质量和数量、工作时间与效率、工作能力和工作态度等因素。建立以绩效为基础的公平合理的激励机制，有利于鼓励有注册资质的专业人员通过不断提高自身的业务能力和综合素质获取更多的经济回报；有利于事务所营造比贡献、比水平、比能力的积极向上的良好氛围，使员工在为公司多做贡献的同时提升自身价值。合理公平的激励机制包含公平合理的薪酬标准、考核与评价方法、晋升与奖惩制度及平衡优劣项目费用的经济政策。这是一整套相匹配的运作体系，是以业绩效益为计算基础，以多劳多得为原则，通过制定事务所内部不同职级人员的年薪等级、考核指标和核算方法，对照平衡优劣项目费用的经济政策，评价出个人或部门的季度、半年、年度业绩水平，在每月预发基本工资的基础上，阶段性兑现效益报酬。并在年终根据个人业绩、业务能力、职业风险、比照晋升与奖惩制度，经过部门和事务所两级评定，实施优秀的提职，合格的续岗，不合格的降职等竞争措施。

3. 在分配中，我们还做到了统一性、公平性、效益性、激励性，就是用同一的标准、同一的方法来衡量不同岗位、不同绩效的劳动报酬，建立了公开透明、上下一致、公平合理的薪酬分配方式，调动了全体员工的积极性，激发了员工的创造性，同时使员工优先受益，从而提高了劳动生产率，促进了事务所的健康发展。

三、人才培养和管理制度

人才是事务所的生命之本，是事务所的宝贵财富，加强人才培养和人力资源管理，是事务所的发展战略，我们事务所从人员招聘、留住人才、培育人才三个方面入手，培育、打造优质的执业团队。

1. 人员招聘制度。我们将职员招聘计划列入每年公司的人才招聘报告计划，提请公司董事会审议后由主任会计师组织实施。在招聘时注重考察应聘人员综合素质和道德倾向，具体规定了公司新进人员应具备的基本素质和条件。这样一方面为公司发展后劲和技术储备打基础，另一方面，新进人员可以带来更多新的客源，新的理念，新的压力，以此提高员工竞争意识，激励新老员工积极向上，进而提高公司的竞争力。

2. 留住人才。如何使已拥有的优秀人才愉快工作，并能够自觉自愿地为事务所效力，是事务所发展的一项非常重要的战略管理。选择优秀人才固然重要，但是如何使这些人才提高技能，不受外界的诱惑，能够真心实意地为事务所整体目标去投入、去努力呢？为此，我们做了三方面的工作：首先，建立了有效的薪金分配激励制度，使员工经过努力作出贡献后，其个人收入也能够随事务所的发展而水涨船高，为了提高员工的福利待遇，公司给出了一系列详细的，包括社会保障方面、节假日现金或假期的福利政策，员工培训与教育的奖励政策，休养旅游、体检等政策，并经常举办集体娱乐活动，增强员工之间的沟通与了解，进而提高公司的活力和凝聚力。其次，及时对员工的成绩作出肯定，使员工的工作成就感得到满足，实现以人为本的人性化管理。再次，要为员工打造一个享受工作乐趣的环境，使员工随着事务所的发展一起成长，使他们看到职业发展的未来，这既是每一员工的需求，也是事务所的希望。

3. 培育人才。对各类人力资源进行持续不断的培训与开发，是事务所提高竞争力的重要手段。所以，我们所及时制定了有关员工个人的成长、发展与事务所的需求、发展相结合的计划，建立事务所能上能下、能进能出的灵活用人机制，尊重员工的兴趣和成就，尽可能地为其提供发挥自己能力和聪明才智的舞台，让他们有个人发挥的空间，为他们创造温馨的工作学习环境，以不断增强向心力和凝聚力。在培训与教育方面也制定了详细的计划，强制或鼓励员工参加内部组织的学习、培训，执业人员继续教育培训，助理人员业务培训，执业资格和学历教育等，并在物质上给予一定奖励，提高事务所整体抗风险能力和执业质量，促进员工向更高层次和更高目标去努力奋斗。

四、业务开拓创新制度

客户是事务所存在和发展的基础，没有客户就没有事务所，没有客户的满意就没有事务所的成功。因此，进行业务开发、创造客户资源、实施有效的项目管理、提供优质服务，无疑成为事务所赢得市场、留住客户的重要举措。

1. 凝聚专业优势，形成自己特色的差异化、个性化的服务。针对中小规模企业普遍存在的会计人员素质差、会计行为不规范、会计基础工作薄弱、内部控制混乱、制度执行不力等问题，根据不同的客户提供个性化的服务。如帮助客户进行企业制度设计、税收筹划、财务分析、公司评价、经营策略等。在服务中，我们认识到，只要有好的服务，就会有好的收费，即使是传统的验资、年度审计、代理记账等项目一样可以以服务取胜，取得高的服务费用。

2. 由“广度”变“深度”开拓业务。对现有的客户进行深层次的业务开发。目前，事务所开拓业务着眼于常规业务逐年增长的情况下，必然表现出过度竞争，给行业发展带来一些问题。为此，我们事务所鼓励员工开拓客户深层次的业务，在一些比较熟悉的固定客户中选择一些客户，以为公司提供年报审计业务为契机，与客户全面沟通，发掘客户需要注册会计师提供服务的各种机会和情况，并通过沟通传递注册会计师可以为其提供增值服务的相关信息，为深度挖掘业务创造条件。

3. 开展多元化的业务。在发展传统业务的同时，注重开拓非审计业务涉及的税务、财务咨询、收购兼并、尽职调查、信息技术咨询、内部审计清算、风险管理等许多领域。我们事务所通过开拓创新业务，协调了事务所和客户的关系，促进了事务所在为客户提供优质服务中，既极大地满足了公众的要求，也提高了事务所的长期经济效益，提升了事务所的市场竞争能力。

五、逐步建立事务所自己的企业文化

中介服务机构的诞生来源于市场经济发展的需求。反过来说，中介机构必须服务于市场，生存于市场，成长于市场，回报于市场。是否能在市场经济辽阔的土地上扎根，融入市场经济的洪流中前进，是中介机构需要寻求的保持昌盛不衰的治所法宝。

创建以诚信为核心的理念，恪守职业道德，树立公司品牌。人和公司的执业都要讲究操守，而以公正、公平、公开为宗旨的中介机构，必须创建以诚信为核心的服务理念。诚信服务的理念能够激发员工的责任心和创造性，提高员工的精神境界和道德水平，使员工恪守职业道德，严谨执业。诚信服务是中介机构的灵魂。人无信则不立，事务所无诚信则难兴，真正要让大家明白对外诚信是中介机构展现在社会公众面前的良好形象，它可以吸引客户，营造友好合作的外部环境；对内诚信是领导与员工之间、员工与员工之间的一条相互衔接的纽带，它能够将全公司团结起来，增强凝聚力，创造和谐、健康的事务所氛围。总之，诚信建设是文化建设的主要核心，倡导的结果是要使全体员工做人做事以诚信为荣，用诚信铸就事务所的品牌。我们应逐步建立以公众利益为职业的公司文化，倡导树立品牌，赢得声誉，以人为本，培养人才，为创建有公信力的中介机构而奋斗。

点　评

东阳明鉴会计师事务所有限公司2000年完成脱钩改制。该所作为县级市的小型中介机构，一个自主经营、自担风险的独立主体，在参与市场服务方面，与大中型中介机构相比，要想立足本地、做大做强存在较大难度，要提高自身竞争力，唯有加强公司的经营管理、人员管理、质量管理才有出路，而这一切取决于公司是否建立了一整套以公司章程为核心的完善的内部管理制度，是否落实了以执业人员为主体，与公司质量控制相结合的管理、分配机制，以充分调动公司内一切积极因素，促进公司健康、稳定发展。

该所充分认识到诚信服务是中介机构的灵魂，人无信则不立，事务所无诚信则难兴。始终坚持“以人为本，诚信服务”的治理理念，恪守“独立、客观、公正”的职业准则，形成“讲诚信、重协商、谋合作、共发展”的事务所合伙文化，全面提高事务所的管理水平。发挥在开拓业务、内部治理建设、党建方面等特点和优势，树立“人合、事合、心合、志合”的治理理念，做好人才的培养和储备工作，完善用人机制，公司具有一支专业人员齐全、整体业务素质较高、职业道德良好、年龄结构合理的执业队伍，其稳定、积极向上的团队精神，是该公司一步步稳定发展的力量所在。在员工管理方面，让全体员工树立起做人做事以诚信为荣，用诚信铸就事务所的品牌，在市场和公众面前才有一定的公信力。事务所按照《指南》的指引，建立“权责清晰、决策科学、管理严格、和谐发展”的内部治理结构和治理机制，进一步完善章程，建立以章程为核心的各项内部管理制度，包括完善的人事管理制度、公开透明的财务管理制度、公平合理的财务分配制度、有效的内部培训制度等，落实以执业人员为主体，与质量控制相结合的管理机制、分配机制，建立了公开透明、上下一致、公平合理的薪酬分配方式，调动了全体员工的积极性，激发了员工的创造性，同时使员工优先受益，提高了事务所的收入水平，达到了双赢的目的，促进了事务所的健康发展。

事务所根据公司章程、相关管理制度来规避或自主调解内部矛盾。同时，为了贯彻以诚信为核心的理念，制定了员工个人成长、发展与事务所的需求、发展相结合的人才计划，灵活用人机制，尊重员工的兴趣和成就，为其提供发挥自己能力和聪明才智的舞台，形成了一支专业人员齐全、整体业务素质较高、职业道德良好、年龄结构合理的执业队伍，使事务所在促进地方经济健康、稳定、和谐和快速发展方面作出了一定的贡献。

完善内部治理，为事务所转型升级打下坚实基础

衢州广泽联合会计师事务所

衢州广泽联合会计师事务所是2005年5月成立的合伙制事务所，成立时全所仅有4人，当年业务量不到100项，收入仅60余万元。经过5年多的努力，2010年，业务收入达到430余万，从业人员20人，各项专业执业资格人数也在不断增加，并在2005年年底以重组方式成立了衢州广泽资产评估事务所，评估业务也逐年增加。虽然，目前我所已成为衢州市较为稳定、规模相对较大的中介服务机构之一，但我们仍努力朝着专业化多元化、职业道德良好、人员结构合理的方向发展，努力打造广泽品牌，朝着打造浙西地区龙头事务所的目标迈进。

建所以来，我们以“权责清晰、决策科学、管理严格、和谐发展”作为内部治理总目标，结合实际，不断建立和完善内部运作机制和管理制度，树立“以制度管人、以内控防风险、以抓内控提高质量、以诚信为灵魂”的办所理念，以打造“百年老店”为办所目标。主要的治理举措为：

一、强抓人力资源管理机制建设，以人员素质提升为抓手推动业务发展

事务所成立初期，对如何在竞争中生存与发展，我们做了充分的思考与分析。

首先，我们确定了不以恶性手段争夺市场的指导思想，事务所是以智合为特征的组织，人才是第一生产要素，是事务所在竞争中取胜的根本，只有将人的素质提高了，事务所整体实力才能随之增强。为此，我们确立了打造优秀人才、建设高绩效团队的战略目标，围绕着这一目标，紧抓员工的培训与学习，实施了一系列的奖学举措，来营造浓厚的学习氛围。2006年，我们在全所提出苦读、苦练学识与技能的工作要求，要求人人规划目标，编制学习计划，鼓励员工参加各类资质考试，增设了学习假和考试奖励政策，并将

学习成果作为年终考核的重要指标，与年度综合奖挂钩，与年度优秀员工评选挂钩。此项政策推行以来，为我所培养了多名执业人员。

2007 年，财政部举办第三届全国会计知识大赛活动，这是借力强化专业素质，借力创建品牌的好机会，我们将参赛作为事务所七八月份的一项重要工作来抓，通过组织动员，所领导带头报名，全所审计人员都参加了此项活动。通过 1 个多月的学习与培训，3 名审计人员分别代表市本级、衢江区参加了团体赛，为市本级队和衢江队荣获奖项作出了贡献。通过参加比赛，丰富了审计人员会计及相关法规知识，队伍专业素质也得到了明显的提高。同时，通过电视台、网络等媒体对活动的宣传报道，极大地提高了广泽的知名度和美誉度。现在，所有参赛的审计人员已成为我所的业务骨干，担当着重任。

其次，我们还成立审计、验资、会计、税收、工商、评估等专业课题研究小组，分工负责某一领域的工作难点、疑点的研究，负责新知识新政策的日常收集与传递，具体落实专业性知识的更新与充实。

此外，我们提倡讲奉献、讲团结、讲协作、讲包容的和谐合作关系，重视团队精神的培养与建设。我们把员工对工作的责任心、主动性、团结合作等日常表现列为年度综合考核指标，将日常工作中涌现的先进事例作为典型在每周早会上及时予以表扬和推广。

我们组织听取“全员职业化六维”修炼公开课，使大家认清职业化是一种工作状态的标准化、规范化、制度化，这堂课让许多员工看到了自身的差距，课后制订了个人修练计划，有了具体改进方向，极大增进了接受各种教育的自觉性和主动性；委托当地一家企业管理咨询公司做长期的职业化内训工作，分期分批派员参加《衢州市职业经理人培训班》培训；把《把工作做到位》一书作为教材，组织员工认真阅读并开展心得交流。

通过上述教育学习活动的开展，使员工树立了正确的工作理念，个人素质得到了提升，懂得了如何更好地做好自己的本职工作，敬业、勤业的氛围日渐浓厚。

二、不断深化客户资源管理，拓展业务新领域

客户是事务所生存和发展的基础，没有客户就没有事务所，没有客户的满意就没有事务所的成功。我们以深化专业和服务品质建设为手段，围绕着开发客户和维护客户两大任务组织实施客户资源管理工作。

建所以来，我们以争取市场新增业务份额为重点来开拓业务，以新设立公司为主要客户对象，围绕着打造验资优势，在纵深验资专业知识、深化优

化服务上狠下工夫。2005年建所初期，专门派员工到工商部门学习公司登记相关流程，使验资人员不仅懂资本审验程序，还熟悉公司登记政策和登记程序的各个细节，熟悉公司经营范围涉及的前置审批中各项政策的要求和审批程序，在验资的同时能为企业提供更多的政策性辅导。同时，针对外地投资者异地办事不便的现状，推出代跑前置审批部门、代书工商登记资料、代申领各项证照等多项服务，为投资者提供方便、节省时间。由于我们服务周到，专业性强，很快得到了客户以及招商部门的赞许，验资业务在本市的影响日渐扩大。目前，通过验资业务开发客户仍是我所业务拓展的一大途径，平均每年可新增客户数百家，验资项目收入也取得连年递增的良好业绩。

此外，我们提倡真心诚意的服务理念，提出与客户共同成长的口号。凭借自身的专业知识以及获取政策及其他信息的及时性等优势为广大客户提供事后服务。2006年起，我们坚持每年自编一本工商、财务、税收最新政策及变动汇总册，每年组织一期对客户财务人员的辅导培训活动，每年为大中型客户提供所得税预审服务等一系列活动，侧重于向客户提供实务性指导和政策动态宣传，增进客户对我们专业能力的信任度，也领略到了我们的真心实意，和谐牢固的客户关系正朝着健康的方向发展。

当然，在具体业务中如何既保持独立、客观、公正执业，又能正确处理好客户关系，是经常会遇到的问题，为了提高解决问题的能力，我们组织学习方法论，以《方法总比问题多》等教材帮助员工掌握具体方法，遇到日常工作中的成功事例，及时作出肯定和推广。

同时，客户的信任是项动态的维护工作，要持续赢得信任，必须顺应客户的发展不断创新业务，随着客户的成功经营与发展，随着我国资本市场的不断完善与规范，企业兼并、重组、收购等活动日趋频繁。我们偿试着利用信息优势和专业优势，积极为客户改善经营管理，优化资源配置，提高经济效益提供各类咨询性服务。目前，我们涉足了运用股权出资政策组建集团的方案操作，运用企业合并特殊税收政策实现企业资产重组的操作，还计划朝着税务咨询、内部控制设计等管理方向开发各项咨询类或代理类的业务。

三、完善制度建设，规范各项管理

随着事务所从业队伍和业务量的不断壮大，必须依靠内部管理制度来建设职业规范化、标准化。在省、市两级注协的指导下，经不断完善，目前我所已基本建全了综合类、质量管理与风险控制、人力资源管理、财务管理、行政管理等相关制度。2011年，我们对照制度实施效果，通过向省内多家优秀事务所学习取经，结合本所实际，对合伙人协议和章程、事务所发展规划、岗位责任制度、薪酬分配制度的内容作出了修改与完善。

四、适时调整激励和分配机制，增强员工凝聚力

怎样建立科学的激励机制是关系到各层次人员切身利益的大事，是把“双刃剑”。我们组织骨干到其他事务所进行考察，就如何从薪酬设计上适度缓解员工压力等问题进行了充分的探讨和交流。在此基础上，广泛征求员工的意见，结合本所实际，本着激励与和谐相兼容的原则，修改了原薪酬制度，大幅调高固定性工资权重，降低浮动性工资比例。调整后的薪酬制度得到90%以上员工的赞同和认可。

五、完善合伙人制度，增强事务所核心力

为鼓励人才引进，合伙人以事务所发展为大局，主动退让部分股份，吸引行业资深人士加入广泽队伍。同时，为保障合伙人队伍健康稳定的发展，根据事务所发展的需要，修改了合伙人协议内容，现任首席合伙人还主动提请以其所持有的部分股份新设所长岗位股，由今后每届任职内的所长享有。今年我所新增了合伙人，有效地缓解了高级专业人员不足的窘境，也使我所合伙人队伍与当前的业务规模更相适应，并为待开发的新业务储备了专业骨干力量。

点　评

衢州广泽会计师事务所自2005年成立以来，在章亚玲主任会计师的带领下，树立以制度管人，以内控防风险，以抓内控提高质量，以诚信为灵魂的办所理念，以打造“百年老店”为目标，团结合伙人及全体员工，克服种种困难，让一个小所成长为浙西地区的龙头所，拥有衢州市各所中注册会计师人数最多、业务收入增长最迅速的事务所。这些成绩的取得归功于科学、正确的办所理念，以及一系列的内控管理制度的建立和完善。

该所注重品牌建设，建立健全内控制度和员工培训制度，努力构建和谐的劳动分配关系。同时，也非常重视会计师事务所的企业文化建设，积极参加各种捐款扶贫结对子活动。充分发挥党组织的战斗堡垒作用，担当起社会责任，树立了良好的社会形象。抓员工培训是该所的一个亮点，事务所十分重视员工的培训和学习，建立了一系列的学习奖励制度，积极鼓励员工参加各种资格的考试、学历教育、继续教育培训等，在所内形成了浓厚的学习氛围。

希望该所在全体合伙人和其他员工的共同努力下，各项管理更完善，发展速度更快！业务质量更高，劳动分配关系更和谐，社会责任感更强，真正成为衢州地区的标杆所！

制度与自律是行业发展的基石和动力

舟山安达会计师事务所

浙江省会计师事务所行业当前发展中出现的“一小、二多”情况，即规模小、数量多问题，舟山也同样存在。这些问题的出现和发生原因固然多种多样，外部因素事务所无法控制，但从内部来总结，最根本的原因是内部治理缺失或不完善，如股东或合伙人未能正确处理个人利益与事务所利益和社会利益的关系，股东（合伙人）矛盾，事务所分裂；薪酬与业务收入、能力不平衡，所内不和谐；净利润及积累分配不公，产生小集团，派系严重，最终阻碍行业的发展。舟山安达会计师事务所从1999年脱钩改制以来，之所以能避免上述问题的出现，业务收入随着当地经济的发展而健康稳定增长，最成功的经验是在建所之初就将内部治理建设放在了首要位置，如果当初没有这些根本性制度的制订及执行，我所也不可避免会出现上述各种问题。

一、制度约束促和谐

事务所创办之初，股东来自不同的单位，彼此之间没有深入的接触和友谊，这时就不能依靠原有的行政管理模式来管理了。各股东之间是平等的关系，而要维持好这种关系并使其产生合力，就需要有制度来约束和维系。即“凡事预则立，不预则废”。为此，我们制定了《收入分配办法》、《费用报销办法》、《费用支出审计制度》、《工资奖金分配办法》等制度，使事务所的经济运行均在阳光下按序进行，避免了股东之间最会产生矛盾的费用报销、收入分配不公等问题。年末，由全体股东轮流作为内部审计人员对本年度费用支出情况进行审计，同时，各股东也有权查阅费用支出情况，在制度上杜绝暗箱操作、相互猜测等产生不和谐的因素。十多年的运行结果，比较其他事务所产生的种种矛盾，我们欣慰地体会到制度的约束是多么重要，它从根本上保证了我所的有序和谐发展。

二、年功奖励助发展

每个人都有贪念，就如人口渴时觉得能喝下整个大海，这就是贪念；真喝时，只能喝下属于自己的一杯清水，这叫自律。能划清贪念和自律的界限就可以达到廉的境界。虽说达到廉的境界很难，人不免经常有贪念，但若在心灵深处是自律的，那么虽说有一时的贪念，也不至于作出令同行和行业所不耻的行为。如何克制每个人的贪念或将其自律在可控范围内，就需要有制度保证。按劳分配，充分尊重每个人在事务所中的作用，确定合理的薪酬和净利润分配制度是事务所内部和谐发展的保障。我们的分配制度主要包括了以下要点：一是结合事务所的实际情况，坚持以人为本，善待员工，让员工共享事业发展的成果。结合长期的管理实践，员工的薪酬比例不应低于业务收入的30%。二是股东之间的净利润分配不宜按出资比例进行分配，要多兼顾股东（合伙人）的执业能力、业绩贡献、行业声誉及作用大小进行分配，尤其要考虑其业绩贡献。从而真正体现按劳分配的原则。三是要以制度形式合理处理职务消费问题。事务所在开展工作中，不可避免地也要产生一定的费用，但其中的职务消费费用处理不当往往会产生矛盾，甚至导致事务所的分裂。因此，事务所对职务消费一定要制定相应的规定或制度，化解可能产生的矛盾，进而从制度上根绝矛盾的产生。

除合理的薪酬和净利润分配制度外，事务所内部的股东或合伙人由于其肩负着领导和管理事务所的责任，其思想是否一致直接影响或制约事务所的发展，甚至导致事务所的分裂，进而对行业的发展产生冲击或负面影响。要使事务所和行业能和谐发展，基于行业的特殊性，我们制定了《年功奖励办法》。根据各股东的工作年限和工作实绩，结合年度整个事务所的收益情况，以制度的形式保障有突出贡献的股东或合伙人，享有合理的年度收益，避免多劳不能多得损害股东主观能动性，从而充分调动各股东的工作积极性，为事务所多创造收入，求得事务所及行业的发展。

三、吸引人才谋效益

事务所的发展和经济效益的取得，其关键是人才的聚合。为此，我们从“以事聚人、以情留人、知人善任”的角度制定了相应的《人才培养发展制度》。

一个有正常思维的人，都有一个共同的特点和向往，就是人生要有所作为，想成就一番事业。有了好的事业，还需要尊重每个人的人格。基于这些基本常识，我们不仅要对同事、对同行做到尊重、理解、信任、包容、体恤和关切，还要认识到每个人都有其特点，正确对待每个人的才华和潜能，让其得到施展。只有会识人用人，用当其时，用当其位，用当其才，才能做到人尽其才，才尽其用，才能让有能力的人有自己发挥的舞台，人的潜能才能充分发挥。为此，我们在制度中对每个人从进所、考试、进修、取得执业资格、独立成立项目小组、成为股东等规定了条件及鼓励措施，使每个人认识到在行业中的地位和作用，及对行业和事务所的重要性，进而不断进取、模范地遵守行业规则，促进行业的和谐发展。此办法的实行，不仅使我们从外部吸引了优秀人才，与其他不断分裂的事务所形成了鲜明的对比，而且使现有员工有了良好的奋斗目标。

四、业务监管保质量

注册会计师行业是伴随着市场经济而产生和发展的，其在市场经济中所承担的经济鉴证和经济咨询的职能决定了该行业是维护市场经济体系的重要组成部分，扮演着保障社会信息质量、维护资本市场秩序、保护国家经济安全的角色。随着全球经济一体化的加剧，注册会计师行业必将依附经济的发展而发展、兴盛。我们在办所之初就认识到了这一点，当时就以长远的眼光看待行业的现状和谋划发展思路，即“会计师事务所要确立可持续发展战略目标，立足于打造‘百年老店’”。事务所的立所之本就是质量和信誉，因此，我们以中国注册会计师执业准则为基础，制定了事务所的业务监管制度，从制度上保证业务质量，以质量赢得客户和社会公众及相关部门的信任。制度的先行，使质量概念在每个执业人员中形成了共识，办所十多年来，从未发生过一起质量事故。

正因为有了长远的发展眼光和正确的发展观，所以事务所能客观地、理性地对待当前行业发展过程中发生的过度竞争及执业行为功利化现象，全所达成了共识即质量先行，任何业务都不能以牺牲职业道德、牺牲社会公众利益或行业利益来换取自身的业务利益。对眼前所发生的竞争无序、执业标准降低、权钱勾结等丑恶现象的蔓延，我们就能端正和平衡自己的心态，而不与之同流合污。我们确信坚定不移地遵守以质量求信誉，以信誉求发展的长远发展思路，在发展的道路中没有什么困难是不能克服的。为求一个项目，为一单业务而不惜诋毁同行，奴颜婢膝，虽然得到了些许金钱，但失去的是人的尊严、社会的公信和行业的声誉。

五、职业道德求大同

注册会计师的职业道德要求我们对自己和对同行的尊重及对社会的诚信

是对自信的总结，是业内人士应具备的最低要求，它包括人的道德品质、执业修养、对同业的竞争等。这里我们着重对同业竞争加以分析，事务所的改制设立已有十年以上的时间，大部分从业人员都已经受了市场经济的考验和洗礼。近年小型合伙事务所的出现，破坏了市场竞争规则，它们不是以提高自身的执业水平来获取市场，而是更多地以支付回扣采用商业贿赂的办法寻求市场，通过拉拢腐蚀政府有关部门的人员进行非法行政干预取得业务。对此，我们的个别员工也曾经产生过迷茫，但我们总是以《三言》里的一篇文章“王安石三难苏学士”开篇四句话，“势不能用尽，聪明不能使尽，便宜不能占尽，福不能享尽”来开导员工，使其认识到任何人都有自己的长处和不足，若以为自己是天底下最为聪明，可以挤垮所有其他同行，争得天下所有业务的人，那么他离灭亡也就不远了。

遵守职业道德准则，领会其基本要求，就可在其框架下自信地开展工作。而自信是成功的必要条件，但自信不能停留在想象上。要成为自信者，就要像自信者一样去行动。广义地讲，自信本身就是一种积极性，自信就是在自我评价上的积极态度。狭义地讲，自信是与积极密切相关的事情。没有自信的积极，是软弱的、不彻底的、低能的、低效的积极。因此，自信是发自内心的自我肯定与相信。从外部来讲，国家以法律的形式为注册会计师行业的建立、发展奠定了基础。从事这个行业的主要力量都经过国家的挑选，通过考试表明其有能力从事这一行业。因此，从业人员应将主要精力放在提高执业水平上来，做人要有自信，对国家、对社会公众和同行要有自信，同时还要诚信。现在社会上不是出现了很多问题产品吗？毒奶粉、毒蔬菜事件的产生并非偶然，是职业道德的缺失。《孙子兵法》中的“兵不厌诈”不仅被广泛地应用于对外交往与企业经营上，还产生了社会诚信危机。这些问题的表露也仅是社会危机中的冰山一角，注册会计师行业也未能幸免，如将自己的牌子许可非行业内的其他人使用，卖印章收取非法报酬；为获取非法利益提供虚假报告欺骗有关部门；或视行业利益于不顾以极低的价格出具业务质量低下的报告等。所有这些问题的出现正是没有自信的体现，其实质是对自己实力的否定，是内心虚弱的表现，是对行业的玷污，是行业的败类。一个有自信的事务所一定视其信誉为生命，没有自信也就没有了诚信，对社会没有诚信，社会必然对这个行业失去信任，没有诚信的这个行业也就失去了存在的基础和必要了。

六、业务创新与技术创新图增长

提倡自律，并不是反对竞争，而是对有序竞争的制度或框架的保证。事务所要在激烈的市场竞争中得以生存和发展，必须要有自己的核心竞争力，业务创新和技术创新正是事务所转变经济增长方式的现实需要，是在竞争中立于不败之地的绝招。随着我国经济的快速发展，事务所应利用自身的优势，除开展财务报表审计、验资、资产评估等传统业务外，应结合社会的需要，拓展各类新的业务领域，寻求新的业务增长点。如可以开展内部控制评价与咨询及鉴证、企业战略规划咨询、税务咨询、资信调查、企业策划、并购重组、投资决策及政府购买等等。要实现上述目标，改变工作方式，提高从业人员的自身专业素质是关键。如在计算机辅助审计中，不能沿用过去的方法与思路进行审计，只对其信息结果进行审计，而应该充分利用计算机技术对其信息产生的过程及结果进行分析、判断，以有效地识别和评估潜在的重大错报。在人员的招聘上更要扩大思路，不能仅限于财务专业人员，更需要各类工程技术人员、金融、法律人员及计算机信息系统人员等。因为上述业务相对事务所的传统业务而言是高端业务，是尚未进行大规模开发就被投资银行等机构乘虚而入所暂时挤占的市场。高端市场能力是技术决定需求，是供应决定需求，你的技术能力如何及有哪些技术能力决定了你能够提供哪些业务。业务创新必须有技术创新作保障，只有两者结合才能产生效益。如开展并购重组业务，财务审计人员不可缺少，但是若没有工程技术人员的支持，就不可能对目标企业在该行业中的地位、工艺生产技术的先进性、技术人员的素质、设备状况、产品发展前景有一个正确的判断和合理的评估；没有法律专业人员支持，对并购重组中产生的各种问题是否能逾越以及如何逾越，都将形成障碍。又如开展财务总监外包业务，一般的财务总监其能力总局限在自身能力内，但若事务所开展此项业务，则将其个人的能力延伸到了团队的综合能力。目标公司的财务、会计、内控、收购兼并、投资、重组都有事务所的综合能力作保证，可以使公司得到财务总监服务的同时，又得到了专家团队的服务。更重要的是，还可以使企业避免人员的突然离岗导致的风险及损失，同时，事务所又能伴随着公司的发展、壮大而分享其服务领域与效益。所以，业务创新避开了传统市场的激烈竞争，从业人员综合素质的提高为技术创新提供了开展业务的保障，两者的结合既应对了竞争，又使事务所经济有了一个大的增长。

十多年的管理实践，我们得出的经验是：职业道德求大同，业务监管保质量，制度约束促和谐，年功奖励助发展，吸引人才谋效益，业务与技术创新图增长。

点　评

舟山安达会计师事务所是舟山市一家规模较大、管理较为规范、执业质量较好的会计师事务所，也是舟山市同行业中最早制定内部执业规范的事务所之一。从1988年10月建所以来，该所就十分重视事务所内部管理制度的建设，先后制定了审计、验资、资产评估操作规范和业务指导等多个执业质量制度，有效地控制和防范了执业风险。

1999年事务所脱钩改制后，该所狠抓了内部制度的落实和完善工作，其内部治理有以下几个成功的做法值得借鉴：

一是事务所管理层和全体股东高度重视内部制度的建设。大家一致认为："凡事预则立，不预则废。"用制度来规范执业行为，用制度来解决收入分配，用制度来创造和谐的企业文化是该所一贯的做法。

二是设计的各项制度符合事务所的实际情况，具有可操作性。事务所设计的各项制度充分考虑了事务所的经营规模、业务特点、部门设置和员工的素质状况，既讲求了合理性、先进性，又具有可操作性，并且每年定期检查、修订完善各项制度的落实情况。

三是该所高度重视事务所的"人合"，实行按劳分配。较好地处理了收益分配关系，如股东之间的净利润分配不是按出资比例分配，而是兼顾股东的执业能力、业绩贡献及作用大小进行分配，从而真正体现了按劳分配的原则。为了吸引人才谋发展，该所从"以事聚人、以情留人、知人善任"的角度制定了相应的《人才培养发展制度》，从而吸引了不少优秀专业人才的加盟。

四是该所把职业道德教育和业务监管紧密结合起来，引导全体从业人员严格按执业规范开展业务，保证了业务质量。客观地、理性地对待当前行业发展过程中发生的过度竞争及执业行为功利化现象，坚持长远的发展眼光和正确的发展观。全所形成了质量先行的共识，做任何业务都不能以牺牲职业道德、牺牲社会公众利益或行业利益来换取自身的业务利益。

舟山安达会计师事务所介绍的"制度与自律是行业发展的基石和动力"，是该所长期以来内部治理建设方面的一些成功做法和经验总结，这些做法和经验为舟山市其他会计师事务所加强内部管理提供了较好的示范；对于推动和促进当地注册会计师行业进一步建立健全内部决策和管理机制，提高各执业机构防范风险和质量控制能力，完善各项内部管理制度起到了较好的作用。

此外，该所十分重视党组织建设和发展党员工作，把优秀分子培养成党员，把党员培养成业务骨干，积极开展“创先争优”活动，努力提升和凝聚事务所文化。2010 年，舟山安达会计师事务所党支部被中共舟山市财政局委员会和中共舟山市直属党工委评为“优秀党支部”。

台州中天会计师事务所建设与实施内部治理机制的体会

台州中天会计师事务所

台州中天会计师事务所（以下简称中天所）系在1999年9月经改制而设立，经过十多年的不断开拓、创新、发展，由当时员工仅为13人、年收入不到200万元发展到现有员工87人、年收入近2500万元。在发展壮大的过程中，中天所深深地体会到内部治理机制的建设与实施起到了很大的作用。现将有关情况介绍如下，以抛砖引玉。

一、内部治理基本情况

中天所经多年对内部治理机制的不断修改、完善，现在的组织架构设置合理，职责明确，运行效率较高。设置了股东会、董事会、监事会、董事长办公会议、专业管理委员会等议事机构，建立了相关会议的议事规则。制定近30个有关内部治理制度，如《人力资源管理制度》、《资金费用管理办法》、《员工薪酬分配办法》、《休假管理制度》、《公章及业务用章管理制度》、《业务工作底稿管理办法》、《办公场所管理办法》、《业务承接及工作委派办法》、《业务工作底稿三级复核制度》、《从业人员集中学习实施办法》、《员工交通费用报销办法》、《路桥分所管理若干规定》、《财务会计管理制度》、《执业质量控制制度》以及财务审计、验资、资产评估、税务代理、工程造价咨询、司法鉴定等业务操作规程。明确了董事长、总经理、副总经理、部门经理、项目经理和支持部人员等的岗位职责。建设和实施上述这些内部治理制度，有利于化解员工矛盾，妥善处理员工关系；有利于提高执业质量，降低执业风险；有利于单位高效、有序的运作。

二、几点体会

体会一：管理层，特别是主任会计师思想认识到位是关键。

思维决定行为。单位是否设置管理机制，是否建立管理制度，建立哪些制度，取决于管理层，特别是主要领导者的态度。我们认为，团队和谐，是单位发展的基础。唯有和谐，才能调动员工的积极性、创造性，才能挖掘员工的聪明才智。要促使团队和谐，就要制定“游戏规则”，正所谓“没有规矩，不成方圆”。一个单位会涉及方方面面关系处理，如股东之间、员工之间、股东与员工之间的利益分配；财产、资金的管理；工作的委派；执业质量的监管；管理层之间的分工、协作，等等，如果事前未制定规则，遇事凭主任会计师和管理层其他人员的主观意志处事，难免会出现特事特办、“下不为例”，长此下去，就会使员工感到无所适从，就会使员工感到领导处事不公正，就会使员工对领导失去信任，对单位失去信心，届时，不和谐局面就会出现。

基于这样的想法，中天所认为，制定内部治理制度，并不是可有可无的事情，而是必不可少的事情且应尽量做到内容完整，具有可操作性和先进性。正因为中天所有这样的想法，中天所才会有动力去思考要设计哪些制度，才会有动力去建立哪些制度。认识到位和管理层思想上的高度重视，是建立和实施内部治理机制强有力的保障。

体会二：设计的制度必须要符合单位的实际情况，具有可操作性。

没有制度不行，有了制度不执行或无法执行也不行。设计的制度不是为了摆设，而是为了利于管理。因此，中天所认为，单位设计的制度必须要考虑单位的经营规模、部门设置、业务特点、员工素质等实际情况；必须要讲求合理性、先进性和可操作性；必须要达到既有利于单位管理，又能调动大多数员工积极性的要求。中天所现行的制度均是本着上述理念设计的，运行的结果基本上达到设计初衷。设计的制度均须经过由上而下、由下而上反复商讨后出台，确保制度在大多数员工中能够有效得以执行，且高度关注制度实际执行的情况，并根据实际执行情况，及时修改完善。如针对中天所“人合”而不是“资合”，且股东人数较多、股东进出时有发生的特点，中天所在单位章程、出资人协议书中详尽规定了新出资人的条件、入股程序、入股价格的计算，出资人在什么情况下应当退股，退股价格如何确定等；针对计提的职业风险基金如何处理问题，中天所提出了按当年出资人和出资比例记入出资人名下，在出资人未离开单位前，原则上不得处置，如要处置，由董事会提出处置方案，经出资人大会讨论决定；如单位在存续期间发生诉讼赔偿，其赔偿顺序为：先由记入项目负责人名下的自单位成立之日起至引起赔偿报告年份期间的职业风险基金累计发生额的50%金额赔偿。赔偿不足部分，再由相关负责人（二级复核人、三级复核人）名下的相同期间的职业风险基金累计发生额的10%部分赔偿。赔偿仍旧不足的，由单位第一年计提的职业风险基金赔偿，第一年赔偿后仍不足的，由单位第二年计提的职业风险基金赔偿，以此类推，赔偿后，记入各出资人名下的职业风险基金按出资人的出资比例重新量化。出资人离开单位后，在离开单位时不能当即领取记入名下的职业风险基金，自离开单位之日起五年为限，若单位未发生赔偿，且该出资人离开后未从事与本单位业务相关工作，届满五年时可领取记入名下的职业风险基金；若该出资人离开后从事与本单位业务相关的工作，则丧失领取风险基金的权利。若单位在五年内发生诉讼赔偿，则按照赔偿并量化后的金额领取。为了鼓励员工积极拓展业务和加强业务费的收取，我们在薪酬中明确了“凡是项目在五万元以上，30万元以下，按业务收入的10%计算业务开拓和维护费。凡项目收费超过30万元的部分，按其超过部分的5%计提业务开拓和维护费”。部门经理以下人员首次开拓的业务项目，其计算的业务开拓和维护费，其50%部分作为奖金计发给开拓人，部门经理以上人员首次开拓的业务项目，其计算的业务开拓和维护费，作为部门经理以上人员年度业绩考核的指标之一。

体会三：设计制度既要讲求全面，又要突出重点，把握关键控制点。

单位的人事管理、“产品”质量管理、风险控制管理、财产物资管理、成本费用管理等，不是孤立的，而是相互联系、相互制约的。如果能理顺单位的人事关系，能调动员工的工作热情，激发员工的创造力和战斗力，提高员工的执业能力和执业水平，就会有利于单位提高“产品”质量，降低执业风险。同理，如果能规范业务执业规程和工作底稿编制，严格按执业准则执业，也会有利于员工提高识别和防范风险能力，提高服务产品质量。又如，加强单位财产物资、成本费用管理，保护单位资产安全和完整，提高单位经济效益，就能确保单位持续快速发展，保障或增加员工收入，就能留住人才，稳定队伍。所以，制度建设要从人、财、物各方面，要从业务承接、委派、实施、复核、出具报告等各个环节，全面、系统地进行设计。同时，又要突出重点，把握各项制度内容的关键控制点。我们认为，会计师事务所内控制度的关键控制点包含两个方面，一是队伍的管理，包括如何招聘和辞退员工，如何使用和培养员工，如何激励员工，如何加强员工的职业道德、思想品质修养教育，等等。单位的管理，从根本上说，就是对人的管理。我单位制定的《人力资源管理制度》、《员工薪酬分配办法》、《休假管理制度》、《办公场所管理办法》、《从业人员集中学习办法》、《员工守则》等制度，都属于这一范畴。二是执业风险的控制，之所以把风险的控制作为关键控制点，这是由会计师事务所的性质决定的，注册会计师每年承办几十个、几百个项目，无时无刻不与客户发生业务关系，如果不注重风险防范，不知不觉就会上当受骗，甚至承担经济赔偿和刑事处罚。中天所制定的《业务承接及工作委派办法》、《业务工作底稿三级复核制度》、《执业质量控制制度》以及各项业务操作规程，目的就是引导员工规范执业和理性选择客户，同时通过实施三级复核，加强从业人员之间的相互制约，最大限度地规避审计风险。

体会四：有关制度必须要及时更新和完善。

单位的内外部环境时刻在发生着变化，如公司法、会计准则、会计制度、会计师事务所财务管理办法、执业准则的修订等，又如单位队伍的不断扩大、内部组织机构设置的调整等，以及制度在执行过程中存在的不足，这些都要求单位必须及时对制度进行修改和完善。中天所一般在每年的第四季度，对制度执行中存在的问题进行讨论并提出修改意见。如单位人力资源制度，自1999 年制定起，至今已修订五次，重点是完善了员工的职级定级和绩效考评。如员工的薪酬分配制度，针对工作量奖金的分配问题，先后修订了六次，完善了工作量奖金在项目组成员之间的分配办法，明确了业务承接人、交办人、收费责任人的权利和义务。2010 年，中天所首次制定了单位员工休假制度，进一步明确了员工的休假权利。

体会五：创造有利于制度执行的环境氛围。

要使制度得到有效执行，首先，要让员工了解知悉本单位的内部治理制度。如果本单位员工不知道单位有哪些制度以及制度的具体内容，那就谈不上遵守制度问题。中天所的管理制度，基本上做到了人手一册，新制定的管理制度，在单位内部网站上公布。对新招聘的员工，将单位主要管理制度内容作为上岗培训内容之一。《员工守则》、《办公大厅管理规程》等日常管理制度专门在办公大厅主要位置挂贴，让每位员工每天都能看到。同时，我们还经常利用员工集中学习机会，学习有关业务操作规程，业务工作底稿编制等执业规范。其次，鼓励员工积极参与内部治理制度的制订、补充和修改，不断听取员工意见和建议，有针对性地召开各类座谈会、党支部会议，征求管理建议，开展以事务所和谐建设为主题的倡议和活动，推动树立积极向上、管理有序的价值观和道德行为规范。

体会六：规章制度能否有效执行，关键看管理层能否自觉遵守制度。

俗话说得好：上梁不正下梁歪。管理层的行为往往会直接影响到部下的行为。如果管理层们经常违反制度，部下看在眼里，记在心中，管理层就没有底气要求员工遵守制度，久而久之，大家都不会遵守制度。那么，出台的制度就会失去其应有的作用。管理层是单位的制度执行的标杆，只要管理层领导严于律己，遵守制度，只要单位一把手严格按照制度处事，公平公正的对待每一个人、每一件事，不管涉及哪个职级，先进者能按章表扬，违章者能按章处罚，不姑息迁就，不随意宽大。这样，我们的员工就会自觉地跟随，单位制度就会得到有效执行。中天所凡是涉及属于董事会、股东会职权范围内的事项，董事长均会及时召集董事会、股东会商议并作出决定，议事通知、议事程序基本上能符合单位章程规定。涉及属于各专业委员会商议的事项，先由各专业委员会商议形成意见，再由董事会决定。涉及属于主任会计师（总经理）职权内的事项，主任会计师认为是重要事项的，需要经管理层讨论决定的事项，均能及时召集主任会计师办公会议讨论后决定。员工正常的资金使用和报销差旅费、小车等费用，主任会计师均能按照《资金费用管理办法》实行一支笔审批。按照单位章程及其议事规则议事，保证了单位各组织机构恪守职责，规范运作，同时也体现了单位决策层、管理层是遵守单位章程、规章制度的推动人、执行人。

体会七：员工积极性的调动依靠制度体现。

如何调动员工的工作积极性和主动性，直接关系到单位的生存和发展。为此，中天所在多个方面的内部管理制度中体现了“人合而不是资合”、“单位如家”等理念。如：股东享有的利润分配不得超过投资额的20%，实质上相当于民间贷款利息。而且，员工取得执业资格后两年，经考评合格，即可以成为单位股东，促进了执业队伍的稳定和发展。打消了员工短期执业的顾虑，对于提高单位执业质量起到了一定的作用。又如，为提升单位企业文化建设，增强员工联系与沟通，专门制定了员工活动管理办法，设立联谊活动小组，由员工代表担任活动小组组长，不定期地组织员工开展各项活动，既可以以部门为单位，也可以自行组织部分员工进行各种类型的活动，费用经董事长审批予以报销。

体会八：积极发挥党组织和党员及青年骨干对制度文化建设的促进和引领作用。

党组织自建立以来，积极主动参与事务所所有重大问题的决策，在参与决策中贯彻党的方针政策，引导事务所遵守国家的法律法规，坚持党对民营经济的政治领导，充分发挥党组织的政治核心作用。同时，积极引导党员在思想上牢固树立起正确的世界观、人生观和价值观；坚定理想信念，明确政治方向，切实增强政治责任意识、整体大局意识、制度执行意识、服务群众意识、廉洁自律意识，不断提高思想政治素质，团结凝聚全体员工，维护员工合法权益，促进事务所稳定健康发展。在有关事务所重大事项的调整过程中，要求党员既从做大做强事务所考虑，积极参与配合，又对公司治理结构、组织结构、方式调整可能带来的利益格局的变化从团结稳定的角度予以充分的重视和反映，树立大局意识、奉献精神，以长远、发展的眼光看待眼前利益的调整，并在日常工作中对非党群众施加影响。根据事务所发展中的问题，2007年，公司董事会会同党支部作出了“关于构建和谐中天的决定”。决定以决策能得到有效推行，管理制度能有效实施，员工良好的建议能得到采纳，沟通渠道顺畅，人文修养提高，大家相互之间彼此尊重、理解、友爱、帮助，团队具有凝聚力、战斗力，公司信誉进一步提高，公司能得到更快发展为目标和任务，坚持以人为本、健康发展、依法经营为原则，提出了树立以弘扬正气为荣，以败坏所风为耻；以诚实守信为荣，以作假欺诈为耻……以精益求精为荣，以不思进取为耻的中天所荣辱观。引导员工树立正确的为人处事观，倡导爱所、诚信、敬业、守纪、友善等道德规范，反对拜金主义、享乐主义、极端个人主义，开展职业道德教育，在全所形成知荣辱、讲正气、促和谐的风尚。此外，通过发出“落实科学发展，践行诚信服务”倡议；组织开展“诚信服务先锋”、“创先争优”业务研讨；设立员工联谊活动小组；鼓励青年员工积极参加“纳税服务志愿者”组织等；既提出了希望，也促使公司制度文化的形成。

点评

中天所系1999年9月经改制而设立的，近年来，业务得到了较快发展。应该说，该公司这些年的稳定发展，与公司设置了比较合理的内部治理机制和建立了比较完善的内部管理制度以及有效实施是分不开的。

一、重视建立和实施内部治理机制和管理制度。通过建立和实施内部治理机制和管理制度，妥善处理员工关系，提高执业质量，降低执业风险，从而有利于公司高效、有序地运作。制定了《人力资源管理制度》、《资金费用管理办法》、《员工薪酬分配办法》、《休假管理制度》、《业务工作底稿管理办法》、《业务承接及工作委派办法》等制度，明确了人员的岗位职责。

二、设计的各项制度符合公司的实际情况，具有可操作性与前瞻性。公司设计的制度既考虑了公司目前的经营规模、部门设置、业务特点、员工素质，又在一定程度上考虑了发展变化；既讲求合理性、先进性，又具有可操作性。如针对该公司“人合”而不是“资合”且股东人数较多、股东进出时有发生的特点，在公司章程、出资人协议书中详尽地规定了新出资人的条件、入股程序、入股价格的计算，出资人在什么情况下应当退股，退股价格如何确定等；设计的制度符合公司实际情况，为制度的有效执行奠定了基础。

三、设计的各项制度突出重点。中天所内控制度的关键控制点包含两个方面：一是队伍的管理，包括如何招聘和辞退员工，如何使用和培养员工，如何激励员工，如何加强员工的职业道德、思想品质修养教育等等；二是执业风险的控制，公司制定了《业务承接及工作委派办法》、《业务工作底稿三级复核制度》、《执业质量控制制度》以及各项业务操作规程，加强从业人员之间的相互制约，最大限度地规避执业风险。

四、采取措施确保公司的规章制度能够得到有效执行。一是通过内部网站、手册、大厅张贴等方式使员工知悉公司制度以及制度的主要内容，并利用员工集中学习机会，学习有关业务操作规程，业务工作底稿编制等执业规范。二是公司一把手严格按照制度处事，公平公正地对待每一个人。三是公司各组织机构恪守职责，规范运作，遵守公司章程、规章制度，从而促使各项规章制度不断推进和完善。

五、积极发挥党组织政治核心作用。公司充分发挥党组织的政治核心作用，引导事务所遵守国家的法律法规，坚持党对民营经济的政治领导。在有关事务所重大事项的调整过程中，要求党员从做大做强事务所考虑积极参与配合，树立大局意识、奉献精神，以长远、发展的眼光看待眼前利益的调整。2007年，公司董事会会同党支部作出了“关于构建和谐中天的决定”，发出“落实科学发展，践行诚信服务”倡议，组织开展“诚信服务先锋”、“创先争优”业务研讨，鼓励青年员工积极参加“纳税服务志愿者”组织等活动。

立足实际，不断完善内部治理机制建设

台州中衡会计师事务所

台州中衡会计师事务所（以下简称中衡所）于1999年11月由临海会计师事务所脱钩改制而成，改制时只有注册会计师8名。成立以来，中衡所坚持“以质量求信誉，以信誉求发展”的宗旨，遵循独立、客观、公正、科学、实事求是的职业道德，狠抓事务所的内部治理，发扬敬业勤勉、勇于开拓、吃苦耐劳、团结奋进的中衡精神，经过十多年的发展，事务所不断壮大，现拥有专业从业人员50多人，其中，具备会计、经济、工程等高、中级专业技术人员20多人，人员结构更趋合理，不断地提升自己的品牌、扩大自己的影响。

在社会主义市场经济体制中，注册会计师行业和资产评估行业在市场经济中发挥着日益重要的作用。执业机构作为自主经营、自担风险的独立主体参与市场服务，其内部治理机制的合理性和有效性，直接决定着执业机构的生存能力。现将中衡所十多年来内部治理机制建设作一简要回顾。

一、开展内部治理机制建设的背景

中衡所创立初期，从一家当地财政局下属的事业单位脱钩改制为自主经营、自负盈亏、自担风险的社会中介机构。当时，临海本土的会计师事务所只有两家，竞争尚不激烈，虽然步入市场化经营，但是，股东和员工的角色转换还不是很彻底，理念上还一时转不过弯；人员结构相对较单调，注册会计师与助理人员配比不科学、管理人员侧重于一线做业务、人均创收额较低，业务领域较单一。日常业务侧重于传统业务，按部就班，业务拓展存在等、靠情况，主动性不强。

在发展过程中，中衡所管理层逐渐发现内部管理制度、管理体系亟须规范，内部管理上岗位职责不明晰，责、权、利不明确给管理工作带来很大困扰。当时，事务所内部成文的制度主要为薪酬制度，且分配较平均，导致员工积极性不高，业务领域拓展上存在局限性，没有合理的人才梯队。

中衡所董事会认为，加强内部治理机制建设是维护公众利益、树立行业形象的必然要求；是服务经济发展、实现做大做强的必然要求；是增进内部团结、构建和谐行业的必然要求。面对中衡所存在的问题，内部治理机制建设工作迫在眉睫。

二、采取的主要措施

2003年以来，根据上级主管部门“会计师事务所资产评估机构内部治理机制建设指导意见”精神，中衡所董事会主要采取了以下几方面措施：

（一）文化建设

1. 创立“中衡”品牌，“ZH”作为徽标核心要素。“中衡”既有中介、衡量的行业特征，又包含中庸、平衡的执业思想，谐音“纵横”表示竞争奋斗的意志和霸气，希望用专业服务赢得客户和市场。我们选择正方形作为主体构架，因为正方形稳固、刚正，与我们追求稳健的事业发展相吻合。代表着“独立、客观、公正”的执业理念，时刻提醒我们遵守执业规范，恪守职业道德。正方形内两个直角则代表着锐气和张力。我们选择紫红色为主色调，因为其温暖、理性、包容，既体现了中衡所“诚信、专业、协作”的价值观，又寓意中衡所前程似锦，一片光明。

2. 推行“中衡二十则”，推动中衡所稳步发展。“中衡二十则”内容为：一、忠诚敬业；二、态度决定一切；三、尊重他人；四、注重品德修养；五、虚心使人进步；六、领悟是智慧之源；七、勤能补拙；八、心境淳朴；九、全面真实看问题；十、客观公正地评价；十一、沟通是实现目标的润滑剂；十二、树立团队意识；十三、勇于承担责任；十四、先解决问题再说；十五、找借口就是推卸责任；十六、主动才能高效；十七、质量是公司的生命；十八、下道流程就是客户；十九、细节决定成败；二十、快乐而满怀激情地工作。

“中衡二十则”是对每一位员工的期望和要求，是中衡文化落实的精髓。如果员工不能按照企业文化的要求，在工作中自我调整和修炼，他将会失去在中衡进步的机会和长远发展的可能性。“中衡二十则”旨在让中衡的每一位员工了解公司倡导的文化理念、处事态度和工作方法。我们鼓励每一位员工积极参与中衡文化的建设和完善，成为共同的缔造者。

3. 鼓励员工提高理论水平，积极撰写论文，并对文章进行评选。中衡所各位同仁在工作之余，积极撰写心得体会、专业论文和管理建议书。部分论文在财经类专业书籍、行业期刊上公开发表，每年均有50多篇论文在本所出版的论文集里发表；员工撰写的管理建议书有的放矢，向客户提出建议和解决的方法，加强了企业的内部控制，使企业的管理效率和效果得到了一定的提高，深得客户的好评。我们希望全所同仁将工作和学习的深刻体会付诸笔端，笔耕不辍，理论联系实际，从实践中提炼真知灼见，提高我们的执业技术水平；并自选研究课题或是向省注协申报课题，提高我们的理论研究水平，拓宽我们的执业领域。

（二）制度建设

如何合理规范和有效协调事务所股东（合伙人）之间、股东（合伙人）与注册会计师和员工之间以及其他各相关方面的关系，充分发挥事务所各层次管理机构的职能作用，保障事务所及各利益相关者的合法权益，是中衡所制度建设的重点。

1. 完善事务所章程，推行有限的外壳、合伙的内核的运行机制。依据《中华人民共和国公司法》和中注协发布的《中国注册会计师协会关于印发修订的〈有限责任会计师事务所章程范本〉的通知》精神，我们对章程进行了适当的修改和完善，修改主要涉及事务所的股东权利义务、组织结构以及决策机制、高管人员的责任、利润分配原则等方面，并制定了45个制度对章程中未尽事宜进行了充实，弱化有限责任会计师事务所“资合”的特性，防止以资本控制专业，在一定程度上体现了事务所“人合”特性的治理结构。

根据我们的思想认识和工作中多年的实践，会计师事务所主要是智力型劳动的组合，在转换体制逐步过渡的过程中，中衡所形成了有限的外壳，合伙的内核运行机制，并配套设计了组织架构、岗位职责、制度体系。具体工作中在事务决策和利益分配上体现“人合”精神，日常工作由总经理办公会议替代股东会、董事会承担相关决策职能。利润分红按资分配压缩，按劳分配增加。利润分配中的20%用于对股东员工进行分配，60%在项目经理以上人员中分配，余下的20%在所内员工之间分配。这些极大地体现了事务所“人合”、“智合”的优越性，也增强了中衡所的凝聚力，使得大家朝着共同的目标奋进。

2. 强化责、权、利，不同的工作职责、不同的考核分配。中衡所形成了有限的外壳，合伙的内核运行机制，这就要求责、权、利要明确。不同的工作职责，不同的考核分配。

中衡所员工分为普通员工和合伙人。普通员工的奋斗目标是一步一步成为合伙人，合伙人则要尽到开拓业务、监控执业、经营管理的职责，并形成一套有效的进退机制。成为合伙人后集以下身份于一身：所有者、管理者、劳动者、专业技术人员。中衡所现在对普通员工和合伙人两类人的岗位职责和绩效考评是有所不同的。

实践中，形成了两种不同的利益分配模式：

一是分散管理。各自为政，有利于激励开拓，但违背“人合”精神，难以内部牵制，质量失控，风险巨大。

二是集中管理。一个整体，统一协作。可以尽量避免上述弊端，但条件是要有强有力的领导核心，建立健全绩效考评机制。

中衡所一直追求诚信、专业、协作，倾向于做到集中管理，但由于不同要素不同情况下的孰轻孰重，量化到人的计算方法、绩效考评的本身局限性等因素，分配不能做到绝对的公平合理。

中衡所制度体系建设完成后，确立了“按劳分配，要素参与，效率优先，兼顾公平”的基本原则，定量定性，责、权、利结合。目标是做大利益蛋糕，激励和约束公司所有人尽责尽力。配套措施：一是按劳分配必须制订科学、合理并便于掌握的评价体系，正确体现多劳多得、智力劳动复杂程度以及承担责任大小的收入差别；二是在事务所内部处理好对员工按劳分配与利润分红分配的关系；关键在于设定绩效目标，进行绩效考评；三是贵在坚持实施和不断完善。

3. 建立完善制衡机制，以公司章程为基础，将制度落到实处。我们按照《中华人民共和国公司法》及中注协的相关规定，以现代公司治理理论为指导，加强了事务所管理中的制衡机制。中衡所设立了董事会、监事会和股东大会。日常工作以总经理办公会议为主线，分工明确，并由监事会监督。建立了内部制衡的长效机制，重大的决策事项由股东大会按照相关规定作出表决。中衡所设立了考核委员会和专业技术委员会等非常设机构，发挥制衡作用，以弥补实际制衡工作的不足。如专业技术委员会由提出专业技术问题的人员商请主管合伙人提议召开，并不是由项目负责合伙人个人决定，可以有效地防止个人独断出现的失误或其他问题。

针对中衡所的实际情况，在公司章程的指引下，在汲取了其他所相关制度精髓的基础上，我们高屋建瓴地制订了45个制度。制度的制订主要是从以下三个有利于进行考虑的：一是有利于建立和保持严格的业务质量控制的长效机制，始终保证各业务环节和执行业务全过程处于有效的质量控制状态；

二是有利于通过依法管理和民主管理，正确处理事务所内部各部分人员的权利、义务关系与利益分配关系，充分调动出资人（合伙人）、管理者和全所员工的积极性、创造性，使之自觉地为事务所的发展共同奋斗；三是有利于最大限度地提高和保持会计师事务所的市场竞争力和社会公信力。制度涵盖了公司的纲要、综合管理、人力资源管理、执业质量管理、财务管理、行政后勤管理、网络信息管理、员工手册等八大类内容，我们在实际工作中将制度落到实处，并在实施过程中对相关制度做了一定的补充和修订，以使制度更科学、更合理，管理更高效。

（三）强化内部治理机制建设意愿

事务所要想良性发展，必须加强职业道德教育，强化风险意识，不唯利是图，不以追求短期效益为目的，以承担社会责任为己任，做一名堂堂正正的注册会计师。中衡所要求所有员工加强职业道德教育，提高执业的风险意识，摈弃商业化运作模式，推进“中衡”道德建设，提升员工的归属感，增强事务所的凝聚力。

1. 选人、用人时以道德优者为胜，并加强职业道德和业务培训。

（1）招聘、考察和考评员工时，我们侧重于员工德、勤方面的考量和核查。“德”乃一个人的思想品德，我们要求一名注册会计师要诚实守信、实事求是，也要求一名普通的员工品德高尚；“勤”指勤奋，勤能补拙，勤奋靠的是毅力，是持之以恒，我们要求员工坚持不懈地工作或学习。我们要求员工“德勤兼备”，品德至上，认认真真，努力干好每一件事情，不怕吃苦，踏实工作。

（2）录用新员工后，中衡所考核委员会根据新员工的实际情况，举办新员工入职培训班。培训的主要内容包括：中衡所的历史和文化、员工手册和中衡所的制度解读，职业道德教育、审计理念、审计评估等实务讲解。

（3）会计师事务所行业是一个不断学习、不断向未知求索的行业。工作中，我们深切体会到学习是前进的源泉和动力。中衡所大力支持员工参加职称考试和执业资格考试，并根据事务所每年发展中碰到的新情况、新业务、新问题，及时地、多形式地组织内部业务培训。如针对高新技术企业专项审计业务中碰到的新知识和新问题，执业人员一起探讨该审计业务的立足点和关键点；组织业务人员继续教育回授培训班，将所学知识进行消化；其他诸如科技项目、绩效评价项目等审计业务，中衡所均进行了专项研讨。通过培训、学习和考试，我们提高了自身的执业技术水平，并且理论联系实际，活学活用，知识共享，思想共鸣。事务所内部也形成了互帮互学、主动学习的良好氛围。这些都为我们的执业提供了强有力的知识保障，以更好地为我们共同的事业服务。

2. 推崇审计理念，强化审计风险意识，摈弃唯利是图的运作模式。

（1）在新准则体系下，中衡所在从事审计理论与实务工作时，牢固树立科学发展观，以受托经济责任理念为基础，以现代风险导向理念为核心，不断创新审计理念，拓展审计功能，加强质量控制，以此来提高执业质量，以推动经济平稳、有序、健康地发展为己任。

（2）中衡所的经营理念要求我们强化审计风险，在执业过程中严格按照三级复核制度执行，各级复核人员按照复核要点和复核程序开展相应的工作。我们的日常业务基本上是分项目进行执业，每个项目一般有二三人到十多人，按分工各自负责一部分工作，各自独立处理分工范围内的业务，对质量和效率都有严格要求。特别是现场审计工作，要求更为严格，必须一丝不苟，如果发生失误，在复核中也难以发现和纠正，尤其是一些业务人员如存在故意行为，那后果将不堪设想。因此，现场审计程序的实施、审计证据的获取、审计工作底稿的编制等应当成为业务质量控制的重点。这些都要求我们将审计理念切实落实到各个环节，强化风险意识，将我们的执业风险降到最低。

我们的核心价值观是：诚信、专业、协作。我们的质量理念是“诚信为本、客户至上、专业先导、品质卓越”，并一贯实行之。

我们在追求发展的进程中，要求合伙人和员工不能片面地、静止地只考虑利益，更要具有发展的眼光、对内外环境的应变能力以及专业协作的精神。摆正心态，将职业作为事业去追求，而不是当作纯粹地获取经济利益的手段，少点急功近利，斤斤计较，多点职业理想和抱负，从而达到“人合”的最高境界：“志合”、“智合”，摈弃唯利是图的商业运作模式。

中衡所在改制后初步发展的基础上，在各位股东和员工的共同努力下，内部管理上推行业务发展、质量先行，强化执业风险意识；改变了原先的做法，业务上不等不靠；努力钻研各项专业技术，提高执业水平，突破传统业务，不断拓展新领域、新业务，业务上得到了迅猛发展。

三、未来发展愿景

通过十多年的努力，中衡所基本建立了结构合理、内容完整、方法科学的内部治理机制，但在实际工作中也还存在着许多的不足。

一是事务所推行有限的外壳、合伙的内核机制，但是由于各种原因，还不能实现真正合伙的体制。在一定程度上也阻碍了我们配套考核制度和利益分配方案的制订和实施。这需要我们积极树立“人合、事合、心合、志合”的事务所治理理念，推动形成诚信、合作、平等、协商的事务所合伙文化，合理规范和有效协调事务所股东（合伙人）之间、股东（合伙人）与注册会计师和员工之间以及其他各相关方面的关系，充分发挥事务所各层次管理机构的职能作用，保障事务所及各利益相关者的合法权益，实现事务所体制和机制质的突破。

二是业务种类和业务地域拓展方面不尽理想。中衡所目前人才结构相对较合理，但人员的知识结构和专业技术优势主要集中在传统业务方面，业务种类和业务地域方面虽然有所拓展，但进展并不理想。未来的发展，我们将尊重注册会计师的智力劳动和专业价值，充分发挥专业知识在事务所内部决策和管理中的主导作用，在行业主管部门和协会的指导下，根据自身实际，认真分析市场环境，确定新业务拓展的有效途径和办法，争取在新业务拓展方面取得积极成果。

三是在行业内还存在一定程度和范围的无序竞争，一些行政干预及其他事务所以资本和权力控制专业的现象还存在。希望我们中衡人从我做起，以维护公众利益为宗旨，建立风险管理严格、质量控制有效、公开透明、相互制衡的治理结构和治理机制；随着执业环境更加市场化、透明化，以我们的智力和专业在市场经济中定能发挥更大的作用。

纵观中衡所十多年来内部治理过程及发展现状，我们知道：完善事务所的内部机制是一项长期、复杂、系统的工作，并不是一蹴而就的，这不仅需要有改革的勇气和智慧，更需要治理观念的深刻转变。发展才是硬道理。我们有决心、有信心使我们的事务所进一步突破瓶颈，完善内部治理机制，实现科学发展，提升专业服务能力，扩大服务领域。为行业的健康快速发展，为国家的经济建设作出我们的积极贡献。

点　评

中衡所于1999年11月由临海会计师事务所脱钩改制而成。十多年来，该所坚持“以质量求信誉，以信誉求发展”的宗旨，紧跟时代步伐，引入合伙机制，深入强化内部制度管理和岗位责任管理，狠抓质量管理、开拓非审计业务，解放思想、进取创新，不断提升中衡的品牌。

一是加强职业道德教育，推崇审计理念，强化审计风险意识。以现代风险导向理念为核心，在执业过程中严格按照三级复核制度执行，特别是现场审计工作，要求更为严格，现场审计程序的实施、审计证据的获取、审计工作底稿的编制等成为业务质量控制的重点。

二是以“诚信、专业、协作”为核心价值观，推行“中衡二十则”，推进“中衡”文化建设。

三是制订了45个制度。制度涵盖了公司的纲要、综合管理、人力资源管理、执业质量管理、财务管理、行政后勤管理、网络信息管理、员工手册等八大类内容。在转换体制逐步过渡的过程中，事务所形成了有限的外壳，合伙的内核运行机制。

四是强化责、权、利，对不同的工作职能实行不同的考核分配制度。确立了“按劳分配，要素参与，效率优先，兼顾公平”的基本原则，定量定性，责、权、利结合。将员工分为普通员工和合伙人。员工的奋斗目标是一步一步成为合伙人，合伙人则要尽到开拓业务、监控执业、经营管理的职责，并形成一套有效的进退机制。公司对员工和合伙人两类人的岗位职责和绩效进行不同考评。

五是加强事务所管理中的制衡机制。设立了董事会、监事会和股东大会。日常工作以总经理办公会议为主线，分工明确，并由监事会监督。建立了内部制衡的长效机制，重大的决策事项由股东大会按照相关规定作出表决。设立了考核委员会和专业技术委员会等非常设机构，发挥制衡作用，以弥补实际制衡工作的不足。

纵观中衡所十多年来内部治理过程及发展现状，事务所需进一步突破瓶颈，完善内部治理机制，实现科学发展，提升专业服务能力，扩大服务领域，健康快速发展。

明确战略、和谐共事、共创未来

温岭市中和联合会计师事务所

温岭市中和联合会计师事务所（以下简称中和所）成立于2002年8月，现有从业人员35人，合伙人3人，拥有注册会计师8人。几年来，中和所积极探索在新的经济形势下会计师事务所如何更好地服务区域经济建设，以及小型事务所的持续、健康发展模式。针对温岭市民营中小企业多、管理粗放的状况，除开展传统法定业务外，中和所积极探索非法定业务，新的业务增长点不断显现，在惠及全所经济效益的同时，也服务了地方经济。现将中和所在内部治理机制建设方面的一些做法和想法，给大家作一介绍。

一、战略是方向

会计师事务所（以下简称事务所）要想长治久安，做成百年老店，主要发起人必须明确办事务所的宗旨是什么，是要完全按企业的经营宗旨以追求股东利润的最大化，还是以注册会计师事业作为人生追求的事业来经营。在主要发起人明确了后者作为事务所经营总的战略目标后，事务所才有了方向：合伙人要寻找志同道合的；注册会计师乃至员工要招聘与本事务所的战略目标相一致的；业务要承接诚信、诚实的客户；内部分配要体现合作、平等；积极推动形成诚信、合作、平等、协商的事务所合伙文化；努力打造具有“中和”特色的有自己核心竞争力的多元化经营的小型会计师事务所。战略既是方向又是决策，特别是面对激烈竞争的大环境，明确战略定位极其重要。中和所一直致力于如何跳出红海进入蓝海领域，为实现战略转换而努力，同时也寄希望于蓝海战略的新突破，并且也卓有成效地开展了蓝海战略实施。

二、“人合”是核心

有人认为事务所是“资合”和“人合”的结合，但我们认为，事务所就是“人合”的特殊企业。但这个企业与一般的企业不同，不能片面追求利益最大化。为什么说是“人合”呢？因为事务所产生的利益并不是由合伙人投入的资本金带来的，而是完全由合伙人、注册会计师、助理人员及后勤人员凭借自己的脑力劳动带来的。所以，“人合”是关键。事务所从合伙人到注册会计师乃至助理人员的经营目标必须正确，招聘的注册会计师应将注册会计师职业作为崇高的职业，而不应以赚钱作为办所的唯一目标。这样的团队才能和谐共事，才有正气，才有凝聚力，才有活力和动力。在执业质量方面就不会因为诸如存在巨大风险的报告要不要出而在合伙人之间以及合伙人与注册会计师之间发生矛盾和摩擦。在内部利益分配方面，主要合伙人必须做到在利益面前相互谦让，才能制定出各个层次人员基本满意的分配办法。在聘用员工方面，中和所在招聘时重点考察其执业诚信和专业发展潜力是否与本所的战略目标相吻合。对聘用的员工，全部签订了劳动合同，明确约定员工的工资福利、社会保险、劳动保护、辞退辞职条件与程序等事项，现已做到进退自由。经过全所上下的共同努力，现我所合伙人之间、合伙人与注册会计师及助理人员之间已建立起相互信任、相互尊重、沟通协商、共谋发展的和谐关系。

三、制度是保障

在方向明确、和谐共事的前提下，制定行之有效的制度是理顺内部治理机制的保障。如中和所就制定了《合伙人协议》、《执业质量控制制度》、《从业人员职业道德规范》、《财务管理制度》、《从业人员考核办法》、《考勤制度》、《后续教育制度》、《业务档案管理制度》等制度，并每年对过时或不合理的条款进行修改更新，特别是《从业人员考核办法》中和所坚持每年修改一次。修改过程充分民主，尊重每位员工的意见和建议，可谓集思广益。经过不断修改，已经初步达到全所上下对最敏感的利益分配基本满意的目标。

四、质量是生命

会计师事务所的业务质量是整个事务所运行和建设的动力系统，从承接业务到出具报告或完成服务成果的每一个过程和环节，我们始终坚持保质保量，不以牺牲长远利益为代价来换取眼前的蝇头小利。把抓质量放在第一位，从普通的助理人员到注册会计师、项目负责人等各个层次的人员，在业务质量上贯彻统一标准，真正落实三级复核制度，碰到重大疑难的业务提交质量控制小组再次审核，坚决杜绝业务中的质量瑕疵，以期更好地规避执业风险。从法定验资、审计业务到其他业务，通过不断地自我检查、公开评比、互相学习、轮流复核来稳定和保持业务的质量。一直以来，我们没有承接高风险业务，视会计师事务所各项业务的质量为生命。

五、道德是规范

职业道德不仅是会计师事务所和其他行业对从业人员的最基本要求，也是最高要求。我们要求所有从业人员首先要遵循中国注册会计师职业道德体系，并加大宣传和学习力度，使优良的职业道德深入人心，每个人做到心中有杆利益和道德的秤，不至于偏向利益一方。特别是与客户保持关系方面，要求从业人员在鉴证业务的领域注意摆正自己的位置，严格要求独立开展工作，不受外界所干扰。同时，也要与客户做到以诚相待，消除隔阂。

六、业务是根本

业务是事务所持续发展的根本，我们充分认识到只有扎实有效地稳固和开拓事务所的业务，才能维持事务所稳定并发展壮大。自事务所成立以来，我们每年都尝试新的业务领域来开辟新的业务渠道，比如，在传统审计业务基础上，开拓了专项审计、会计培训、代理记账、财务外包、纳税人俱乐部、流程再造和 ERP 实施以及为企业规范管理提供内部控制制度设计咨询服务和内部控制制度执行情况审计服务、为企业并购重组担任财务顾问、为投融资提供可行性研究分析等管理咨询业务，高端和低端业务相互作用，以点带线，线面结合，不断深化，把每个员工在精、专的基础上着力培养成多面手，树立标兵，确定发展目标，通过积极探索新的业务，确保合伙人、注册会计师和助理人员的价值体现，充分调动员工的积极性，真正出现了事务所没有忙季和淡季之分，事务所呈现出一片热火朝天的景象，处处充满生机。

七、文化是支柱

事务所的发展归根结底是人力资源的发展，更是事务所文化的沉淀。从事务所的开办发展至今，中和所一直注重文化氛围的创造，努力营造团结和谐的环境，培养从业人员共同的经营管理理念和核心价值观，着力创建适合中和所的企业文化。由于会计师事务所服务行业的特殊性，事务所一定要创建学习型和技术型的企业文化。把好人员招聘关，招收与中和所企业文化相融合的人才。尊重和关心每位员工，建立人人平等的用工氛围。完善管理骨干人才的选拔机制，做到“能者上、平者让、庸者下”，对全体员工真正做到量才录用，用人所长，避人所短。老员工带头树立榜样，新员工积极融合，在业务上积极做好“传、帮、带”工作，在生活上予以充分的关心，使所有员工充分认识到把客户利益、事务所利益、同事利益和个人利益很好地结合起来，不断传承优良的工作作风。同时，事务所结合党支部、团支部的活动开展了一系列文化活动来提高凝聚力和战斗力。比如，每年都举办员工联欢晚会、乒乓球赛、野外拓展、交流考察等活动，并组织全所员工聆听国学大师道德篇、管理篇等讲座，以及聆听社交礼仪讲座，以提高全所人员的社交礼仪水平。向全所员工发起倡议树立以下人生价值观，以提高全所员工的品行修养：谦虚而不骄傲，谦让而不计较，诚实而不虚伪，创新而不守旧，执着而不放弃，负责而不推卸，感恩而不忘本，关爱而不自私。

八、品牌是关键

从事务所成立至今，中和所一直注重品牌建设，也清楚地认识到，要想有长足的发展，必须培育自己的品牌，品牌是内在质量的外在体现。中和所围绕“中和”品牌，开展了一系列实施方案。首先，在对外形象塑造上注重统一性，设计统一的标志，并且广泛运用于形象宣传、员工名片、社交场合等；其次，搭建统一的业务平台，以中和会计师事务所为核心，分别成立中和管理咨询、中和会计培训、中和纳税人俱乐部、中和资产评估等项目公司，实现事务所资源共享，客户资源共融。通过打造统一的品牌，组建相关多元的业务体系，有利于推广业务产品线，并能加深业务的深度；再次，在业务承接上，要求每位员工积极把单位的业务范围宣传到客户，服务宗旨传达给客户，在进行业务洽谈和业务操作的全程中积极发现商机，寻找目标客户，在事务所的品牌实施过程中，与客户尽量做到心贴心，发现客户的需求；最后，在品牌的维护方面，要求每位员工珍惜集体的荣誉和利益，积极与客户开展沟通，沟通顺畅了，业务渠道也就更为宽阔了。

九、党建是抓手

中和所党支部始终坚持以科学发展观为统领，深入学习贯彻党的十七大和十七届四中、五中全会精神，以创建“五个好”支部为契机，积极探索在新的经济形势下事务所如何更好地服务区域经济建设，以及小型事务所的持续、健康发展模式。在 2010 年度分别被中共温岭市财政地税局委员会评为“2010 年度先进党支部”、被中共温岭市直属机关工作委员会评为“2010 年度市直机关先进党支部”；在 2011 年 6 月被中共台州市注册会计师行业委员会评为“优秀党支部”；2011 年 5 月，主任会计师钟永成被中共浙江省注册会计师行业委员会评为“2010年度优秀共产党员”。目前，支部正式党员9人，预备党员1人，流动党员4人，占全体从业人员的近40%。

1. 坚持围绕“五个好”支部抓党建，充分发挥支部的战斗堡垒作用。党支部工作的有序和稳步推进是开展好事务所各项工作的重要保证，鉴于此，支部班子及事务所领导层带头学习，努力提高领导能力和管理水平，充分发挥民主集中制的决策优势，使得整个事务所在支部班子的影响下，内部紧密团结，创新力和凝聚力进一步增强，同时，结合浙江省“之江先锋”创先争优活动，并以此为契机带领全所员工积极进行服务创新，我所业绩稳中有升，创新项目陆续成为新的业务增长点。

2. 开展“创先争优”活动，努力提升和凝聚事务所文化。支部深入开展服务质量建设，使“创先争优”活动有计划、有方案地进行。通过创先争优活动，使事务所党支部以及全体党员、员工经过“创”、“争”过程得到锻炼，整体素质得到提高，并将活动形成长效机制，推动事务所各项工作不断迈上新台阶。同时，支部安排各种文化娱乐活动，丰富员工业余生活，使得事务所员工在紧张的工作之余，保持一个活泼轻松的心态，从而为事务所的文化建设打好一个良好的基础，也强化了事务所员工的集体荣誉感和团队意识。

3. 党支部抓党建工作，加强党员及群众的思想作风和组织建设。随着事务所的日益壮大，员工和党员的数量也不断增加。在这种情况下，加强党员及普通群众的思想作风建设和组织建设显得尤其重要。自从中和所党支部成立以来，中和所行政会议就明确分工，全所员工的政治思想工作由党支部负责。中和所支部坚持将党组织建设与事务所工作相结合，积极服务社会经济发展，要求党员既要有优良的业务素质，也要有较强的党员意识，能够在工作中处处发挥先锋模范作用，既要成为国家政策、方针的“传播者”，更要努力成为业务上的“领头羊”，进一步提高和巩固党员在员工中的积极形象，打造一个团结协作、求真务实、开拓创新、弘扬正气的先进集体。

支部成立至今，始终把党建工作作为自身发展的内在要求来认识和对待，高度重视党组织建设和发展党员工作。把优秀分子培养成党员，重点发展本所部门经理以上业务骨干、注册会计师及其他执业资格人员入党，坚持在人员招聘时优先录用党员。定期召开党内民主生活会并实施党员年终考核，做好党员民主评议工作，召集所有党员座谈，以充分民主的方式对每一个党员进行点评。

点　评

中和所成立于2002年8月，现有从业人员35人，合伙人3人，拥有注册会计师8人。几年来，该所新的业务增长点不断显现，在惠及全所经济效益的同时，也服务了地方经济。现将该所的内部治理机制建设作简单点评：

1. 人合是关键。中和所高度重视事务所的“人合”，认为从合伙人到注册会计师乃至助理人员的经营目标要正确且统一。所招聘的注册会计师是以注册会计师职业作为一个崇高职业来从事，不是以赚钱作为办所的唯一追求目标。在执业质量方面就不会因为诸如存在巨大风险的报告要不要出而在合伙人之间以及合伙人与注册会计师之间发生矛盾和摩擦。在内部利益分配方面，主要合伙人做到在利益面前相互谦让，制定出各个层次人员基本满意的分配办法。在聘用员工方面，招聘时重点考察其执业诚信和专业发展潜力是否与本所的战略目标相吻合。对聘用的员工，全部签订了劳动合同，明确约定员工的工资福利、社会保险、劳动保护、辞退辞职条件与程序等事项，做到进退自由。努力在合伙人之间、合伙人与注册会计师及助理人员之间建立起相互信任、相互尊重、沟通协商、共谋发展的和谐关系。积极推动形成诚信、合作、平等、协商的事务所合伙文化。

2. 制度是保障。制定行之有效的制度是理顺内部治理机制的保障。制定了《合伙人协议》、《执业质量控制制度》、《从业人员职业道德规范》、《财务管理制度》、《从业人员考核办法》、《考勤制度》、《后续教育制度》、《业务档案管理制度》等制度，并每年对过时或不合理的条款进行修改更新，特别是《从业人员考核办法》坚持每年修改一次。经过不断修改，已经初步达到全所上下对最敏感的利益分配基本满意的目标。

3. 创新是活力。中和所成立以来，积极开拓创新，每年都尝试拓展新的业务领域来开辟新的业务渠道。针对温岭市民营中小企业多、管理粗放的状况，除开展传统法定业务外，积极探索非法定业务，如在传统审计业务基础上，开拓了专项审计、会计培训、代理记账、财务外包、纳税人俱乐部、流程再造和ERP实施以及为企业规范管理提供内部控制制度设计咨询服务和内部控制制度执行情况审计服务、为企业并购重组担任财务顾问、为投融资提供可行性研究分析等管理咨询业务。积极探索新的业务，使事务所保持活力，不断发展。

4. 党支部是堡垒。坚持围绕“五个好”支部抓党建，充分发挥党支部的战斗堡垒作用；积极开展“创先争优”活动，努力提升和凝聚事务所文化，强化事务所员工的集体荣誉感和团队意识，努力打造团结协作、求真务实、开拓创新、弘扬正气的先进集体。近年来，因支部工作出色，多次获得各级政府和部门颁发的“先进党支部”等荣誉称号。

坚持人合志合事合理念，助推事务所健康和谐发展

丽水万邦天义会计师事务所

丽水万邦天义会计师事务所自1999年实行脱钩改制以来，已走过十多个春秋。从刚改制时仅有18名员工，年收入在百万元左右，发展到现有80多名员工，各项业务合计年收入达到了1800多万元，事务所的规模和专业实力不断发展壮大。作为地处经济欠发达地区的事务所能取得这样的业绩是来之不易的。

回顾走过的历程，我们成功的重要经验之一，就是在内部治理中要坚持以“人合、志合、事合”为核心理念，助推事务所健康、和谐发展。

一、在“人合”理念下，使我们集聚了较多专业人才

十多年来，我们从一个十几人的小所发展成共有60多名注册会计师、注册资产评估师、注册造价工程师、注册工程咨询师、注册招标代理师和各类高、中级职称人员的具有综合服务能力的会计师事务所。各类专业技术人才的集聚，促进了我所各项业务的发展和执业质量的稳步提升，树立了良好的社会形象和信誉，目前，业务范围已涉及社会各个经济领域。实践证明：集众木方成大厦，合众力方成伟业，实现“人合”是事务所健康、和谐发展的重要基础。

其一，要把加强事务所班子建设，增强领导班子的团结，营造坚强的领导核心，作为抓“人合”建设的关键。“人合”是实现社会进步、和谐的重要前提和基础，也是一个单位健康发展的生命所在和力量源泉。“人合”首先要使班子合。多年来，我们始终把加强班子建设，增强班子团结放在一切工作的首位。使班子成员在相互信任的基础上，坚持“人合”的理念，做到心往一处想，劲往一处使，精诚团结、集聚力量，共创辉煌。一是坚持做到事务所的一切重大问题必须通过董事会集体研究或股东大会讨论决定，实行民主决策；以群策群力，促进“人合”。二是在加强班子团结问题上，坚持做到

“三讲”：即讲原则、讲包容、讲配合。

讲原则，就是要坚决维护领导班子的集体领导和团结统一。班子成员对重大问题的看法和见解，在形成决议之前要充分表达个人意见，畅所欲言，把真实的思想摆在桌面上，实行阳光决策；形成决议之后，班子成员都要服从决议，维护班子威信，从促进事业发展的高度出发，坚决贯彻执行，决不允许在形成决议之后再有相悖的言行。

讲包容，就是班子成员之间要相互包容。要容人之短，容人之异，容人之才。对待差异，要用胸怀来包容；对待责任，要敢于主动担当；在互相包容中求同存异，从而达到“效能共振”。

讲配合，就是要坚持积极参与、密切合作。多干事、少议论，多参与、少推托，多合作、少内耗，同事之间的优点应当互相学习，经验应当互相借鉴，问题应当互相提醒，意见应当互相沟通，切实做到思想上合心，工作上合力，行动上合拍。

其二，要正确处理好领导班子与员工之间的“人合”关系。事务所上下一致达到“人合”才能形成合力。我们认识到，“人合”必须坚持以人为本，以人为本不仅要关心员工的事业、待遇，还要关注员工的家庭、生活，这样才能进一步增强事务所领导班子与员工之间的血肉联系。因此，一是要确保畅通员工的信息反映渠道，及时了解员工的诉求和愿望，主动掌握员工之所盼、所想、所怨，并着力加以解决。二是要进一步拓展为员工办实事的工作环境，建立关爱员工机制。将员工的事业发展、学习培训、薪酬福利、休息休假及身心健康等摆上日常工作的重要议程，并通过制定相应的规章制度予以落实。三是要进一步加大为员工办实事的投入力度，确保为员工解决实际问题，真正把员工的冷暖放在心上。有一位员工在给所领导的一封信中曾这样写到：“感谢领导对我们的关怀，你们在业务上像兄长一样指导我们，在生活上像慈父一样关心我们。”让员工更多地感受到事务所像家一般的温暖，是实现事务所“人合”的必然要求。

其三，在思想意识上着力培育“人合”的基础。只有树立起共同的理想和追求，达到价值观念相同、理想目标一致，才能实现“人合”的目标。因此，必须在程序上不断完善“人合”的制度体系，注重理清工作程序，明确“人合”的要求，努力营造“人合”的制度环境。

第一，在领导班子内部，要在坚持民主集中制的原则下，不断推进决策的科学化、民主化、程序化和规范化。第二，要在事务所内部坚持民主管理、信息公开的原则，及时将涉及全所范围的重大事项在不同范围内予以公开、公示，充分尊重并注重发挥员工的知情权、参与权、选择权和监督权，激发员工树立主人翁的意识。第三，建立“重业绩、轻股份”的薪酬分配制度，构建和谐劳动关系，化解矛盾，促进增强员工的凝聚力和向心力。在事务所内部的利益分配上，我们打破了传统的“按资分红”观念，实行“重业绩、轻股份”的薪酬分配制度。即不论出资额多少、出资与否，均按贡献大小进行分配，以此淡化股东与非股东的概念，淡化按资分配的观念。坚持将利益分配向身处一线的、劳动贡献大的员工倾斜，充分体现公平、合理，按劳分配，多劳多得。同时，在员工收入分配上还坚持做到：向对事务所事业发展贡献大的员工倾斜；向工作能力强、业务水平高的专业人才倾斜；向在事务所工作年限长的老员工倾斜。出台了对持有注册执业资格的人员实行技术补贴；对年度考核连续两年合格的员工，每两年可享受增加月工资100元；按业绩分配实行上不封顶等激励措施。

通过以上做法，极大地改善了事务所内部的“人合”关系，收到了领导班子团结、员工队伍稳定，人人努力向上的效果；营造了全所上下团结一致的氛围和生气勃勃的团队精神。实践证明：“人合”形成“合力”，“合力”推动发展，“人合”铸造辉煌。

二、在“志合”理念下，使事务所上下一致携手共进

我国注册会计师实行全行业脱钩改制之后，事务所由原来的全民事业单位转向了企业化的社会中介组织。如何适应这一重大转折，是事务所在市场机制形势下所面临的一个重要课题。客观上要求事务所的内部治理在经营理念、运行机制方面必须顺应新的形势，才能更好地服务于经济社会的发展。因而，“志合”必然成为事务所事业发展的重要条件。

十多年来，我们始终坚持体制可改、志向不变，提倡“改制不改志”。同时，在广泛吸纳有识之士、培育各类专业人才的基础上，认真抓好员工的思想教育工作，使他们树立正确的世界观、人生观和价值观，树立正确的从业志向，为实现事务所发展、壮大的共同理想而努力工作。

俗话说“志同道合”，只有建立了共同的志向，才能形成合作共事的基础，才能树立共同发展的方向和目标。为此，事务所行政领导班子与党支部密切配合、分工协作，始终把加强“志合”建设，提高队伍整体素质放在首位。一是密切依靠党支部侧重抓好员工的政治思想和人生价值观的教育工作。充分发挥事务所党支部的战斗堡垒作用和共产党员的先锋模范作用。积极引导员工树立共同的理想和追求共同的目标，确立共同的志向。二是事务所董

事会重点抓好员工专业能力的教育、培训，提升整体执业能力，提高执业质量，降低经营成本，打造行业品牌，扩大社会影响，树立行业形象。

为树立全体员工的“志合”理念，在开展事务所内部治理活动中，我们着重了“四个抓好”：一是抓好思想政治教育。坚持对员工世界观、人生观、价值观的教育不放松，要求每一个员工都要做到知法、守法、护法，自觉遵守行业与事务所的各项规章制度和行为规范；培养员工廉洁奉公的品质，做到政治合格、执业规范。二是抓好职业道德教育。诚信是注册会计师执业道德素质的基础，是做好注册会计师各项工作的基本前提，我们提出的口号是：“追求高尚品德，严守法律底线”。通过职业道德教育，提倡诚信执业，提高了员工对诚实守信是注册会计师从业基本道德规范的认识。三是抓好社会公德教育。我们要求事务所从业人员，不仅要有职业道德，还要树立遵守社会公德，善于为人的精神。提倡先公后私，反对损公肥私；提倡乐于助人、和谐人际关系。四是抓好企业文化建设。事务所文化建设是深化事务所内部治理，强化管理，推进发展的重要内容。与其他企业文化一样，事务所文化是事务所发展的精神和灵魂，是由一定的价值观所决定而形成的事务所行为准则和道德规范体系，健康向上的事务所文化关系到事务所的凝聚力和竞争力。事务所文化建设的核心是诚信，事务所文化就是诚信文化，以诚信建设为中心，树立契约理念，遵守规则，讲求诚信，是立业之本。在事务所文化中确立核心价值观，树立注册会计师诚信意识，必须坚持“诚信立业，诚信育人，诚信办所，诚信执业”的办所理念，并使之成为全体员工的共同执业志向。只有这样，才能实现事务所对内“志同道合、携手共进”，对外履行所肩负的社会职责之目标。

通过以上措施的实施，提升了全体员工对“志合”理念的认识，加深了共谋事业、共谋发展的情感，形成了“志合”的理念，为我所持续向稳定、健康、和谐的方向发展提供了有力的保障。

三、在“事合”理念下，使我们事业有成

“事合”就是把事务所的事业作为共同的事业，上下一心，合作共事、共谋发展。“事合”是事务所凝聚力量、齐心协力推动各项业务发展的动力。多年来，丽水万邦天义会计师事务所坚持把营造“事合”的氛围融入到事务所“共同”的文化体系建设之中。把倡导“共同的企业、共同的事业”作为事务所的价值观念、行为方式的内核和管理企业的重要理念，以此解决最困扰企业的共同价值和个体价值的关系问题；在“共同的企业、共同的事业”下，

确保出色完成全所的各项工作任务。

为营造事务所“事合”的良好工作氛围，首先要抓好各项制度的建设。根据事务所工作性质、特点，建立科学、有效、可行的规章制度，坚持用制度规范企业管理、提高工作效率，切实加强事务所内部治理，助推事务所事业健康、和谐发展。我们按照事务所《章程》的相关规定，先后制定了《人事管理制度》、《工作人员岗位职责》、《业务质量三级复核制度》、《财务管理制度》、《资金、费用管理办法》、《工资及奖金分配制度》、《单位公章管理制度》、《员工劳动纪律》、《员工后续教育制度》、《员工休息休假制度》等10个主要的规章制度，坚持按制度办事，起到了用制度管人管事的积极作用。

在建章立制的同时，我们始终把关心员工的工作环境、生活环境、解决员工的实际困难放在突出位置，营造宽松、和谐的环境与氛围。努力促进全体员工对事业、感情、待遇形成共识，实现“事业留人、感情留人、待遇留人”的目标，让员工亲身感受到自己在事务所中的主人翁荣誉与责任，自觉担当起与事务所同呼吸、共命运的责任，关心事务所的生存与发展。进而极大地鼓舞了员工开拓奋发的工作热情，使员工爱所如家，真正树立“我是事务所的人，事务所是我的家，所事就是家事”这样的主人翁思想。“事合”的理念使全体员工积极参与到共谋事业、共谋发展中来，形成了爱岗敬业、争创一流的强大动力。

回首十多年来的发展历程，我们取得的成绩是明显的。这些成绩的取得，源于我们坚持了“人合、志合、事合”的事务所内部治理理念。我们总的体会是：

事务所内部治理必须坚持“人合、志合、事合”的核心理念。取得内部治理的实效，一是要有一个坚强、团结的领导班子，实行科学管理，民主决策。只有率先垂范，才能团结带领全体员工敬业爱岗，奋发拼搏；二是要有一支和谐、稳定、高素质的专业技术队伍，事务所才能发展壮大，为社会提供优质的服务；三是要建立健全一套科学、规范，切合实际、行之有效的规章制度，只有坚持用制度管人管事，才能广得人心，受到拥护；四是要树立“居安思危”的思想，只有不断总结经验教训，稳定执业队伍，提高执业素质，提高执业质量，规避执业风险，才能塑造事务所的执业形象。

在激烈的市场竞争中，我们必须按照市场经济的发展规律，不断改进和完善事务所的内部治理工作，推动会计师事务所的事业保持健康稳定地发展，为经济建设和社会发展发挥其应有的作用。

点　评

丽水万邦天义会计师事务所从1999年实行脱钩改制之初只有18名员工、年收入在百万元左右，发展至今已拥有80多名员工，其中，有60多名注册会计师、注册资产评估师、注册造价工程师、注册工程咨询师、注册招标代理师，业务年收入达1800多万元。同时，万邦天义会计师事务所也是丽水市目前规模最大、管理较为规范、发展潜力较大的会计师事务所。前不久，在省财政厅对全省中介机构绩效评价报告质量考核情况前50名的通报中，该事务所有两个项目分列第6名和第32名；在2011年度浙江省超过全国平均线的百家小型事务所名单中，该所列第36名。作为欠发达地区的小型事务所能名列其中，实属不易。

丽水万邦天义会计师事务所通过多年来的探索和实践，在制定事务所的发展方向、运行轨迹、制度措施的过程中，形成了一套行之有效的内部治理执业平台和管理办法。

在内部治理中，坚持以“人合、志合、事合”为核心理念，基本形成科学民主的内在运行机制作为管理的核心内容。

丽水万邦天义会计师事务所通过建章立制，制定了十项规章制度，坚持用制度管事管人。着力加强政治思想、职业道德、企业文化、执业能力等四个方面的建设。执业平台的建立，提高了民主管理的水平，激发了全体员工的工作积极性，促进了执业能力和专业水平的提高，增强了执业人员对事业的归属感，推动了事务所的和谐发展。

丽水万邦天义会计师事务所自建所以来，坚持以人为本、以事业为重，最大限度地调动人的内在潜能。它坚持用榜样的力量感召人，用真实的情感温暖人，用严格的管理规范人，用鲜明的事实警示人，营造一种“吸引人、留住人，既有制度保证、又有宽松和谐”的软环境，为注册会计师行业执业平台提供了精神动力，在社会上赢得了良好的信誉。在行业创先争优活动中，该所被省注协党委评为2010年度先进会计师事务所党组织，董事长詹东荣获优秀共产党员称号。

我们期待，在新的历史时期，丽水万邦天义会计师事务所能继续在合理的治理机制、良好的文化氛围、远大的经营理念、高度的社会责任感等方面不断实践和提升，推进该所事业持续健康发展，为丽水经济社会发展作出新的贡献。

附录：

关于印发《浙江省会计师事务所资产评估机构劳动规章制度示范文本（试行）》的通知

浙注协［2008］34号

各会计师事务所、资产评估机构：

2008年1月1日起实施的《劳动合同法》对构建和发展和谐稳定的劳动关系产生了重大影响，注册会计师、资产评估行业概莫能外。《劳动合同法》要求以劳动合同的形式规范用人单位与劳动者的权利和义务，而劳动规章制度是订立劳动合同的重要基础，依法建立和完善劳动规章制度是用人单位的法定义务。

为帮助会计师事务所、资产评估机构建立完善内部劳动规章制度，防止和减少劳动纠纷，省注协成立了会计师事务所、资产评估机构劳动规章制度示范文本起草小组，起草了《浙江省会计师事务所、资产评估机构劳动规章制度示范文本（讨论稿）》，在此基础上召开了会计师事务所、资产评估机构内部治理指导小组会议，对《浙江省会计师事务所、资产评估机构劳动规章制度示范文本（讨论稿）》进行了讨论，形成了《浙江省会计师事务所、资产评估机构劳动规章制度示范文本（试行）》，现印发给你们，请结合自身实际抓紧对本机构内部的劳动规章制度进行建立、健全，在此过程中如有问题，请及时反馈给省注协。省注协联系人：

徐得均　电话：0571——85179691
　　　　传真：0571——85179512
　　　　E—MAIL：xudejun@ zicpa. org. cn

蓝红伟　电话：0571——85179693
　　　　传真：0571——85179693
　　　　E—MAIL：lanhongwei@ zicpa. org. cn

附件：1. 关于建立健全执业机构劳动规章制度，保障执业机构和员工合法权益的意见（参考文本）。

2. 会计师事务所（资产评估机构）劳动合同（参考文本）。

3. 会计师事务所（资产评估机构）职工薪酬制度（参考文本）。

4. 会计师事务所（资产评估机构）工作时间制度（参考文本）。

5. 会计师事务所（资产评估机构）职工休息休假制度（参考文本）。

6. 会计师事务所（资产评估机构）职工劳动保护制度（参考文本）。

7. 会计师事务所（资产评估机构）员工社会保险及福利制度（参考文本）。

8. 会计师事务所（资产评估机构）职工劳动纪律制度（参考文本）。

9. 会计师事务所（资产评估机构）商业秘密保护制度（参考文本）。

10. 会计师事务所（资产评估机构）培训制度（参考文本）。

11. 会计师事务所（资产评估机构）聘用制度（参考文本）。

二〇〇八年五月二十三日

抄送：各市注协，嘉兴、衢州市财政局会管处。

浙江省注册会计师协会 2008 年 5 月 27 日印发

附件 1

关于建立健全执业机构劳动规章制度，保障执业机构和员工合法权益的意见（参考文本）

2008 年 1 月 1 日起实施的《劳动合同法》对构建和发展和谐、稳定的劳动关系产生了重大影响，注册会计师、资产评估行业概莫能外。《劳动合同法》要求以劳动合同的形式规范用人单位与劳动者的权利和义务，而劳动规章制度是订立劳动合同的重要基础，依法建立和完善劳动规章制度是用人单位的法定义务。现对会计师事务所、资产评估机构（以下简称执业机构）建立和完善劳动规章制度提出以下意见：

一、订立劳动合同，建立和健全执业机构劳动规章制度是贯彻落实党的十七大关于着力保障和改善民生，推动建设和谐社会的重要体现。全行业贯彻实施劳动合同法，保障执业机构和员工双方的合法权益，是行业贯彻落实党的十七大精神，推动和谐行业建设的举措和必然要求。当前，迫切需要全行业达成共识，把保护劳动者合法权益作为提高行业核心竞争力的重要问题来抓。

劳动规章制度是规范职工行为、维持用人单位正常生产经营秩序的保障，既是订立劳动合同的基础，也是奖励或处分职工的重要依据。建立和完善劳动规章制度，使之既能符合《劳动合同法》的精神，保障用人单位和员工双方的合法权益，又能体现注册会计师、资产评估行业的特点，是全行业都颇为关注的一个重大课题，也是行业又好又快发展的一个基础工程，必须引起全行业的高度重视。

二、注册会计师、资产评估行业是知识密集型的行业，人力资源是行业最为核心和关键的资源，要把贯彻实施劳动合同法作为行业重视人才、爱护人才、吸引人才的一个契机，所有执业机构均应严格遵照法律精神，积极履行社会责任，而不应消极应付，更不允许设法规避。执业机构应与全体职工订立书面劳动合同，对优秀职工，执业机构应尽量与其签订无固定期限的劳动合同，使其对职业规划和发展空间有合理的预期。

三、党的十七大报告提出逐步提高居民收入在国民收入分配中的比重，提高劳动报酬在初次分配中的比重。执业机构在建立劳动合同规章制度和与职工订立劳动合同的过程中应注意充分保护职工的合法权益，尽可能提高职工的收入待遇，让执业机构的每一位职工充分享受行业发展的成果，增加行业的吸引力，增强执业机构的凝聚力，扭转行业人才流失的现象。

四、订立劳动合同必须遵循合法、公平、自愿、协商一致和诚实信用的原则。执业机构必须重视保护职工的知情权，使每一位职工都能充分了解执业机构内部的各项规章制度，了解劳动合同双方的权利和义务。

劳动合同订立后，执业机构和职工均应严格履行合同规定的权利和义务，不得随意变更、解除或终止劳动合同。合同双方应该认识到，严格遵守劳动合同法，按合同的约定履行双方的权利和义务，是对双方权利最好的保护，守法的经济成本和社会成本是最低的。

五、建立和完善执业机构劳动规章制度必须符合法律规定。《劳动合同法》第四条规定：用人单位应当依法建立和完善劳动规章制度，保障劳动者享有劳动权利、履行劳动义务。用人单位在制定、修改或者决定有关劳动报酬、工作时间、休息休假、劳动安全卫生、保险福利、职工培训、劳动纪律以及劳动定额管理等直接涉及劳动者切身利益的规章制度或者重大事项时，应当经职工代表大会或者全体职工讨论，提出方案或意见，与工会或者职工代表平等协商确定。在规章制度和重大决定事项实施过程中，工会或者职工认为不适当的，有权向用人单位提出，通过协商予以修改完善。用人单位应当将直接涉及劳动者切身利益的规章制度和重大事项决定公示，或者告知劳动者。

六、建立健全劳动规章制度必须做到内容合法、程序规范、公开透明。

1. 劳动规章制度的内容必须合法，否则该制度无效，劳动者可随时解除劳动合同，用人单位需支付经济补偿金并赔偿劳动者的实际损失。

2. 建立和完善劳动规章制度的程序必须规范。首先应由执业机构提出方案和意见，经职工代表大会或者全体职工讨论后，与工会或者职工代表平等协商确定。在实施过程中，工会或者职工认为不适当的，有权向用人单位提出，通过协商予以修改完善。鼓励和提倡执业机构建立工会。

3. 劳动规章制度必须向全体员工公示。将涉及劳动者切身利益的规章制度和重大事项、决定等公示或告知劳动者，是执业机构内部劳动规章制度具备法律效力的必备程序，执业机构应当将涉及劳动者切身利益的规章制度和重大事项、决定等事项，在执业机构公共区域、内部局域网发布，并以员工手册发放或文件传阅等方式传达给职工，由职工逐一签收后将签收的依据长期归档。

七、执业机构劳动规章制度应力求全面。根据法律规定并结合行业特点，执业机构应当建立下列劳动规章制度：

1. 劳动报酬制度。是执业机构最核心的内部制度之一，执业机构可根据员工不同的工作岗位和工作性质采用不同的薪酬制度。如，对一线执业人员可采用基本工资加绩效工资法，对行政后勤等支持岗位的人员采用固定工资加奖金发放法。

2. 工作时间制度。执业机构可根据自身情况对不同工作岗位的职工采用不同的工时制度，如对后勤人员可采用标准工时制，对一线执业人员经当地劳动部门同意后采用综合计算工时制。经职工本人同意安排加班的，应按有关规定支付加班工资。

3. 休息休假制度。执业机构应当严格执行《全国年节及纪念日放假办法》（国务院令 2007 第 513 号）及《职工带薪年休假条例》（国务院令 2007 第 514 号）等法律法规的规定，保障职工休息休假的正当权利，因特殊情况安排节假日加班的或经职工本人同意不安排职工年休假的，应按照有关规定支付工资报酬。

4. 劳动安全卫生制度。执业机构应当按照有关规定建立劳动保护和职业危害防护制度，保障职工的身心健康。

5. 社会保险及福利制度。执业机构应当依法为职工办理养老保险、医疗保险、失业保险、工伤保险和生育保险，缴纳住房公积金，保障员工患病或负伤期间的医疗待遇。

6. 劳动纪律制度。执业机构应当建立和完善劳动纪律制度，包括考勤管理、请假管理、加班管理和不服从工作安排的处理等内容。对严重违反劳动纪律的职工应及时作出处理。

7. 商业秘密保护制度。保护执业机构的商业秘密是每一名职工应尽的义务。如董事会成员等高级管理人员，执业机构可根据需要与其签订竞业限制协议，明确双方的权利和义务。

8. 职工培训制度。执业机构应当将培训与人力资源开发紧密结合，拓展培训的深度和内涵，实行全员培训，建立培训效果与激励挂钩机制，搭建学习型、知识型行业的平台。

9. 聘用制度。执业机构应当建立聘用制度明确本机构的招聘原则、招聘程序及招聘后对职工的用工管理。

附件2

会计师事务所（资产评估机构）劳动合同
（参考文本）

甲方（用人单位）名称：______________会计师事务所（资产评估机构）

法定代表人：______________

注册地址：__________经营地址：__________

乙方（劳动者）姓名：______________

性别：__________出生年月：__________

公民身份号码：__________联系电话：__________

通讯地址：__________邮编：__________

根据《中华人民共和国劳动合同法》以及有关法律法规的规定，经甲乙双方平等自愿、协商一致，共同签订并履行本合同所列条款。

一、劳动合同期限（合同双方可协商选择下列其中一项）

□本合同为固定期限劳动合同，合同期从____年____月____日起至____年____月____日止。其中试用期从______年______月______日起至____年____月____日止。

□本合同为无固定期限劳动合同，合同期从____年____月____日起；其中试用期从____年____月____日起至____年____月____日止。

二、工作地点和工作内容

2.1　乙方工作地点为______________。

2.2　乙方同意根据甲方工作需要，从事________工作。

2.3　甲方因工作需要及乙方的能力和表现，按照诚信合理原则，向乙方说明情况后，可以调动乙方的工作岗位和工作地点，对此乙方应无条件接受调整和变动。

2.4　乙方应按照甲方安排的岗位责任，按时按量完成规定的工作任务，达到规定的质量标准。

三、工作时间和作息休假（合同双方可协商选择3.1或3.2中的一项）

3.1　甲方实行标准工时制，乙方每日工作时间不超过8小时，每周工作时间不超过40小时，每周至少休息一天。

3.2　甲方根据行业特性和实际需要，经劳动保障部门批准，实行综合计算工时制。

3.3　甲方根据行业特性和实际需要，经劳动保障部门批准，实行不定时工作制。

3.4　甲方根据工作需要，可安排乙方加班、加点，但须遵守国家的有关规定。

3.5　乙方按国家及甲方规定享受法定节假日、带薪年休假等休假。

四、劳动报酬

4.1　乙方试用期报酬为______元人民币，试用期满继续保持劳动关系的，按甲方的薪酬分配制度计算发放劳动报酬。

4.2　甲方按月支付乙方的固定工资部分在次月的______日之前发放。按期结算的浮动工资部分在结算期日后20日内发放。

4.3　甲方支付乙方的工资为税前工资，乙方的个人所得税按税法规定由甲方代扣代纳。

4.4　甲方可根据其实际经营状况、规章制度、对乙方的考核情况，以及乙方的工作年限、奖惩记录、岗位变化等，调整乙方的工资水平，但不得低于当地最低工资标准。

4.5　甲方根据工作需要安排乙方加班、加点时，须按规定支付乙方加班、加点工资。

五、社会保险和福利待遇

5.1　甲乙双方应按国家和甲方所在地方社会保险的有关规定缴纳职工养老保险、医疗保险、失业保险、工伤保险和女职工生育保险。

甲方应为乙方填写《职工养老保险手册》。双方解除、终止劳动合同后，《职工养老保险手册》按有关规定转移。

5.2　乙方享有甲方规章制度规定的住房公积金等各种福利待遇。

六、劳动保护和劳动条件

6.1　甲方应为乙方提供必要的劳动条件和劳动工具，建立健全工作操作规程、工作规范和劳动安全卫生制度。

6.2　甲方负责对乙方进行政治思想、职业道德、专业技术、劳动安全卫生及有关规章制度的教育和培训。

6.3 乙方应遵守甲方依法制定的规章制度：严格遵守工作纪律、操作规程和工作规范，自觉防止事故的发生，爱护甲方的财产，遵守职业道德，积极参加行业协会和甲方组织的培训，保持和提高专业胜任能力。

七、服务期

7.1 甲方出资为乙方进行各类专业技术培训，如＿＿＿＿＿＿等，有权与乙方另行签订培训协议约定服务期。

八、商业秘密保护和竞业限制

8.1 乙方负有保护甲方商业秘密的义务。甲方可与乙方另行订立保密协议，约定保密范围、保密方式、脱密期限等事项。

8.2 负有保密义务且需要履行竞业限制的人员，如董事会成员等高级管理人员，其竞业限制有关事项、期限、范围、地域在保密协议中单独约定。

九、劳动合同的变更、解除、终止、续订

9.1 订立本合同所依据的法律法规发生变化，本合同应变更相关内容。

9.2 订立本合同所依据的客观情况发生重大变化，致使本合同无法履行的，经甲乙双方协商同意，可以变更本合同相关内容。

9.3 经甲乙双方协商一致，本合同可以解除。

9.4 乙方提前三十日以书面形式通知甲方，可以解除劳动合同。乙方在试用期内提前三日通知甲方，可以解除劳动合同。

9.5 乙方有下列情形之一，甲方可以解除本合同：

（1）在试用期间被证明不符合录用条件的；

（2）严重违反甲方的规章制度的；

（3）严重失职，营私舞弊，给甲方造成重大损害的；

（4）在外兼职，对完成甲方的工作任务造成严重影响，经甲方指出而拒不改正的；

（5）被依法追究刑事责任的；

（6）在订立本合同时存在欺诈情形的。

9.6 有下列情形之一的，甲方提前三十日以书面形式通知乙方或者额外支付乙方一个月工资后，可以解除劳动合同：

（1）乙方患病或者非因工负伤，在规定的医疗期满后不能从事原工作，也不能从事由甲方另行安排的工作的；

（2）乙方不能胜任工作，经过培训或者调整工作岗位，仍不能胜任工作的；

（3）劳动合同订立时所依据的客观情况发生重大变化，双方不能就变更合同内容达成协议的。

9.7 甲方有下列情形之一的，乙方可以解除劳动合同：

（1）未按照劳动合同约定提供劳动保护或者劳动条件的；

（2）未及时足额支付劳动报酬的；

（3）未依法为劳动者缴纳社会保险费的；

（4）甲方的规章制度违反法律、法规的规定，损害劳动者权益的；

（5）法律、行政法规规定劳动者可以解除劳动合同的其他情形。

9.8 乙方有下列情形之一的，甲方不得解除劳动合同：

（1）在甲方单位工作因公负伤并被确认丧失或者部分丧失劳动能力的；

（2）患病或者非因公负伤，在规定的医疗期内的；

（3）女职工在孕期、产期、哺乳期的；

（4）在甲方连续工作满十五年，且距法定退休年龄不足五年的；

（5）法律、行政法规规定的其他情形。

9.9 有下列情形之一的，劳动合同终止：

（1）劳动合同期满的；

（2）乙方开始依法享受基本养老保险待遇的；

（3）乙方死亡，或者被人民法院宣告死亡或者宣告失踪的；

（4）甲方被依法宣告破产的；

（5）甲方被吊销营业执照、责令关闭、撤销或者甲方决定提前解散的；

（6）法律、行政法规规定的其他情形。

9.10 劳动合同期满，乙方有第9.8项规定情形之一的，劳动合同应当续延至相应的情形消失时终止。但是，乙方存在第9.8项之第一点丧失或者部分丧失劳动能力的劳动合同的终止，按照国家有关工伤保险的规定执行。

9.11 甲方经营发生严重困难，经向工会或者全体职工说明情况，听取工会或者职工的意见，并向劳动行政部门报告后，可以解除本合同。

9.12 本合同期限届满，甲乙双方经协商同意，可以续订劳动合同。

9.13 订立无固定期限劳动合同的，乙方退休、退职及死亡或本合同约定的解除条件出现，本合同终止。

十、经济补偿、违约金和赔偿金

10.1 有下列情形之一的，甲方应当向乙方支付经济补偿：

（1）甲方依照本合同第9.3项规定向乙方提出解除劳动合同并与乙方协商一致解除劳动合同的；

（2）甲方依照本合同第9.6项规定解除劳动合同的；

（3）乙方依照本合同第9.7项规定解除劳动合同的；

（4）除甲方维持或者提高劳动合同约定条件续订劳动合同，乙方不同意续订的情形外，依照第9.9项之第一点规定终止固定期限劳动合同的；

（5）依照本合同第9.9项之第四点、第五点规定终止劳动合同的；

（6）法律、行政法规规定的其他情形，如履行竞业限制的人员在竞业限制期限内。

10.2 经济补偿按乙方在甲方工作的年限，按每满一年支付一个月工资的标准向劳动者支付。六个月以上不满一年的，按一年计算；不满六个月的，向乙方支付半个月工资的经济补偿。

乙方月工资高于甲方所在本地区上年度职工月平均工资三倍的，向其支付经济补偿的标准按职工月平均工资三倍的数额支付，向其支付经济补偿的年限最高不超过十二年。

本条所称月工资是指乙方在劳动合同解除或者终止前十二个月的平均工资。

10.3 甲方违反本合同规定解除或者终止劳动合同，乙方要求继续履行劳动合同的，甲方应当继续履行；乙方不要求继续履行劳动合同或者劳动合同已经不能继续履行的，甲方应当依照本合同第10.2项规定的经济补偿标准的二倍向乙方支付赔偿金。

10.4 甲方解除、终止劳动合同未向乙方支付经济补偿金以及未履行相应法律规定的义务，给乙方造成损害的，应承担赔偿责任。

10.5 乙方违反本合同及相应协议关于服务期约定和竞业限制约定的，应承担违约责任。

10.6 乙方违反本合同规定解除劳动合同，或者违反本合同约定的保守商业秘密事项或者竞业限制约定，对甲方造成经济损失的，应当承担赔偿责任。

十一、劳动争议处理

11.1 因履行本合同发生的劳动争议，当事人可以向甲方劳动争议调解委员会申请调解；调解不成，可以向当地劳动争议仲裁委员会申请仲裁。甲乙任何一方也可以直接向劳动争议仲裁委员会申请仲裁。对仲裁裁决不服的，除法律另有规定外，可以向人民法院起诉。

十二、其他

12.1 甲方应当在解除或者终止劳动合同时出具解除或者终止劳动合同

的证明，并在十五日内为乙方办理人事档案和社会保险关系转移手续。在甲方出具解除或者终止劳动合同的证明之前，乙方仍应服从甲方的工作安排。

12.2　解除或终止劳动合同时，双方应办理财务结算和业务工作的交接。甲方依照本合同有关规定应当向乙方支付经济补偿的，在办结工作交接时支付。

12.3　甲方对已经解除或者终止的劳动合同的文本，至少保存二年备查。

12.4　甲方制定的涉及劳动者切身利益的人事、劳动、报酬、福利等规章制度作为本合同的附件，乙方予以确认并承诺遵守。

12.5　本合同自甲乙双方签字或盖章后生效，并予以全面履行。本合同未尽事宜，可另行签订补充协议。

12.6　本合同一式三份，甲乙双方各执一份，人才代理机构一份。

12.7　其他补充事项

乙方的邮寄送达地址为本合同载明的通讯地址，如果乙方住址发生变更应及时书面通知甲方，否则，甲方按约定地址邮寄，视为已经送达。

甲方（盖章）：	会计师事务所（资产评估机构）
法定代表人（签字）：	乙方（签字）：
签订日期：　　年　　月　　日	签订日期：　　年　　月　　日

附件3

会计师事务所（资产评估机构）职工薪酬制度（参考文本）

为了贯彻落实《劳动合同法》的相关规定，规范本单位薪酬制度，保障从业人员的合法权益，充分调动职工的工作热情和积极性，制定本制度。

一、本单位薪酬制度以“按劳分配，效率优先，兼顾公平”为基本原则，根据职工所在工作岗位（职务）、专业水平和能力（执业资格、学历学位、技术职称），以及工作业绩、表现等确定每位职工的薪酬标准。

二、本单位每______年对职工的专业胜任能力、敬业精神、工作绩效和职业道德等进行考核评价，并据以确定薪酬标准的职级和晋升。

三、根据行业的特点，本单位按专业技术人员、行政支持人员和股东（合伙人）三类实行相应的薪酬管理政策。

四、专业技术人员是指在本单位从事审计会计、资产评估、工程审价、税务及咨询、人力资源管理、信息技术支持等专业工作的从业人员。

行政支持人员是指在本单位工作的，从事行政事务、后勤保障等方面工作的从业人员。

股东（合伙人）是指在本单位持有股份或出资的股东（合伙人）。

五、本单位的职工薪酬制度采用基本工资加绩效工资法和工资全额约定法（即年薪制）。

六、本单位根据职工在人事管理方面的不同性质和类别（如股东〈合伙人〉、其他正式在册职工、临聘人员、返聘人员、试用人员、实习生等）确定薪酬体制及薪酬构成项目。

七、本单位对行政支持人员采用工资全额约定法，即可根据职工的职务职级、学历学位、资格职称、工作能力和工作年限等因素确定其年薪，再根据其工作表现和对单位的贡献给予一定的津补贴，年终发给一定的奖金。

八、本单位对专业技术人员采用基本工资加绩效工资法。其薪酬构成主要可包括：基本工资、绩效工资、各项津补贴、加班工资和奖励工资等。

（一）基本工资由职务职级工资、学历学位工资、执业资格和技术职称工资等组成。

1. 职务职级工资：按董事长、总经理、主任会计师、所长、总稽核（总会计师、总审计师）、高级经理、经理、项目经理、审计员、试用人员和实习生等不同职务和职级确定。

董事长、总经理、主任会计师、所长每月____元；总稽核（总会计师、总审计师）、高级经理每月____元；经理每月____元；项目经理每月____元，实习生每月____元。

2. 学历学位工资：按研究生、本科、专科等不同学历，或按博士、硕士、学士等不同学位就高选择确定。

研究生：博士每月____元，硕士（双学士）每月____元；本科（学士）每月____元，专科每月____元。

3. 执业资格工资：按照与本单位专业服务范围和内部管理有关的各种专业资格，如注册会计师、注册资产评估师、注册造价工程师、注册房地产估价师、注册土地评估师、注册税务师等技术职称工资：按照与本执业机构专业服务范围和内部管理有关的各种专业技术职称，分高级职称、中级职称和初级职称确定。

执业资格工资与技术职称工资可采取分别重复计算方法，也可采取就高选择一项的计算方法。

从业人员取得以上相关执业资格，按每月____元计算执业资格工资，取得两项（含）以上相关执业资格的，按每增加一项资格每月增加____元。

（二）绩效工资：是指本单位根据业务项目的收益情况发放给职工的报酬，此部分工资按职工的工作量、贡献率等情况发给职工，并可按职工职务职级系数计算。

1. 参与绩效工资分配的人员及计提方法

（1）一线项目人员，是指参加该业务项目具体工作的业务人员，该部分人员的浮动报酬即项目提成由项目总提成率、职工分配系数、时间系数等要素构成和计提。

（2）其他项目参与人员，是指与该业务项目有关的其他工作人员，该部分人员的浮动报酬可按一线项目人员的提成总金额的一定比例提取，按适当的方法进行具体分配。

2. 项目提成比率

项目提成比率是指在项目收费中提取浮动报酬的比例。审计业务、验资、资产评估、工程审价、税务及咨询等业务，按已完成项目的实际收费，实行分档超额累退办法确定分配数额。

3. 分配系数

分配系数是指参与浮动报酬分配的人员，按其不同的职务（如高级审计经理、中级审计经理、审计经理、高级项目经理、项目主管、项目经理、审计员、助理审计员）设置等级，并对每一等级确定基本分配系数。

4. 工作量系数

根据参与项目工作人员的内、外勤工作时间，结合劳动强度、劳动效率、贡献大小，由项目负责人提出方案、并由项目合伙人决定。

（三）各项津贴是指本单位为职工提供的各种津（补）贴，如工龄津贴、所龄津贴、餐贴、交通津贴、通讯补贴、特殊工种（岗位）补贴等。（该部分同样适用于行政支持人员）

1. 工龄津贴：月工龄津贴 = 标准（元/月）×工作年限。

2. 所龄津贴：月工龄津贴 = 标准（元/月）×在本单位的工作年限。

3. 餐费津贴：每月按一定金额发给。

4. 交通费津贴：每月按一定金额发放或根据情况实报实销。

5. 通讯费用津贴：按不同职务职级或岗位分别按一定金额标准发给，或实报实销。

6. 特殊岗位津贴：指专职电脑操作员、打字复印、司机等岗位或工种，按一定金额标准发给营养补贴和安全驾驶补贴。

（四）加班工资：加班工资是指基于行业特点，依据国家法律法规和本单位相关规章制度的规定，按从业人员加班时间所支付的工资（本项规定同样适用于行政支持人员）。

（五）奖励工资：是指本单位对从业人员的各种奖励，如年终奖、开拓奖、特殊奖励等（该部分同样适用于行政支持人员）。

1. 年终奖：是指本单位根据年度收益情况，给予全体职工的奖励。通常结合职工年度考核结果分等级发给。

2. 业务开拓奖：是指对高级经理以下职级的职工在业务拓展方面所取得的成绩，按适当的计算方法所支付的奖励，开拓奖励的提取比例为____%。

3. 特殊奖：是指在特殊情况下本单位给予职工的奖励，如职工取得博士、硕士学位、高级技术职称，取得相关荣誉，以及职工对执业机构有特殊贡献等。

九、执业质量保证金：是指本单位与注册会计师协商建立的“执业质量保证金”，即分别每个注册会计师每年薪酬所得____%提取的“个人执业质量保证金”，本单位同时按同等金额提取一并计入按每个注册会计师建立的专项明细辅助账户，满五年后如无约定的重大执业质量问题或赔偿情形时，从第六年起逐年将最早一年提取的“个人执业质量保证金”分别返还给注册会计师个人。

十、工勤人员、试用期人员薪酬及临聘人员、实习生报酬。

试用期人员与工勤人员实行基本工资法。其标准不低于所在地最低工资标准。

临聘人员是指为完成某一特定业务项目而临时聘用的专家，其标准可结合工作量或完成项目后根据业务收费情况而给予的报酬。

实习生是指临时在本单位实习的大中院校在校学生，实习生的报酬按定额发给。

十一、股东（合伙人）的薪酬可在基本工资加绩效工资或年薪制的基础上再加适当的利润分配。

十二、职工在法定节假日、婚丧假期间以及参加行业和合法的社会活动期间，本单位应当依法支付工资。职工连续工作一年以上，享受带薪年休假。

十三、本单位的具体薪酬政策及计算方法属于商业秘密，从业人员不得向任何单位和个人透露。

十四、本单位于每月____日前以货币形式发放职工薪酬。

十五、本制度经职工代表大会或职工代表讨论并征求意见后，报董事会批准后执行。

附件4

会计师事务所（资产评估机构）
工作时间制度（参考文本）

一、根据《浙江省劳动和社会保障厅关于进一步加强对用人单位实行不定时工作制和综合计算工时工作制管理的通知》（浙劳社劳薪［2006］181号）规定，结合注册会计师、资产评估行业的特点和本单位实际，制定本制度。

二、本单位业务岗位人员实行综合计算工时制（也称为综合工时制），行政支持岗位人员实行标准工时制。

综合计算工时工作制是以标准工作时间为基础，以一定的期限为周期，综合计算工作时间的工时制度；标准工时制依据工作时间来计算劳动量，属于定时工作制。

三、职工的工作时间为（如：某执业机构根据实际情况，规定了以下工作时间）：

每年1～4月：周一至周五早上8：30～12：00；下午1：30～5：00；周六早上9：00～12：00；下午1：30～4：30；周日休息。

每年5～12月：周一至周五早上9：00～12：00；下午1：30～5：00；周六、周日休息。

职工出差期间由项目负责人安排工作时间。

四、单位不提倡职工加班，确因工作需要加班的，应按照加班申报规定事先申请，批准后方可加班。

单位以半年为计算周期，保障职工的平均日工作时间和平均周工作时间应与法定标准工作时间基本相同。在综合计算工时周期内，职工实际工作时间达到正常工作时间后，如存在延长工作时间情况，公司依法支付加班工资或给予调休。

五、法定节假日。职工根据国家规定享受法定节假日，职工享受休息休假按《全国年节及纪念日放假办法》（国务院令2007第513号）制度执行。

六、带薪年假。为了合理安排职工工作和休息时间，保障职工身心健康，维护职工休息权利，调动职工工作积极性，本单位根据《职工带薪年休假条例》（国务院令 2007 第 514 号），为职工提供带薪年休假。

七、加班费的计算：实行综合计算工时工作制的职工，在综合计算工时周期内，职工实际工作时间达到正常工作时间后，用人单位安排职工工作的，视为延长工作时间（延长工作时间小时数每月不得超过 36 个小时），按照不低于职工工资的 150% 支付。安排实行综合计算工时工作制的职工在法定休假节日工作的，按照不低于职工工资的 300% 支付职工加班工资。

《综合工时制申请办法》

综合工时制申请办法

一、申请原则：

人力资源部负责依照相关规定向浙江省劳动保障厅提出综合计算工时工作制书面申请材料，以一年为申请有效期，半年为工时计算周期，依法获得行政许可。

二、申请材料：

综合计算工时工作制书面申请材料包括：

1. 申请报告。申请报告内容包括：

（1）结合本单位生产经营特点，阐述要求实行综合计算工时工作制的理由；

（2）本单位上年度工时执行情况，加班加点工资支付情况；

（3）申报岗位及职工人数；

（4）以半年为计算周期的理由；

（5）保证职工休息休假和加班工资按规定支付的具体方法规定；

（6）若职工的劳动合同期限在综合计算周期内期满或劳动合同提前解除，公司保障职工合法权益的具体规定；

2. 《实行不定时工作制和综合计算工时工作制审批表》；

3. 公司营业执照或社会保险登记证复印件；

三、申请程序：

人力资源部应将符合上述要求的书面申请材料递交本单位工会进行审批，获得工会批准后，连同工会对公司实行综合计算工时工作制的意见上报浙江省劳动保障厅进行审批。

《实行不定时工作制和综合计算工时工作制审批表》

省部属单位实行不定时工作制和
综合计算工时工作制审批表

<table>
<tr><td>单位名称</td><td colspan="3"></td><td>法定代表人</td><td colspan="2"></td></tr>
<tr><td>地　　址</td><td colspan="3"></td><td>邮政编码</td><td colspan="2"></td></tr>
<tr><td>联系人</td><td colspan="3"></td><td>联系电话</td><td colspan="2"></td></tr>
<tr><td>职工人数</td><td></td><td colspan="3">实行特殊工时制度职工人数</td><td colspan="2"></td></tr>
<tr><td colspan="3">要求实行不定时工作制的职工</td><td colspan="4">要求实行综合计算工时工作制的职工</td></tr>
<tr><td>岗位或工种</td><td>人数</td><td>实行期限</td><td>岗位或工种</td><td>人数</td><td>计算
周期</td><td>实行期限</td></tr>
<tr><td></td><td></td><td></td><td></td><td></td><td></td><td></td></tr>
<tr><td></td><td></td><td></td><td></td><td></td><td></td><td></td></tr>
<tr><td></td><td></td><td></td><td></td><td></td><td></td><td></td></tr>
<tr><td></td><td></td><td></td><td></td><td></td><td></td><td></td></tr>
<tr><td></td><td></td><td></td><td></td><td></td><td></td><td></td></tr>
</table>

续表

实行特殊工时制度的主要理由	单位负责人签章：　　年　月　日（公章）

工会或职工代表大会意见	年　月　日（章）
主管部门意见	年　月　日（章）
劳动保障行政部门审批意见	年　月　日（章）

浙江省劳动和社会保障厅

附件 5

会计师事务所（资产评估机构）职工休息休假制度（参考文本）

一、根据我国《劳动法》及相关法律法规对职工的休息、休假制度等规定，结合注册会计师、资产评估行业特点和本单位实际，对职工的工作时间和休息休假作如下原则规定。

二、职工的休息、休假的种类主要包括以下几种：

1. 公休日，是指职工在一周内，享有连续休息在一天（24 小时）以上的休息时间。按国家现行法律规定，一般情况下职工每周应休息两天，即星期六和星期日两天；在业务忙季可安排季节性单休，暂时未休息时间可以在以后补休或以发放加班费方式给予补偿。

2. 法定节日休假。按国家规定，全体公民放假的节日是元旦（1 天）、春节（3 天）、清明节（1 天）、劳动节（1 天）、端午节（1 天）、中秋节（1 天）、国庆节（3 天），以上法定节日休假若适逢休息日，将在工作日给予补假。女性职工在妇女节、共青团员在青年节可安排半天集体活动，若适逢休息日，则不补假。

法定节假日属于带薪假日。

3. 探亲休假（注：探亲休假不是法律法规强制性规定，有条件的执业机构可参照这一规定，给予类似性质的职工以探亲休假），是指根据国务院《关于职工探亲待遇的规定》（国发［1981］36 号），给予在全民所有制企业、事业单位工作一年以上，且与配偶、父母两方分居两地起，又不能在公休假日团聚的正式职工，用以探望配偶和父母而享受的休假时间。

4. 年休假，是指职工连续工作一年以上的，每年选择一次连续、带薪的休假时间。职工休假天数根据其资历、岗位等情况有所区别。职工享受年休假及其待遇的具体办法：

（1）职工累计工作已满 1 年不满 10 年的，年休假 5 天；已满 10 年不满 20 年的，年休假 10 天；已满 20 年的，年休假 15 天。国家法定休假日、休息日不计入年休假的假期。

（2）有下列情形之一的，不享受当年的年休假（当年年休假已经享有的，不享受下一年的年休假）：①事假累计20天以上；②累计工作1~10年的，请病假累计2个月以上的；③累计工作10~20年的，请病假累计3个月以上的；④累计工作20年以上的，请病假累计4个月以上的。

（3）单位确因工作需要不能安排职工休年休假的，经职工本人同意，可以不安排职工休年休假。对职工应休未休的年休假天数，单位应当按照该职工日工资收入的300%支付年休假工资报酬（除职工正常工作期间的工资收入外，另外支付200%的报酬）。

（4）单位已安排年休假，职工未休且有下列情形之一的，只享受正常工作期间的工资收入：①因个人原因不休年休假的；②请事假累计已超过本人应休年休假天数，但不足20天的。

5. 其他休假。其他节假日根据国家规定和单位的具体情况确定。

其他节假日一般按以下标准掌握：（1）职工结婚，按规定可享受1~3天的婚假，晚婚的（男25周岁以上，女23周岁以上）增加12天。职工直系亲属死亡时，可请1~3天的丧假，在外地的追加往返路程假。（2）女职工产假为90天，其中产前假15天，产后假75天，难产的增加15天；女职工生育后哺乳期为一年，单位应在每班劳动时间内给予其两次哺乳的时间，每次30分钟；女职工在“三期”内，单位不得降低其基本工资。女职工怀孕不满4个月流产时，应当根据医务部门的意见，给予15天到30天的产假，怀孕满4个月以上流产时，给予42天产假。（3）生育哺乳假：女职工产假90天（其中产前休假15天）；难产的，增加产假15天；多胞胎生育的，每多生1个婴儿，增加产假15天；妊娠期3个月以下流产的，产假20~30天；妊娠3~7个月流产、引产的，产假50天。符合晚育条件的（女方24周岁以上生育第一胎的），男职工在妻子产假时可享受7天护理假。产假期满后，女职工可申请不超过6个月的哺乳假，工资按80%发放。

三、事假。在上述休息、休假之外，职工因个人原因不能正常工作的，应请事假。

事假1天之内由部门负责人审批；2~5天，由部门签署意见后报分管总经理批准；6天及以上，须报总经理批准。

事假扣发工资以（月总收入/21.75）按天计。享有年休假的职工可先请带薪年休假（1天事假折算0.5天年休假；超过20天事假的，未折完的年休假不再享受）。

四、病假。职工因健康原因不能正常工作的，应请病假。

职工病假1天以上的须出具医院证明和相关病历。原则上，病假扣发工资以（月总收入/21.75）×40%按天计。病假超过3个月的，只发基本工资（但不得低于当地最低工资标准）。

五、办理请假手续。

除公休日、法定节日休假外，职工请事假、病假、年休假、探亲假、婚假、丧假等均应事先办理书面请假手续；因特殊原因不能事先办理书面请假手续的，先电话请假，并在假期结束后及时办理补假手续。

附件 6

会计师事务所（资产评估机构）职工劳动保护制度（参考文本）

一、为切实保障职工的身心健康和人身安全，制定本制度。

二、单位应为职工提供必要的工作条件，以期使职工得到较好的劳动保护。

三、单位和职工应当遵守双方订立的“劳动合同”所载明的有关保障职工劳动安全、防止职业危害的事项。

四、单位应加强并主动采取必要的劳动保护措施，以保障劳动安全。如：

1. 为职工免费提供符合国家规定的劳动防护用品。

2. 根据工作特点，适当调整夏季高温期间职工的劳动和休息时间，增加休息时间和减轻劳动强度，减少高温时段作业，确保职工身体健康和生命安全，并参照政府有关规定向职工发放夏季清凉饮料费。

3. 单位负责人接到事故报告后，应当迅速核实情况并及时采取有效措施，组织抢救，防止事故扩大，减少人员伤亡和财产损失。

单位应按照国家有关规定立即如实报告当地负有安全生产监督管理职责的部门，不得隐瞒不报、谎报或者拖延不报，不得故意破坏事故现场、毁灭有关证据。

五、职工在工作中必须遵守相关安全守则，并做到：

1. 确保火、电、水及其他各项安全。

2. 在外勤期间必须遵守客户单位的有关安全生产规章制度和操作规程，服从管理，正确佩戴和使用劳动防护用品。

3. 发现事故隐患或者其他不安全因素，立即向现场安全生产管理人员或者本单位负责人报告；单位发生生产安全事故后，事故现场有关人员应当立即报告本单位负责人。

六、职工有权了解其作业场所和工作岗位存在的危险因素、防范措施及事故应急措施，有权对本单位的安全生产工作提出建议。

七、职工有权对本单位安全生产工作中存在的问题提出批评、检举、控告；有权拒绝违章指挥和强令冒险作业。

单位不得因职工对本单位安全生产工作提出批评、检举、控告或者拒绝违章指挥、强令冒险作业而降低其工资、福利等待遇或者解除与其订立的劳动合同。

八、职工在遇到直接危及人身安全等紧急情况时，要采取必要的措施，避免受到进一步伤害，如有权停止作业或者在采取可能的应急措施后撤离作业场所。

单位不得因职工在前款紧急情况下停止作业或者采取紧急撤离措施而降低其工资、福利等待遇或者解除与其订立的劳动合同。

九、单位依法为职工办理工伤社会保险。

十、单位不得以任何形式与职工订立协议，免除或者减轻其对职工因生产安全事故伤亡依法应承担的责任。

十一、因生产安全事故受到损害的职工，除依法享有工伤社会保险外，依照有关民事法律尚有获得赔偿的权利的，有权向本单位提出赔偿要求。

十二、其他有关生产安全方面的未尽事项按照国家有关规定执行。

附件7

会计师事务所（资产评估机构）员工社会保险及福利制度（参考文本）

一、根据国家有关规定，本单位依法为员工缴纳社会保险，并提供相关福利待遇。

二、单位为员工提供的社会保险和福利包括：养老保险、医疗保险、失业保险、工伤保险和生育保险等五类社会保险以及住房公积金。

三、鉴于本单位员工有多种身份，对已参加以上社会保险和交纳住房公积金的员工，不再重复缴纳。

四、办理上述社会保险和住房公积金时，应由职工个人负担的部分由单位在发放工资时负责代扣代缴。

五、职工的公休假、年休假、婚丧假、女工孕期（产期、哺乳期）待遇，以及解除（终止）劳动合同时经济补偿金的发放等，均按国家有关政策和本单位依法制定的规定执行。

六、职工发生职业病或因公负伤的待遇，因公或因病死亡的丧葬费、一次性抚恤费、供养直系亲属生活困难补助费等均按照国家有关规定执行。

七、职工患病或非因公负伤的医疗期及其待遇、职工供养直系亲属的医疗待遇等均应遵照国家有关政策和本单位依法制定的规定执行。

八、根据国家有关规定和本单位实际情况为职工提供以下商业保险和福利（由各执业机构根据自身情况规定，如职工定期体检：35岁以上职工每年检查一次；35岁以下职工每两年检查一次；女职工增加妇女专项检查等）。

附件 8

会计师事务所（资产评估机构）劳动纪律制度（参考文本）

一、总则

为了明确职工在职业道德、工作纪律及日常行为等方面的自律要求，以及本单位对违反自律行为的惩戒规定，制定本制度。

二、职工自律的要求

1. 职工应严格遵守法律法规，履行应尽的公民责任。

2. 职工在执业中应遵守职业道德及专业准则，恪守独立、客观、公正原则，按照法律法规及行业规范谨慎执业。

3. 职工应主动维护单位的声誉，不能从事有损于单位形象及声誉的活动。

4. 职工应与客户保持恰当的关系，主动了解客户需求，为客户提供更优质的专业服务，同时应保守客户的商业信息，除被授权外，不能与第三方谈论客户事务。

5. 职工不能从客户那里得到非正当的利益，不能接受客户超出正常价值的现金或实物馈赠或以非正常的折扣从客户处购买商品。

6. 职工在单位工作期间，不得从事可能损害单位利益的活动，如不能私自利用职务便利为自己或他人谋取属于单位的商业机会，不能自营或者为他人经营与本单位同类的业务；职工不能与其他单位存在劳动关系，不得在其他单位获取工资性收入，工作时间不能从事与工作无关的活动；职工如在业余时间从事其他工作，则需保证与本单位的利益不构成冲突，且不会影响正常工作；职工在为客户提供专业服务期间，不能应聘客户的任何岗位。

7. 职工应服从公司的工作安排，勤勉尽责，积极创新，努力完成分配的各项工作任务。

8. 职工应自觉参加在岗培训及职业后续教育，努力钻研业务，不断提高自身的岗位胜任能力，保持优良的工作质量。

9. 职工应该遵守工作时间规定，准时上、下班，如果不能正常到勤，应提前向部门负责人和人力资源部请假，若事发突然不能提前请假的，应事后补办请假手续。

10. 职工在仪表和着装上应体现专业形象，日常社交活动中也应注意商务礼仪。

三、严重违反自律要求的行为

本单位规定，以下行为属于严重违反自律要求的行为：

1. 违反国家法律、法规，被依法追究刑事责任的行为。

2. 严重失职，营私舞弊，给本单位造成重大损害的。

3. 职工同时与其他用人单位建立劳动关系，对完成本所的工作任务造成严重影响，或者经单位多次提出警告，拒不改正的。

4. 职工对本单位有欺诈的行为，如个人履历的不实陈述、材料伪造等。

5. 违反公司独立性、保密性等要求，对本单位造成重大损害的行为。

6. 重大职业过失行为，如因职工不当行为被专业组织机构处罚的行为、或导致本单位受到专业组织的审查的行为。

7. 严重违反工作纪律，经多次提醒不能改正的。

四、对职工违规行为的惩戒

职工如果违反单位规定的自律要求，将可能受到单位的各种惩戒。惩戒分为口头警告、书面警告、降职降薪、解除劳动合同四类：

1. 口头警告。职工初次违反以上自律要求，并且未对单位利益造成损害的，单位将以口头警告的方式提醒职工注意。

2. 书面警告。职工如有违反自律要求的行为并对单位利益造成一定损害，或者职工在被口头警告后的6个月内重复发生类似违规行为，单位将以书面形式对其发出警告。

3. 降职降薪。职工如违反自律要求并对单位的利益造成明显损害的，或者职工在1年内受到2次及以上书面警告的，单位将采取降职降薪的惩戒措施。

4. 解除劳动合同。如果职工出现严重违反自律要求的行为，对公司造成了重大损害，或者职工违反自律要求，经多次警告屡教不改的，单位将与职工解除合同。

五、职工申诉程序

职工如果对单位的惩戒结果不满，可向人力资源部提出申诉，人力资源部将根据职工意见陈述进行再次调查和核实。

附件 9

会计师事务所（资产评估机构）商业秘密保护制度（参考文本）

甲方：　　　　　　　　　　　　　乙方：
住所：　　　　　　　　　　　　　住所：
法定代表人：　　　　　　　　　　身份证号码：

乙方因在甲方从事业务或管理工作，已经（或将要）知悉或掌握甲方的商业秘密及知识产权相关信息。为了明确乙方的保密义务，甲、乙双方本着平等、自愿、公平和诚实信用的原则，订立本保密协议。

双方确认在签署本协议前已经详细审阅过协议的内容，并完全了解协议各条款的法律含义。

一、保密的内容和范围

甲、乙双方确认，乙方应承担保密义务的甲方商业秘密范围包括但不限于以下内容：

1. 技术信息：技术方案、技术指标、计算机软件、审计软件、管理系统、数据库、工作底稿、操作手册、技术文档等相关信息。

2. 经营信息：客户名单、不公开的财务资料、涉及商业秘密的管理制度文档及业务函电、公司经营决策信息、公司财务状况、资金运营状况、职工待遇及薪水发放等相关信息。

3. 其他甲方合理认为属于商业秘密的事项。

二、乙方的保密义务

对第一条所称的商业秘密，乙方承担以下保密义务：

1. 不得有意接触与本职工作或本身业务无关的商业秘密。

2. 不得向不承担保密义务的任何第三人披露甲方的商业秘密。

3. 不得允许或协助不承担保密义务的任何第三人使用甲方的商业秘密。

4. 如发现商业秘密被泄露或者自己过失泄露商业秘密，应当采取有效措施防止泄密进一步扩大，并及时向甲方企业报告。

三、保密期限

甲、乙双方确认，乙方的保密义务自双方签定本合同之日开始，到该商业秘密被甲方认为不再是商业秘密止。本合同的效力不因劳动合同的解除而终止，如乙方离职时应妥善办理有关移交手续，在解除劳动关系后，乙方对甲方的商业秘密仍负有保密和不为自己或他人的经营活动使用之义务。

四、竞业限制

本竞业限制条款的适用对象为本所高级管理人员和关键技术人员（以下简称高级管理技术人员，其具体范围由事务所自行确定，如可限定为董事会成员）。

1. 高级管理技术人员不论因何种原因从甲方离职，未经甲方同意，离职____年内（不得超过2年）不得到与甲方有竞争关系的单位就职或自办与甲方有竞争关系的企业；

2. 从高级管理技术人员离职后开始计算竞业限制时起，甲方应当按照竞业限制期限向高级管理技术人员支付竞业限制补偿费________元。

五、违约责任

双方约定：

1. 如果高级管理技术人员不履行本协议第四条所规定的竞业限制约定，应当承担违约责任，一次性向甲方支付违约金人民币________元；

2. 如果因为高级管理技术人员（或乙方）前款所称的违约行为及违反保密义务的行为造成甲方的损失，高级管理技术人员（或乙方）还应当对甲方的损失承担赔偿责任，其中，甲方因调查高级管理技术人员（或乙方）的违约及违反保密义务行为而支付的合理费用，应当包含在损失赔偿额之内。

六、争议的解决办法

因执行本协议而发生纠纷，可以由双方协商解决或者共同委托双方信任的第三方调解。协商、调解不成或者一方不愿意协商、调解的，任何一方都有提起诉讼的权利。

七、协议的效力和变更

本协议自双方签字后生效。本协议的任何修改必须经过双方的书面同意。

甲方：（签章）	乙方：（签名）
法定代表人：（签字）	身份证号码：
年　　月　　日	年　　月　　日

附件10

会计师事务所（资产评估机构）培训制度（参考文本）

为规范本单位的职业后续教育培训工作，提高职工的专业胜任能力，提升职工个人素质，促进职工熟练掌握、运用专业知识和工作技能，根据劳动合同法、注册会计师法和其他有关法律法规的规定，结合本单位实际，制定本制度。

一、培训宗旨

根据本单位发展战略，将培训的目标与单位发展的目标紧密结合，围绕单位发展，开展全员培训，不断探索创新培训形式，将培训与人力资源开发紧密结合，拓展培训的深度和内涵，建立培训效果与激励制度挂钩机制，搭建起学习型、知识型企业的平台。

二、培训目的

1. 达成对单位文化、价值观、发展战略的认知和认同。

2. 掌握单位规章制度、岗位职责、工作要领，使新进职工尽快适应和胜任本职工作。

3. 改进职工工作表现，强化责任意识、风险控制意识和质量意识，树立效率原则、效益原则。

4. 提升职工履行职责的能力和主人翁的责任感，端正工作态度，提高工作热情，培养团队合作精神，形成良好的工作习惯。

5. 提高职工学习能力和知识水平，提升职工职业生涯能力，为个人进步和企业发展创造良好环境和条件。

6. 提高单位综合素质，增强单位的竞争能力和持续发展能力。

7. 提高职工职业素质，充实其业务知识与技能，以增进工作质量及绩效，从而向客户提供创新、卓越的专业服务。

三、适用范围

凡本单位所属职工的在职教育培训及有关培训事项均依本规定办理。

四、培训的组织

职工培训工作在单位统一部署下由人力资源部门归口管理、统一规划，培训部门和各部门组织实施，职工个人主动配合。

人力资源部门根据单位年度发展计划、业务目标、考核指标，拟订单位年度培训计划，上报总经理批准执行。

培训部门根据单位培训计划，制定年度培训课程大纲，明确培训的目的、内容、时间、授课人、课程要求和验收标准，报人力资源部门审核，经批准后组织实施。

培训授课要落实到人，由培训部门组织备课，必要时还要组织授课人试讲。需外请专家、教授的报总经理批准。

人力资源部门组织培训部门建立企业培训资源体系，做好教案编排，完善培训教材库、培训案例库和试题库，为持续地做好培训工作奠定基础。

培训实施部门要做好课堂管理和制备教材，保证良好的环境，准备必要的培训设备及辅助材料。

职工享有参加培训的权利，也有接受培训和培训他人的义务。除了积极参加单位和各部组织的各项培训外，单位提倡和鼓励职工在提高专业知识、工作技能和综合素质方面进行自主学习。

培训部门及其他部门要及时掌握培训需求动向，在单位统一培训的基础上，适时合理地调整培训内容。各部门和个人也可以向人力资源部门提出培训要求和建议。

五、培训内容

（一）新进职工培训

单位为新进职工提供系统的上岗培训，培训内容主要包括：

1. 企业文化和制度培训。目的是使职工了解单位发展史，熟知单位企业文化、单位经营范围；学习和掌握单位行政管理制度、业务工作制度和道德行为规范；

2. 岗位培训。培训部门要对新职工拟任岗位进行专业培训，包括职业道德、专业基础知识、工作底稿及操作规范、实务培训、商务礼仪及客户沟通技巧等，使其熟悉岗位职责、业务知识、日常工作流程、工作要求及操作要领，使新进职工更快地融入单位团队，快速有效地担当岗位责任；

3. 案例研究及模拟实习。以案例形式讲解本单位在经营活动中的经验和教训，使新职工掌握一些基本原则和工作要求，而后进行有针对性的模拟实习。

（二）执业资格考试

单位要求职工获得所从事专业方向的执业资格，职工报名参加该执业资格的考试培训班，考试通过可报销培训费。每门考试培训费用只能报销一次。同时单位鼓励职工获得与本专业相关的第二种类别的执业资格。

（三）专业技术培训

专业技术培训是单位向专业人员提供的帮助职工提高工作技能、满足专业工作需要的培训。单位每年将安排系统的培训计划，根据职工的专业领域、工作要求来为职工设计不同的培训课程。

专业技术培训包括单位内部培训和外部培训两种方式。内部培训是指由单位组织的专业培训，培训讲师由单位职工或外聘老师担任，培训形式可根据培训内容进行变化，包括课堂授课、专题研究、案例讨论等。外部培训主要指派遣职工参加国家会计学院培训课程或行业协会组织的各类专业培训课程。

（四）职工素质培训

职工素质培训是单位向职工提供的帮助职工提高个人职业素质的培训。例如，情绪控制、商务礼仪、沟通技巧等方面的培训。

职工素质培训包括单位内部培训和外部培训两种方式。内部培训是指由单位组织的专业培训，培训讲师由单位职工或外聘老师担任，培训形式可根据培训内容进行变化，包括课堂授课、案例讨论、模拟演习等。外部培训主要指派职工参加专业机构组织的培训或前往海外合作机构实习等方式。

（五）管理人员的培训

中高层管理人员的培训，目的是学习和掌握现代管理理论和技术，充分了解政府的有关方针、政策和法规，提高市场预测、决策、组织、执行和控制能力。培训内容主要是市场经济所要求的系统管理理论、知识和应用能力。培训形式以聘请专家、教授举办专业知识讲座为主，自学和内训为辅。

基层管理人员，培训时间根据培训内容确定，学习单位管理手册，熟练掌握岗位知识，管理制度及操作流程等。

六、培训要求

培训工作要准备充分，注重过程，讲求效果，防止形式主义。

授课方法要理论联系实际，通俗易懂，深入浅出。

参加培训的职工要严格遵守培训纪律，准时参加培训，认真听课，细作笔记。特殊情况不能参加的，需事先提出书面申请并经批准，参加单位安排的后期同类课程培训。

培训考试成绩记入个人档案，作为转正、升（降）级、晋（降）职、转岗的重要依的据之一。参加培训的职工未经批准无故不参加考试者，视为自动放弃考试，作为培训不合格处理。

参加培训的职工在培训过程中所获得和积累的技术、资料等要做好保密工作，不得私自拷贝、复制、传授或转交给其他单位或个人。

七、培训的评估

每项（期）培训结束时，主办部门应视实际需要分发《培训学员意见调查表》（包括授课内容、讲课技巧、授课态度等方面）供学员填写后与测验试卷一并收回，并汇总学员意见，送讲师转人力资源部门会签，作为以后再举办类似培训的参考。

培训部门应对各部评估培训的成效，定期分发《培训成效调查表》，供各业务部门主管填写后汇总意见，并配合业务情况，比较分析评估培训之成效，做成书面报告，并呈报核准后，分送各部门及有关人员作为再举办培训的参考。

八、培训费用的开支

为保证教育培训费用的来源，单位在费用预算中规定一般培训费用和专项培训费用，如新职工培训等培训属于一般培训内容，而例如执业资格支持、专业技术培训等培训属于专项培训的内容。具体的比例由单位年度预算确定。培训相关的费用报销事宜，按单位规定的费用报销程序办理。

九、服务年限和违约金

单位为职工提供专项培训费用，对其进行专项培训的，在培训前，单位与职工应当签订《培训协议书》，约定服务期。职工违反服务期约定的，应当按照约定向单位支付违约金。

十、附则

（一）职工培训情况、成绩及资历应当及时提供给单位人力资源部门或由人力资源部门直接采集，作为职工年度考核、晋升的参考；

（二）本制度经全体职工（职工代表大会）讨论后报经主任会计师办公会议批准后实施；

（三）本制度从二〇〇　　年　　月　　日实施；

（四）本制度的解释权归主任会计师办公会议。

附件 11

会计师事务所（资产评估机构）聘用制度（参考文本）

为规范本单位的劳动用工管理，维护本单位和职工的合法权益，特制定本制度。

一、招聘原则

（一）招聘时根据招聘岗位任职资格要求择优录取，并重点考虑应聘人员品行、学历、岗位胜任能力、工作经验及发展潜力等其他个人背景情况。

（二）本单位相关职位出现空缺时，将优先考虑已聘用职工，然后再对外招聘。工作表现是本单位晋升职工的最主要依据。

（三）人力资源部应不断更新本单位各岗位的职责要求。

二、招聘程序

（一）根据年度人力资源需求计划，人力资源部制定具体的招聘实施方案。

（二）各部门因业务需要临时增加人员时，可向人力资源部提出招聘申请，人力资源部报总经理审批后进行招聘。

（三）招聘由人力资源部具体负责实施，对应聘人员材料进行初步筛选，并进行初试，在初试时可以根据各专业需要，请相关部门负责人参加。

（四）应聘人员须通过笔试、面试、体检后方可录用。

三、职工入职

（一）单位向职工发放《录用通知书》，并通知入职报到的时间、地点。

（二）单位将组织新入职职工参加新职工培训，以使职工了解单位情况与管理制度。

（三）单位向职工发放《职工手册》，加强职工对单位制度的了解。

四、试用期

（一）新职工被录用后，一律实行试用期，试用期时间为一至六个月，试用期间单位将对职工的表现及其对工作的适应程度进行考核。

（二）试用期薪资执行单位制度标准。

（三）试用期届满，经单位考核合格者，可转为正式职工，考核不合格者，单位可以提出解除劳动合同。

五、劳动合同

新职工在上岗后一个星期内，单位与其签订劳动合同。合同是单位与职工之间的约定，单位与职工签订劳动合同后，单位和职工双方均应遵守合同期限等条款约定。

六、劳动合同的终止

（一）单位将在合同到期前 30 日向职工发出书面的通知书，职工可决定是否与单位续签劳动合同。如职工或单位决定不再续签劳动合同的，合同到期时自动终止。

（二）职工依法可以开始享受基本养老保险待遇的，劳动合同终止。

（三）职工死亡，或者被人民法院宣告死亡或者宣告失踪的，劳动合同终止。

（四）符合法律、行政法规规定的其他情形时，劳动合同终止。

七、劳动合同的解除

（一）职工有下列情形之一的，单位可以提出解除劳动合同，并不需支付违约金及经济补偿：

1. 试用期内被证明不符合录用条件。

2. 严重违反单位规章制度的。

3. 违反职业道德，发生欺诈行为或重大职业过失，严重损害单位名誉或利益的行为。

4. 私自在其他单位从事与本单位业务范围相同或相近的业务，或将业务介绍给其他单位，严重损害单位利益，或经单位提出，拒不改正的。

5. 被依法追究刑事责任的。

6. 符合法律规定的其他情形的。

（二）职工提出解除劳动合同，需要提前 30 日向单位发出书面的通知书；试用期内，职工需提前三日向单位发出书面的通知书。

1. 单位未按照劳动合同约定提供劳动保护或者劳动条件。

2. 单位未及时足额支付劳动报酬。

3. 单位未为职工依法缴纳社会保险费。

4. 单位的规章制度违反法律、法规的规定，损害劳动者权益的。

5. 法律、行政法规规定的可以解除劳动合同的其他情形。

（三）单位解除劳动合同，应提前30日书面通知职工，并需支付经济补偿金。下述情况单位提前三十日以书面形式通知职工本人或者额外支付职工一个月工资后解除劳动合同：

1. 职工患病或者非因公负伤，在规定的医疗期满后不能从事原工作，也不能从事由单位另行安排的工作的。

2. 职工不能胜任工作，经过培训或者调整工作岗位，仍不能胜任工作的。

3. 劳动合同订立时所依据的客观情况发生重大变化，致使劳动合同无法履行，经单位与劳动者协商，未能就变更劳动合同内容达成协议的。

八、职工档案及信息记录

职工上岗位后，应及时将个人的人事档案转入单位规定的档案存放机构。

职工需将个人信息告知人力资源部，并保证信息的真实性与准确性，单位对职工的个人信息保密。

九、职工的调职

职工的调职指不同部门之间的调换或同一部门内不同岗位的调换。根据单位的业务需要，职工有机会被调职。

如果职工有调职的意向，可向人力资源部提出，单位会记录申请并在合理期限内予以答复。

十、职工的离职

（一）职工离职需要先填写离职申请书；

（二）职工离职应按单位规定移交所有属于单位的财产，经核准离职且办妥移交手续后，方可正式离职；

（三）未办离职手续自行离职者，单位财产若有损失、遗失，其损失全额从薪资中扣还；如薪资不足以抵扣时，单位保留向离职职工索取差额的权利。

十一、职工关系

单位致力于为职工创造和谐、愉快、舒适的工作氛围，提倡人本管理、和谐相处、快乐工作。

单位对职工的任何建议和问题会尽快地答复，并做妥善的解决。

后　　记

浙江省注册会计师协会根据工作计划和中国注册会计师协会“制度建设年”相关要求，于2011年9月成功召开了全省会计师事务所内部治理经验交流会，全省25家会计师事务所代表在会上做了主题发言。会议总结交流了浙江省近些年来会计师事务所内部治理建设方面的成功经验，通过回顾过去，展望未来，谋求浙江省注册会计师事业更好地发展。为加强学习与研究，指导广大会计师事务所进一步建立健全治理机制，提升治理能力，浙江省注册会计师协会组织人员对参加交流的文稿进行了整理和编撰，编印成《会计师事务所内部治理》一书，供业内外人士借鉴。

本书由浙江省注册会计师协会秘书长汤淮担任主编，并完成文稿的终审，林金松、蒋文军、韩江南对文稿进行了二审，徐志康、蓝红伟、徐得均、孙建国、许倩、夏烨能、林勇承担了文稿的初选与一审。各市注册会计师协会负责同志参与了文稿的初审工作。

由于编者水平有限，加之时间仓促，不当之处，敬请指正。

编者

2011年12月8日